面向对英汉语教学的
介词性框式结构
"在X上/下"研究

吴继峰 ◎ 著

中国社会科学出版社

图书在版编目(CIP)数据

面向对英汉语教学的介词性框式结构"在 X 上/下"研究 / 吴继峰著. —北京：中国社会科学出版社，2019.7

ISBN 978-7-5203-4693-1

Ⅰ.①面… Ⅱ.①吴… Ⅲ.①汉语-对外汉语教学-教学研究 Ⅳ.①H195.3

中国版本图书馆 CIP 数据核字(2019)第 136315 号

出 版 人	赵剑英	
责任编辑	任　明	
责任校对	张依婧	
责任印制	郝美娜	

出　　版	中国社会科学出版社	
社　　址	北京鼓楼西大街甲 158 号	
邮　　编	100720	
网　　址	http://www.csspw.cn	
发 行 部	010-84083685	
门 市 部	010-84029450	
经　　销	新华书店及其他书店	

印刷装订	北京君升印刷有限公司
版　　次	2019 年 7 月第 1 版
印　　次	2019 年 7 月第 1 次印刷

开　　本	710×1000　1/16
印　　张	17.25
插　　页	2
字　　数	283 千字
定　　价	88.00 元

凡购买中国社会科学出版社图书，如有质量问题请与本社营销中心联系调换
电话：010-84083683

序

友生吴继峰博士的学位论文《面向对英汉语教学的介词性框式结构"在 X 上/下"研究》经过修改要出版了,令人高兴。

初识继峰在 2006 年。那年 7 月 4 号 5 号,国务院召开了全国汉语国际推广工作会议;6 号 7 号举行了首届全球孔子学院大会;8 号,由北京师范大学主办的"汉语国际推广北京基地"(后改称"北京汉语国际推广中心")揭牌成立。9 月,北京汉语国际推广中心与北京师范大学汉语文化学院合作,在"语言学及应用语言学"二级学科下设立"国际汉语教育"方向,首批招收 47 名硕士研究生,借用潞河中学场地培养。那届研究生的培养具破天荒性质,学校安排我承担他们培养方案的设计实施等具体工作,有一年多时间我每周数次往返师大与潞河,花费不少精力探索新的培养模式和课程设置,也给他们讲点儿课,故而与这批学生接触较为密切,继峰便是这批学生之一。

那批学生只有 11 人本科学的是中文专业,继峰是一个,为汉语本体知识基础较好者。培养他们的工作实际是后来我国"汉语国际教育专业硕士"培养模式的试水,我们首次在语言学专业硕士课程里设置了中华文化与才艺等内容,还安排了一年的海外实习。2007 年,继峰通过了美国大理会的面试,前往密歇根州立大学从事近一年的汉语教学及相关工作。注重应用的培养课程和美国实习的教学经历锻炼了他,他亲身体会到在非汉语环境中教外国人学汉语的酸甜苦辣。2008 年,北京汉语国际推广中心和北京师范大学汉语文化学院共同举办"国际汉语教育人才培养研讨会",总结这届学生的培养经验。会后论文结集出版,我希望能收进一些学生的论文,就号召全班学生都尽可能写,最后收进了 8 篇,其中有继峰一篇。这显示出他肯用功,笔头勤,也具一定研究能力,后来他成为全班第一个攻读博士学位的学生。硕士毕业后，继峰在北京师范大学从事过两年留学生汉语教师工作，教学受到学生的欢迎和老师们的肯定，算是学以致用了。

2011 年继峰开始在北京师范大学攻读语言学与应用语言学专业对外汉语教学方向博士学位。甫一入学，他与我讨论研究方向和思路，说他之前一直对汉语语法有兴趣并尝试写作了相关论文，但渐渐觉得很多语法问题其实根子在语义，所以有意在语义理论和汉语二语教学方面做些探究。我理解他是考虑了我的专业是训诂学，与语义学关系密切，在这方面讨论我可能更轻松一些。我没有直接就他的想法表态行不行，只是跟他谈了博士阶段学习的自主性和学位论文创新的基本要求，在肯定我们共同经历的国际汉语教育硕士应用型培养模式的同时，也提醒他由一个应用型的硕士向学术研究型博士转变不得不面临的理论提升和学术研究习惯养成的需求。也讨论到包括如何利用图书馆，适当花费一定的时间把握学术期刊，积累自己的学术知识库，等等。继峰一点就透，之后他完全自主地安排了学习进程，全身心地阅读、听课，沉浸在语言学、心理学、教育学等学科基础理论和学术前沿动态的探寻中。除了跟我讨论，他也去听其他老师的课，有的课程是我们共同商定他去选学的，有的是他自己去听的，我并不知道。这些课程包括讨论对他的学术知识积淀起了非常大的作用。入学第一年，他写的几篇论文主要涉及的是语法研究，其中就包括对英语母语者学习汉语介词"在""跟""从"的偏误分析研究等内容，这些尝试显然与他后来的学位论文不无关联，并且也使他渐入学术研究状态。我看到他之前因为教学成效突出得到的欢欣渐渐转为对听课、读书、研讨、写作过程的享受。

2012 年暑假，是继峰入学后的第一个暑假，之前的三年暑假他都是为暑期外国学生汉语班工作担任汉语教师，这一次他的角色终于转换成了学员。他去首都师范大学上了现代语言核心课程研修班，又去北京语言大学上了汉语言文字学高级研讨班。大概是两个班里不同专业不同风格来自世界各地的老师各自就其用力最勤领域成果的讲授让他尝到了甜头，此后他对各种类似研讨研修班的热衷一直不减，不但在读期间暑期必然报班，工作后依然热心参加相关研讨会研修班。正是斯坦福大学孙朝奋教授在北京语言大学所做关于"在"字短语的一个讲座触动了继峰的研究热情，他决定把《以英语为母语者使用汉语空间介词的习得研究》作为学位论文的选题。考虑到汉语空间介词的复杂和研究的难度，他选取"向""往""从""在"四个为例进行研究，试图从过去人们较少用力的汉语介词与英语相应表达式对比的角度入手，探索预测英语母语者学习汉语介词偏误的可能。我钦佩他的勇气，但对所谓预测偏误并不看好，就表示支持他先摸摸材料。他花了大约 5 个月时间，调查了北京语言大学中介语语料库、HSK 动态作文语料库，搜集了美国达慕思大学学生作文 600 篇、欧柏林大学学生作文 500 篇、普林斯顿大学学生作文 100 篇，这些语料形成了本书所用"中介语语料库"的基础。此外在英汉空间介词对比语料方面，他使用了厦门大学英汉双语平行语料库，英国兰卡斯特大学英汉平行语料库，并将王朔《看上去很美》、石康《奋斗》、高璇《我的青春谁做主》、常琳《北京青年》等转成可用的现代汉语语料。对比本书研究方法部分介绍的语料，可知后来论文使用的语料与这些有相当大的区别，但这些语料的调查坚定了他完成研究的信心。于是他以《英语母语者汉语空间介词习得研究》为题完成了约 8 万字的学位论文开题报告。

开题没什么大问题，深入研究和论文写作却充满艰辛。又过了几个月，继峰终于忍不住来跟我说可能要缩短战线，把论文研究改为《面向对英汉语教学的"在"字介词框架研究》。我觉得这看似缩小了研究范围，却加深了研究难度。因为原先他的定位是以汉语学习者为对象，主要是通过偏误现象展开研究，而改为对英汉语教学，就涉及教的方面，面临的问题会更复杂难控。我同意他按照原论文题目继续研究，在"向""往""从""在"四个介词中先重点把"在"弄清楚，视进展情况再考虑改题。本书的书名《面向对英汉语教学的介词性框式结构"在 X 上/下"研究》就是又经数月琢磨最后确定的论文题目，显然研究范围更加缩小，简直有点儿"小题大做"的味道了。之所以这样改动，是因为随着研究的深入，继峰的研究重心也从较多关注形式渐渐转向意义，又回到入学伊始我们讨论过的语法与语义的关联。一些他花费过大量精力探究的比如"在"的隐现、位置等问题渐被搁置，而介词结构的语义特征成为重要的内容，并且逐步聚焦于介词"在"后跟名词动词的作用上。

确定题目之后的研究包括实验进展基本顺利但工作量依旧巨大，继峰是能吃苦的，但那一阶段也显露出了疲态甚至体重都有了增加（以前我以为疲劳只会减轻体重，他这是给出了反证）。论文完成后，匿名评审和答辩委员会的专家对论文采用的方法、实验的价值、得出的结论都给了很高的评价。但我和继峰都知道其实论文存在不少问题，研究还须进一步深入。答辩过去已经 4 年多，继峰对论文进行了修改，终于成为呈现在读者面前的这本书。

以上我简要介绍的是本书的来龙，可以看出，本书的写作是伴随着我国汉语国际教育事业发展逐步形成的。继峰赶上了这个事业的起步和壮大，在其中锻炼成长，是幸运的。虽然成长过程也遇到困难，甚至受到过一些委屈，并不稀罕。每当他这个山东汉子涨红着脸跟我诉说一些事，我就在想：我们都企盼着更好的学术环境呀。本书的得失优劣，读者诸君可自行体味，也希望得到批评。至于本书的去脉，就我所知，毕业后继峰的学术研究固然主要着力于汉语二语习得测试，也并未放松对汉语本体语法尤其是语义的关注。论文写作过程中他曾试图跟我讨论从文化层面阐释涉及的语言现象，我拦住了他。因为我觉得他的想法并没有错，但以他当时的能力和精力，在规定的时限内根本来不及完成。即便现在，我在期盼这本书将来的发展（后续的研究）会有文化阐释介入的同时，也不愿意他过多分神影响他作为高校对外汉语教师必须完成的工作。也许十年甚至二十年后，继峰能更自如地主要从文化的角度来看今天研究过的语言现象，不知那时我还有没有机会跟他一起讨论。

继峰毕业时让我给那届学生写个寄语，我当时写的是"学贵深通博，行宜直朴淳。才能初养就，令绩可无垠"。我相信他会取得更大的成就。

朱小健

2019 年 2 月 25 日

摘　要

本研究利用国家语委现代汉语语料库、英汉对比语料库、英语母语者中介语语料库和实验研究的方法对汉语介词性框式结构"在 X 上/下"的句法特点、语义类型和功能等进行了考察和分析，对其与英语中的相应表达式进行了对比，并对英语母语者的习得状况进行了考察和分析，旨在揭示英语母语者习得介词性框式结构"在 X 上/下"的规律和特点，为对外汉语教学和教材编写提供参考。

基于国家语委现代汉语语料库，我们发现"在 X 上"包括方面义、范围义、活动义、来源义、条件义、状态义和时间义七种抽象语义类型，其中前五种语义是其主要抽象语义，占表示抽象义"在 X 上"总频数的99.62%；"在 X 下"包括条件义、情况状态义、社会关系义和抽象空间义四种抽象语义类型，其中前两种语义是其主要抽象语义，占表示抽象义"在 X 下"总频数的99.88%。此外，我们对表示抽象义"在 X 上/下"中 X 的中心成分制作了语义类型频率表。

基于汉英对比语料库，我们考察了"在 X 上/下"在英语中所有可能的对应形式。研究发现"在 X 上/下"不仅对应于"英语介词+X"形式，还可对应于英语名词、动词、形容词、副词等其他词类或短语以及从句等其他形式。我们着重将"在……上/下"和英语中使用频率最高的对应形式进行了对比，即"在……上"和介词 on、in 的对比，"在……下"和介词 in、under 的对比。研究发现，在句法功能上，"在……上/下"和对应的英语介词都能做状语、定语和补语，但是"在……上/下"没有做表语的用法；在句中的位置上，都能做句首状语，都可以用于谓语动词之后，"在……上/下"还可以用在主语之后和谓语动词之前，而对应的英语介词却不可以；此外，如果"在……上/下"放在动词后面做补语时，对动词有一定的要求，即动词一般是单音节的。在语义上，on 包含"在……上"的所有义项，我们发现当二者共享［+包含］［+接触］或［+内嵌/内含］［+不遮挡］语义特征时，二者的空间语义不对等；当表示方面义和条件义时，"在 X 上"中的 X 可以是形容词，但是 on 后却不能跟形容词。in 包含"在……上"的所有义项，但是二者的原型义项不同，从而导致通过隐喻得到的抽象语义也有很多不同之处。under 包含"在……下"的所有义项，但是在表示条件义时，"在 X 下"中的 X 绝大多数是动词，而 under 后面的成分都是名词；在表示情况、状态义时，"在 X 下"中的 X 可以是形容词，而 under 后面不能是形容词，必须是名词。

基于英语母语者中介语语料库，对英语母语者各学习阶段使用"在 X 上/下"的情况进行了考察和分析。"在 X 上"的习得情况表现为：表示具体义的掌握情况最好，其次是来源义、条件义、方面义、范围义，活动义的掌握情况最差；中介语语料中未出现表示时间义和状态义的介词结构"在 X 上"；通过各学习阶段正误用例的统计，我们发现六种语义类型的"在 X 上"结构的正确率是稳步提高的，但是呈现出不同的进步趋势。"在 X 下"的习得情况表现为：具体义的掌握情况最好，其次是条件义，而情况和状态义的掌握情况最差；中介语语料中未出现表示社会关系义和抽象空间义的介词结构"在 X 下"。此外，我们将"在 X 上/下"的偏误主要分为遗漏、误代、冗余和错序四类，并根据英汉对比研究的结论对相关偏误进行了解释。

基于实验研究，考察了中高级水平英语母语者和韩语母语者习得"在 X 上"主要抽象语义的情况，也考察了英语母语者习得"在 X 下"抽象语义的情况。研究发现两种母语背景的学生"在 X 上"的活动义均难于方面义、范围义、来源义和条件义的习得，英语母语者习得"在 X 下"的情况义难于条件义；中级水平和高级水平的学习者习得"在 X 上"五种主要抽象语义和"在 X 下"两种主要抽象语义的难度差异均显著，并据此论证学习者在习得"在 X 上"五种主要抽象语义和"在 X 下"两种主要抽象语义的过程中受语义类型和汉语水平的影响。此外，对不同水平阶段学习者"在 X 上"五种主要抽象语义和"在 X 下"两种主要抽象语义的习得特点进行了分析总结。

关键词：对英汉语教学；介词性框式结构；在 X 上/下；对比；习得

目　　录

第一章

绪　　论

第一节　选题缘由与意义

介词性框式结构是汉语中一种重要的句法现象，使用频率较高，也是英语母语者学习汉语的难点之一。

据崔希亮（2005）统计，英语母语者汉语介词使用频率最高的是"在"，偏误率也较高①。吴继峰（2012）基于汉语中介语语料库，发现在英美学生使用介词"在"的偏误中，与"在"字框式结构有关的偏误占偏误总数的 35.6%，是偏误数量最多的偏误类型②。

"在"字框式结构，主要包括"在 X 上/下"、"在 X 中/里"等，它们与英语中相应表达式有很大不同，英语母语者在使用"在"字框式结构时易产生偏误，例如：

（1）＊在我长大的过程宗教也很重要。（北语 HSK 动态作文语料库）

（2）＊他不会写汉字，在老师的指导中，他学会了很多汉字。（英美学生作文语料库）

（3）＊然而在法律的观点上看，每个人都没有权利把自己毁灭，也不可以去毁灭别人。（北语 HSK 动态作文语料库）

---

① 崔希亮：《欧美学生汉语介词习得的特点及偏误分析》，《世界汉语教学》2005 年第 3 期。

② 吴继峰：《英美学生使用汉语介词"在"的相关偏误分析》，《云南师范大学学报》（对外汉语教学与研究版）2012 年第 6 期。

从以上偏误可以看出，英语母语者在使用"在"字框式结构时，存在较多问题，如框式结构中方位词"上/中/下"的遗漏和混淆，介词"在"与其他介词的混淆等。近年来，随着"框式介词""介词框架""框式结构""构式语块"（刘丹青 2002，陆俭明、苏丹洁 2010，邵敬敏 2008、2011）等概念的提出，越来越多的学者开始关注"在 X 方位词"这一结构，查阅已有文献，针对汉语"在"字框式结构的本体研究、偏误分析与习得考察已有不少成果，但是存在以下两个问题：一是研究多散见于单篇论文，缺乏系统的考察，对学生习得"在"字框式结构的特点和规律进行细致描述的研究不多；二是分国别进行的研究很少，鲜有对汉语"在"字框式结构与英语相应表达式进行细致对比的研究。英语母语者习得介词性框式结构有明显不同于其他母语学习者的特点，区分母语背景考察更能发现制约其习得的问题所在；通过英汉句法、语义等方面的对比能预测哪些不同可能导致母语负迁移，结合学生的偏误和习得情况可考察其对"在"字框式结构的习得状况。

本研究拟通过汉英对比、偏误分析、实证研究，了解汉语介词性框式结构"在 X 上/下"与英语相应表达式的差异、英语母语者习得"在 X 上/下"的特点以及中介语发展状况，找出制约其习得的症结和难点，以期为对外汉语教学提供一点帮助。

第二节　研究方案

一　研究内容

本研究共分为三大部分：

1. 汉语"在 X 上/下"介词性框式结构的句法语义研究。对"在 X 上/下"介词性框式结构进行句法、语义分析，考察框式结构出现的句法环境、语义环境，考察 X 的语义类型以及与方位词"上/下"的共现条件。

2. 汉语"在 X 上/下"介词性框式结构与英语相应表达式的对比研究。通过英汉对比，分析"在 X 上/下"介词性框式结构与英语相应表达式在句法、语义、语用方面有何差异，结合对比分析的结果，对学生的偏误进行解释。

3. 英语母语者习得"在 X 上/下"介词性框式结构的研究，基于两个研究视角：基于语料库的研究和基于实验的实证研究。基于语料库的研究从整体上考察英语母语者"在 X 上/下"的习得特点，并进行偏误分析；基于实验研究考察"在 X 上"五种主要抽象语义类型和"在 X 下"两种主要抽象语义类型的习得情况。

二 研究方法

1. 语料库研究法

本研究英语母语者语料来自于：北京语言大学中介语语料库（英美学生语料约 6 万字）、HSK 动态作文语料库（英美学生语料约 17.5 万字），以及笔者自建的英美学生作文语料库（学生作文分别来自美国哈佛大学、达慕思大学、欧柏林大学以及英国伦敦大学，约 40 万字），总计约 63.5 万字。（以上三个语料库，合称为"中介语语料库"）

本研究英汉对比语料来自于：朗文·外研社《新概念英语》（新版），共四册，约 20 万字词[①]；英国兰卡斯特大学（Lancaster University）的英汉平行语料库（The Babel English-Chinese Parallel Corpus），约 54 万字词；北京外国语大学 TED 英汉平行演讲语料库[②]，约 600 万字词。英汉对比语料库总计约 674 万字词。（以上三个语料库，分别简称为"新""兰""TED"）

此外，在英汉对比时，我们也参考了以下几本书中的例句：Michael Swan 的《英语用法指南》、薄冰主编的《英汉介词比较》、张道真的《实用英语语法》和祝德勤的《英语介词》。（以上四本书，分别简称为"Swan"、"薄"、"张"、"祝"）

现代汉语语料来自于：国家语委现代汉语通用平衡语料库的子库——标注语料库（已公开使用约 2000 万字）。部分例句来自于北京大学现代汉语语料库，此外还有少量自省语料（前两个现代汉语语料库分别简称为"语""北"，内省语料不作任何标注）。

本研究利用现代汉语语料库对"在 X 上/下"介词性框式结构进行句

---

① 朗文·外研社《新概念英语》（新版），课文后有汉语参考译文。

② TED 英汉平行演讲语料库 1.0 由北京外国语大学许家金教授研制开发，2012 年上线使用。

法、语义分析, 利用英汉双语语料库对其与英语相应表达式进行对比; 利用英语母语者语料库对其进行偏误分析、习得考察。

2. 对比法

从句法、语义等角度对 "在 X 上/下" 介词性框式结构与英语相应表达式进行对比, 找出其共性和差异。

3. 实证研究

通过实验, 考察英语母语者习得 "在 X 上/下" 介词性框式结构的抽象语义有何特点, 不同抽象语义类型的习得是否有差异, 受哪些因素影响和制约。

4. 定性分析和定量分析相结合的方法

以上三种方法, 都可以归入定性和定量研究方法中, 基于语料库的研究, 对各种数据进行统计, 如: 对 "在 X 上/下" 充当 X 的词语进行分类统计, 对其在英语中的相应表达式进行统计, 对学习者中介语中的正确用例和偏误进行统计等; 通过实证研究可以对 "在……上/下" 抽象语义的习得进行描述统计和推论统计, 对学生的习得情况进行多角度综合考察。在定量研究的基础上, 进行定性分析, 描述偏误类型, 解释偏误原因, 深化对 "在……上/下" 介词性框式结构的本体研究。

三 理论基础

1. 第二语言习得理论

1) 对比分析理论 (Contrastive Analysis)

"对比分析" 产生于 20 世纪 50 年代, 兴盛于 60 年代, 建立在行为主义心理学和结构主义语言学基础之上, 一般包括描写、选择、比较、预测四个步骤。Wardhaugh (1970) 把对比分析分为 "强势说" (strong form) 和弱势说 (weak form), "强势说" 比较极端, 认为母语干扰是造成二语习得困难和错误的主要原因甚至唯一原因; "弱势说" 比较合理, 其 "目的是在偏误出现后通过对比来解释学习者产生偏误的原因"[1]。对比分析认为母语和目的语差异越大, 学习者的难度越大, 这个观点后来遭到很大的质疑和批评, 但是对比分析还是具有重要价值的, 因为基于双语对比的方法在分析和解释二语习得规律时有很大作用, 只有对学生母语和目的语

---

[1] 王建勤主编: 《第二语言习得研究》, 商务印书馆 2009 年版, 第 31 页。

进行对比分析，才能解释中介语中的母语负迁移等现象。

2）偏误分析理论

"偏误分析"产生于 20 世纪 60 年代，兴盛于 70 年代，"是第一个关注学习者语言系统的理论，并提出了对学习者语言系统进行描写和分析的系统方法"①，是观察学习者二语习得状况的一个"窗口"，包括五个步骤：收集资料、鉴别偏误、描写偏误、解释偏误和评价偏误。其弱点是只考察学习者的偏误，不重视学习者使用正确的部分；大多是横向研究和静态分析等。偏误分析有着重要的应用价值，只有对偏误进行细致的剖析，才能找到制约学习者习得语言项目的症结所在，可与其他研究方法结合起来，分析第二语言学习者的语言系统，并对偏误原因做出解释。

3）中介语理论

中介语理论产生于 20 世纪 60 年代末 70 年代初，成熟于 80 年代，早期的中介语理论是由 Selinker（1972），Corder（1967，1971）和 Nember（1971）的理论构成的，后来通过 Ellis（1997），Tarone（1998）等的补充，研究范围和研究对象不断扩大。概括来讲，中介语既包括学习者正确运用语言的部分，也包括学习者的偏误，通过中介语系统可以全面观察学习者的习得状况。

2. 三个平面理论

"三个平面"是 1985 年胡裕树和范晓两位学者提出的语法理论，是指跟语法研究有关的句法、语义和语用三个平面。其基本思想是：在汉语语法研究中，要区分开句法、语义和语用三个平面，在具体分析句子时也要将三者结合起来进行分析。三个平面理论的提出有重大的影响和意义：一方面厘清了以前混杂在一起的句法和语义概念，如主语、施事等；另一方面从句法、语义、语用三个方面研究语法，推动了汉语语法研究的深入发展，为汉语语法研究开辟了一条新的道路。从三个平面理论问世以来，出现了一大批语法研究成果，但是各家对"三个平面"的理解并不相同，尤其是句法、语义和语用是什么关系？语用平面到底包括哪些因素？

邵敬敏（1992，2011）对"三个平面"理论产生以来各家的解释模式进行了全面、系统的归纳和整理，主要有以下六种。

1）两翼模式：这一模式由胡裕树和范晓（1985，1992）提出，他们

---

① 王建勤主编：《第二语言习得研究》，商务印书馆 2009 年版，第 31 页。

认为"如果把句法平面比作句子的躯干，不妨把语义和语用比作两翼，一个句子既有躯干又有两翼，才能'起飞'，才能交际。因此，句子分析必须以句法为基础，同时要兼顾到语义分析和语用分析，并尽可能使三者既区别开来又结合起来"①。但是语义和语用二者是何关系，两翼模式没有进行探讨。

2）三维模式：这一模式由张斌（1990）提出，他认为三个平面应该理解为"三维"，就如一个立体事物的长、宽、高。

3）三角模式：这一模式由邢福义（1990）提出，他提出"两个三角"的理论，其中"小三角"理论包括"语表""语里"和"语值"，大致相当于"三个平面"中的句法、语义和语用。

4）双层模式：这一模式由施关淦（1991，1993）提出，他认为句法是基础，"句法和语义一起，跟语用发生关系。句法分析和语义分析都是静态分析，语用分析则是动态分析"②。

5）生成模式：这一模式由王维贤（1991）提出，他认为应该区分开句法分析的三个平面和语言分析的三个平面，认为句法分析的三个平面应该叫作句法平面、句法语义平面、句法语义语用平面。

6）立体交叉模式：这一模式由邵敬敏（1992）提出，认为"三个平面"应该是"词汇平面""句法平面"和"语用平面"，每个平面都具有意义和形式，共同构成一种立体交叉模式，也叫"书架模式"。

从以上六种理解模式可知，各家对"三个平面"的内涵理解不同，对其内部三者的关系理解也不同，但是，对"三个平面"的基本内涵的理解还是趋于一致的，而且最重要的是"三个平面"提醒研究者在研究语法时不仅要重视句法形式，也要重视语义和语用因素。"三个平面"的研究硕果累累，说明它有很强的解释力和应用价值，本研究拟利用"三个平面"理论对介词性框式结构"在 X 上/下"与英语相应表达式进行对比，找出二者在句法、语义和语用上的共性和差异，为分析和解释英语母语者的母语迁移现象打好基础。句法主要从句法功能、句中位置两方面来对比，语义主要根据认知语义学的原型理论、隐喻理论和意象图式理论来对比，鉴于语义和语用联系紧密，不好剥离，我们将语用和语义放在一起

---

① 胡裕树、范晓：《试论语法研究的三个平面》，《新疆师范大学学报》1985 年第 2 期。

② 施关淦：《关于语法研究的三个平面》，《中国语文》1991 年第 6 期。

讨论。

3. 认知语言学的原型理论、隐喻理论和意象图式理论

1）范畴化的原型理论

认知语言学范畴化的原型理论认为，范畴一般由多个成员组成，根据其个体的属性、作用的大小以及地位的差别将其分为核心、中间和边缘三种类别，核心、中间、边缘成员共享某些语义特征，其中核心成员的语义特征是最典型、最具有代表性的，从核心成员到边缘成员语义特征的典型性以及三类成员的象似性依次递减，三者形成一个连续统（Lakoff，1987；Taylor，2003）。

人类对空间范畴语义的理解既存在相同之处，也存在不同之处。因为人类在空间范畴化的过程之中，对物体的空间特征以及各事物之间的位置关系的认知基本相同，但是另一方面不同语言观察相同的空间结构可能会采用不同的视角，选择的参照物也有可能不同，所以不同语言在表达空间概念时会存在一些差异。

2）隐喻理论

隐喻是一个认知域向另一个认知域的投射，即用一个具体概念来理解一个抽象概念的认知方式，投射的基础是人类基于日常生活的体验（Lakoff，1993）。例如空间介词 on 可以从空间域隐喻到时间域、社会关系域等，但是不同民族观察事物的视角可能不同，隐喻的结果也可能不甚相同，所以通过隐喻理论能较深入地挖掘出不同民族认知方式的差异。

3）意象图式理论

意象图式是为了把空间结构映射到概念结构而对感性经验进行的压缩性再描写（Oakley，2007），意象图式在一词多义的研究中应用最为普遍，尤其是对介词的研究，如 Brugman（1988）、Taylor（1989）、Lakoff（1990）对介词 over 的研究。

4. 语块（chunks of language）理论

语块理论是由 Nattinger 和 DeCarrico 在 20 世纪 90 年代初提出来的，语块是指使用频率高和接受程度高的短语词汇（lexcail phrases），这些语料在学习者习得之后以有规则的整体形式储存在人的大脑里，当表达语言需要时就直接从存储中提取出来。

四　相关术语界定

1. "在 X 上/下" 和 "在……上/下"

本研究在讨论 "在" 字介词性框式结构时，会涉及两种表达形式，一是 "在 X 上/下"，用以表示与 "X" 有关；二是 "在……上/下"，用以表示与 "X" 无关。采用两种表达形式是为了研究和称说的方便，例如在进行汉英对比时，采用 "在……上" 和介词 on 的对比这种称说比较方便。

2. 习得

本研究采用习得的理论定义为 "指知识内在化的过程以及已经内在化的那部分知识"①。

第三节　与本研究相关的研究现状

一　现代汉语介词性框式结构 "在 X 上/下" 研究

为更好地对介词性框式结构 "在 X 上/下" 的本体研究进行分析和总结，我们需要厘清五方面的内容：一是现代汉语介词性框式结构的理论发展概况，二是 "在 X 上/下" 的本体研究概况，三是介词 "在" 的研究概况，四是方位词 "上/下" 的研究概况，五是中心词 X 的分类研究概况。

(一)　现代汉语介词性框式结构理论研究

介词性框式结构是汉语中的一个特殊现象，学界较早就注意到了此类结构（黎锦熙 1924，高名凯 1948），但是并未给其确定一个名称，此后有学者为其提出了不同的名称，如张寿康（1978）提出的 "复合的介词结构"，詹卫东（1998）提出的 "介词槽"。但是，以上研究只是提出了汉语中存在这种现象，并未对这类结构进行深入细致的考察和研究。随着语言类型学、认知语言学等理论的引入，以及中文信息处理、对外汉语教学出现的问题，框式结构逐渐引起学界重视，相关研究陆续出现，研究的细致和深化主要体现在以下两个方面。

---

① 　朱志平：《汉语第二语言教学理论概要》，北京大学出版社 2008 年版，第 253 页。

1. 名称的探讨，研究思路和研究方法的创新和拓展

陈昌来（2002）从语言类型上发现，汉语介词和英语介词有一个很大的不同，英语中仅使用一个介词即可，但是汉语介词往往要与方位词、名词等构成固定格式才能使用，并明确提出了"介词框架"的概念。认为"汉语的介词框架是汉语介词发展过程中的产物"[1]，并根据介词框架后部词语的情况将现代汉语的介词框架分为四种类型：后部是方位词的，后部是名词性词语的，后部是连词、动词、介词的，后部是准助词的。本研究研究的"在 X 上/下"就是第一类。

刘丹青（2002）基于语言类型学的理论框架，考察了汉语的共时和历时材料，认为汉语中"在……上"、"跟……似的"等这种"由前置词加后置词构成的、使介词支配的成分夹在中间"[2] 的介词类型是"框式介词"。框式介词的概念是当代语序类型学创始人 Greenberg（1995）提出的，刘丹青将此概念引入汉语研究，给汉语介词研究提供了新的思路和研究视角。刘文从"方位短语"引出的问题、"方位短语"现象的语义动因、方位词和前置词的消长及其句法背景、框式介词的句法动因——联系项居中原则四方面深入分析了框式介词的存在动因，并对框式介词的层次结构和语义进行了深入探讨。以往文献虽然提到有关框式介词的问题，但是研究都不成系统，没有专门将其作为一个语言现象进行深入分析，刘文在现代汉语介词研究中具有重要的理论意义和应用价值。

自"框式介词"由刘丹青（2002）引入到汉语研究之后，学界逐渐重视这一语法形式类型，框式介词概念的引入对揭示汉语句法的结构特点具有很强的解释力（邵敬敏，2008），但是对于"框式介词"这个概念，很多学者觉得不妥，因为像"从……中""在……上"等是一种介词结构，界定为"词"不太准确。所以，陈昌来（2002、2003）称这种结构为介词框架，似乎更恰当一些，陈文考察了"在……上""当……的时候""据……说"等介词框架，主要探讨这些介词框架的语法意义、句法分布和语用功能，介词框架前置成分和后置成分的隐现以及制约机制，并从历时角度对介词框架进行了考察，讨论了其类型学价值，在此基础上，作者连续发表了一系列论文讨论介词框架的问题，如《介词框架"在 N

---

① 　陈昌来：《介词与介引功能》，安徽教育出版社 2002 年版，第 138 页。

② 　刘丹青：《汉语中的框式介词》，《当代语言学》2002 年第 4 期。

的 V 下" 与主句的语义联系及语义特点》(2007),《介词框架 "对/对于……来说/而言" 的形成和语法化机制》(2009),《 "除" 类介词及介词框架的产生和发展》(2009) 等。陈带领自己的学生对介词框架做了一系列研究,如陈全静《汉语介词框架 "PP 上" 研究》,孙剑《介词框架 "在 X 前" 的考察》(2007),顾振立《介词框架 "在 X 中" 考察》(2008) 等。其他学校也有不少关于介词框架的硕士论文,如刘国燕《介词结构 "在 X 上/里/中" 中 "X" 的研究》(2007),杨子琴《 "从 X 起" 介词框架及相关问题研究》(2009),孙颖《介词结构 "在 X 下" 的综合研究》等。

邵敬敏 (2008) 也认为 "框式介词" 的提法不够准确,认为称为 "框式结构" 比较好,将 "框式结构" 界定为 "具有特殊的语法意义和特定的语用功能"① 的框架式结构。

自构式理论、语块理论引入第二语言教学领域之后, "框式结构" 也被作为重要的研究内容,如周健 (2007)、亓文香 (2008)、钱旭菁 (2008) 等学者的研究。黄理秋、施春宏 (2010) 根据 "框式结构" 的概念对 "框式介词" 的名称进行了调整,称为 "介词性框式结构"。

对比 "介词框架" "框式介词" "介词性框式结构" 三个概念,第一个和第三个比较好,因为 "框式介词" 的确易使人误解,以为 "框式介词" 是一个词,而实际上是一种介词结构。"介词框架" 言简意赅、易于理解和称说, "介词性框式结构" 更强调 "框式结构" 这个概念,而且邵敬敏 (2011) 从方法论的角度对框式结构的定义、类型、不变项和可变项的特点、整体结构功能的变化、框式结构的正式变式以及对应式、语义分析、语用特点、语法化进程、框式结构与构式语法理论的关系等方面进行了细致的阐述和分析,比之前 "介词框架" 的研究向前迈了一大步,所以本研究采用 "框式结构" 这一表述,因为研究的框式结构是介词性的,所以采用黄理秋、施春宏 (2010) 的提法——介词性框式结构。

2. 介词性框式结构的隐现问题

介词性框式结构的隐现问题,包括两种情况,一是介词的隐现,二是后置词的隐现。这方面的研究主要集中在对介词 "在" 的研究,储泽祥 (1996、2004) 是较早对介词隐现问题进行研究的学者,《 "在" 的涵盖义

---

① 邵敬敏:《 "连 A 也/都 B" 框式结构及其框式化特点》,《语言科学》2008 年第 4 期。

与句首处所前"在"的隐现》（1996）一文认为主要有四种因素制约
"在"字的隐现：一是处所的音节数量，二是处所的结构类型，三是句子
的内部结构，四是"在"的隐含义，并分为"在"必不出现、"在"必
出现、"在"可隐可现三种情况进行了具体分析。储泽祥（2004）讨论了
在"在+NP+方位词"介词结构中，什么NP的后边方位词可以隐去不用，
他认为这样的NP主要包括四类：第一类是"X+准方位标"式的名词，
如"湖心""山脚""云端"等；第二类是某些"序数+量词"式的数量
短语，如"第一行""第二列"等，第三类是多数"X+命名标"形式的
命名性处所词，如"后海公园""南锣鼓巷"等；第四类是"X+'位置'
类"的处所词语，但是这些词语的前边必须有定语，才能作"在"的宾
语，如"在场合"不能说，"在公开场合"就可以说。储文的第四类值得
商榷，如果处所词是偏正结构的词，前边就无需加定语，如"他在前台
接待客人"，"前台"是一个偏正结构的词，前面并不需要再加定语就可
以直接和介词"在"连用。孙朝奋（2012）指出在列举或对比的时候，
可省略方位词，但是前提条件是介词"在"后的名词一般是多音节的，
如果是单音节的，必须要有方位词共现，例如"你在黑板写，我在纸上
写"，但是不能说"＊你在黑板写，我在纸写"，"黑板"后面省略了方位
词"上"，"纸"因为是单音节的，所以不能省略方位词"上"。这条规
则存在一个例外，就是单音节词"家"，比如可以说"他在厂里加班，我
在家休息"，"家"是单音节词，但是后边不需要方位词（"你在前，我在
后"这样的情况不在讨论之列，因为这里的"在"是动词，而不是介
词）。①

　　陈信春的专著《介词运用的隐现问题研究》（2001）对"对""在"
"从""把""被"等21个介词的隐现问题进行了探索，对研究介词隐现
问题具有很大的启发性，具有重要的参考价值。陈昌来（2002、2003）
对介词的隐现和制约机制问题进行了探讨，将介词的隐现分为必用、必不
用、可用可不用三种情况，分析了句法、语义、语用对介词隐现的制约，
并讨论了介词隐现对句子的影响。也有一些硕、博士论文对介词及介词框
架的隐现问题进行了探讨，刘兵（2003）的博士论文《现代汉语介词标
识功能研究》基于大规模语料库，利用格语法、配价语法等现代语言学

① 孙朝奋：《2012年北京语言大学功能语法系列讲座》。

理论对介词的隐现问题进行了研究，认为标识主体论元和客体论元的介词一般不能省略；姚红《现代汉语介词的隐现问题研究》（2006）考察了现代汉语三类介词（凭事类、对象类、境事类）的隐现情况，分析了制约介词隐现的三大因素——语音、句法、语义因素；樊海燕（2008）利用三个平面理论、认知语言学的范畴理论、标记理论考察了介词框架中的方位词隐现问题，从语义、句法、韵律、认知四方面分析了制约介词框架方位词隐现的机制问题；张斌（2010）从语义、搭配关系、句法位置和音节四个角度讨论了介词的隐现问题。

（二）介词性框式结构"在 X 上/下"的研究

1. 介词性框式结构"在 X 上"的研究

"在 X 上"是一种使用频率较高的介词结构，学界涉及这一格式的论述很多（侯学超 1998，刘月华 2001，张斌 2001 等），但是主要是一种较粗的概括，其观点可以大致总结如下："在 X 上"中可以充当 X 的可以是名词、名词短语、动词、动词短语，整个格式可以表示方面、范围、条件等义。对此格式进行具体分析的论文不多，其研究内容和范围可以概括为以下几点。

1）对 X 的结构类型和"在 X 上"表义功能的分析

邓永红（1998）将可以充当 X 的成分分为体词性成分和谓词性成分两类，其中体词性成分包括具体名词、抽象名词、中心语为动词的定中短语，谓词性成分包括动词、动宾短语。"在 X 上"可以表示方所、方面、范围、时间、状态、条件，同时表示时间和处所，这比以往的研究大大往前迈进了一步，细化了对"在 X 上"结构语义类型的分析，但是将中心语为动词的定中短语划为体词性成分不妥，应该划为谓词性成分，此外，该文美中不足之处是对充当 X 的成分的考察样本不够大。

刘梅（2009）根据北京语言大学 200 万字的"现代汉语研究语料库系统"将表抽象意义的"在 X 上"的语义分为六类：表示某个方面，表示某种领域、范围、活动场所，既表时间又表处所，表示获得途径，表示条件、性质，表示某种状态，并列出了每类中可以充当 X 的词语和使用频率，但是在分类问题上存在一些问题，主要问题是对一些特殊的词是表示具体义还是抽象义没有进行论证，如县、乡、镇等即可表示处所，又可表示机构，表示处所是具体义，表示机构是抽象义，在刘文统计的词表中并未出现这些词。

2）对"在 X 上"句法分布和句法功能的分析

一般认为，"在 X 上"介词性框式结构在句中主要充当状语、补语，也可以充当定语，可以出现在句首、句中和句末。郭文国（2001）对充当状语、补语和定语的"在 X 上"的特点进行了描述。针对"在 X 上"的具体句法分布的论述很少，但是对"在"字方所短语句法分布的论文相对来说较为丰富（范继淹 1982，储泽祥 1997，齐沪扬 1998 等），其中王灿龙（2008）的观点与前人相比较为新颖，他重新审视了"在"的语法属性，认为盲目地将"在"进行介词和动词的一刀切是不科学的，在一定程度上"在"的两种属性可以统一；王文讨论了"在"字方所短语在句中和句末分布两种类型，认为句中分布是无标记形式，此时"在"可看作不完全动词，句首分布是有标记形式，此时"在"是介词；此外，王文认为确定"在"字方所短语究竟在句中还是句末出现，主要依据方所短语的语义特征以及综合考察句子本身的句法、语义和语用等因素。

3）"在 X 上"中成分的隐现情况

除了上述介词性框式结构隐现提到的研究之外，具体到"在 X 上"隐现的研究主要集中在"在"的隐现研究上。徐思益（1989）认为当 X 是双音节动词，后面加上"上"出现在谓语前，介词"在"可用可不用；但是处于谓语后介词"在"必须出现。邓永红（1998）通过语料分析发现"在"的隐现受以下几方面因素制约：X 的结构类型，"在 X 上"的句法功能、"在 X 上"的位置、并列结构。郭文国（2001）通过"在 X 上"出现的句法位置讨论了"在"的隐现条件，但是仅靠句法位置分析隐现与否得到的结论并不全面，不能涵盖"在"的所有隐含现象。

2. 介词性框式结构"在 X 下"的研究

相对于"在 X 上"的研究，"在 X 下"的研究成果不多，究其原因，可能是因为"在 X 上"的使用频率较高、语义类型较多。总结现有文献，对"在 X 下"的研究大致涉及以下几方面内容。

1）"在 X 下"的结构特点与语义分析

一般认为，"在 X 下"介词性框式结构在句中主要充当状语、补语，也可以充当定语，可以出现在句首、句中和句末。权正容（1995）按照语法意义将"在 X 下"分为两类，一是基本用法，二是引申义用法，并考察了两类用法中 X 的类型，认为在具体用法中 X 是具体事物名词，在引申义用法中 X 有两类，一是少数抽象名词，二是部分双音节动词。邓永红（1999）考察了"在 X 下"中 X 的结构类型，认为体词性成分、谓词性成分是主要类型，此外，还有少量谓语短语和成语。现有的现代汉语教材、语法参考书以及相关论文（侯学超 1998，刘月华 2001，张斌 2001，权正容 1995，邓永红 1999，陈昌来 2002 等），普遍认为"在 X 下"主要可以表达方位义、情况义和条件义。

2）"在 X 下"与主句的语义联系

"在 X 下"与主句的语义研究，可以归纳为以下五种：一是认为"在 X 下"表示某种情况或条件制约，与主句形成"情况/条件——结果"式的语义关系（权正容，1995）；二是认为"在 X 下"表示某种影响、制约或控制，与主句形成"施控—受控"式的语义关系（邓永红，1999）；三是认为"在 X 下"表示某种情况、状态、条件等背景，与主句形成"背景—事件"式的语义关系（李文莉，2004）；四是认为"在 X 下"隐含着一种被动观念，是主句的可能被标（屈哨兵，2006）；第五种是认为"在 X 下"与主句的语义关系主要有三类——致使条件关系、单纯条件关系和背景弱条件关系（陈昌来、段佳佳，2007）。

3）"在 X 下"的成立动因

屈哨兵（2006）在前人研究的基础上，从历时条件、动性显化、框架蕴含和语际诱发等方面进一步探讨了"在 X 下"结构成立的动因，认为前人（权正容，1995）将表示抽象语义的"在 X 下"仅仅看作一种语义内部引申结果的看法是有局限的。

通过以上对介词性框式结构"在 X 上/下"已有研究的梳理，我们知道前人主要是从句法结构、语义特点、介词或方位词的隐现、与主句之间的语义联系以及成立动因等方面进行了考察，但是，还有一些具体问题可以继续探讨，如：

（1）以往对"在 X 上/下"中 X 的考察是基于少量文本或小型语料库的，得出的结论可能不全面。可以结合国家语委现代汉语语料库（已开放使用的 2000 万字）对 X 进行穷尽性的考察，对 X 进行句法和语义分类，并考察其使用频率，制定 X 的语义分类频率表，以便更好地为对外汉语教学服务。

（2）前人对"在 X 下"和主句的语义关系进行了考察，但是鲜有对"在 X 上"和主句语义关系的研究。

（3）以往对"在 X 上"中"在""上"的隐现研究，所采用的方法基本上大多是基于研究者个人的语感，研究方法有待创新，可以尝试大规模的调查，采用统计的方法进行评估和分析。

（三）介词"在"的研究

在现代汉语介词研究中，介词"在"受到的关注最多，研究成果也比较丰富，根据研究内容，我们将以往研究大致分为以下几类。

1. "在"的性质和分类问题

与"把""从"等介词相比，动词"在"还没有完全虚化为介词，现在还同时保存动词、副词、介词三种词性。"在"的副词词性比较好区分，用在动词前的"在"一般都是副词，关于"在"的词性分类争论较大的是动、介两种词性的区分，学界区分的标准主要有以下两种。

第一类是通过考察能否加动态助词"着""了""过"，能否重叠来区分动词和介词，这个标准对区分兼类的介词和动作性动词有一定的价值，但是对区分介词和非动作性动词无能为力，这是因为能否加动态助词，能否重叠不仅受词性制约，也受语义制约。

第二类是最常见的一种标准："在"在句子中单独出现时是动词，出现在动词或形容词之前时是介词（张静1988，杨润陆、周一民1995等），例如："我在家"和"我在家吃饭"，认为前一句的"在"是动词，后一句是介词。但是这种标准也是不太可靠的，例如"我在飞机上看书""我在钱包里找零钱"，按照这种标准两句中的"在"都应该是介词，但是通过句式变换删去介词短语后面的成分，第一句"我在飞机上"可以成立，第二句"我在钱包里"则不能成立，所以第一句中的"在"应该是动词，第二句中的"在"是介词。所以，学界（金昌吉1996，齐沪扬2005等）对这条标准进行了适当地修改，认为分辨动介兼类词的标准应该是——后边带上名词能否独立成句，能独立成句的是动词，不能独立成句的是介词。修改后的标准的解释力和区分度更强，也更有科学性和解释性。但是，在运用这个标准时，需要注意一个问题，那就是有时在脱离语境的情况下，"在"的动、介词性两可（张国宪，1988），例如"他在火车上写字"，此句有两种理解，一是"他坐在火车上写字"，二是"他把字写在火车上"，当是第一种理解时"在"字介词短语后面的成分可以删除，"在"是动词；当是第二种理解时"在"字介词短语后面的成分不能删除，"在"是介词，所以判定介词"在"的词性，要根据句法结构、语义和语境进行综合判断（张国宪1988，黄伯荣、廖序东2007）。

2. "在+NP+VP"结构的句法、语义、语用研究

"在+NP+VP"结构在 20 世纪七八十年代引起了学界激烈的讨论，这个结构的讨论发端于朱德熙（1978）《"在黑板上写字"及其相关句式》一文的发表，此后一批学者（王还 1980，施关淦 1981，邵敬敏 1982 等）利用变换分析的方法，对与"在黑板上写字"形式相同而语义不同的句式之间的关系进行了深入探讨。范继淹（1982）将"在+处所"句式纳入到空间位置系统中加以讨论，从句法和语义两方面入手进行了全面细致的分析，将这种句式分化为三种具体的句式"PP+NP+VP""VP+PP+NP"和"NP+PP+VP"，并对各具体的子句进行了充分的描写和解释，这篇文献在"在+处所"句式的研究上具有重要的理论意义：一是该文首次将"在+处所"句式纳入到空间位置系统中进行系统考察，具有系统论的方法论意义；二是论文的结论是基于大规模语料总结归纳出来的，得出的结论真实可靠，为后来的研究奠定了坚实基础。崔希亮（1996）从动词的语义、配价和论元的关系对"在"字结构进行了考察，讨论了"A 在NL-VP"和"A-V 在 NL"两种结构中动词的语义特征，认为出现在第一种句式中的动词对于论元 A 来说具有［+自发］或［+主动］的语义特征，出现在第二种句式中的动词对于论元 A 来说具有［+自发］或［+被动/受损］的语义特征，该研究较之前人研究提供了一个方法论的新视角，即考察"在"字句中动词的语义、配价和论元的关系。

在继承前人研究的基础上，对"在"字句进行全面系统研究的学者是齐沪扬，其专著《现代汉语空间问题研究》（1998）区分了两种"在"字句：表示静态位置的状态"在"字句和动作"在"字句，并对两种"在"字句的句法、语义、语用特点进行了分析和概括。首先来看对状态"在"字句的分析，作者从状态"在"字句中的动词特点、能否变换成"把"字句和"被"字句、"在"的词性问题对句法特点进行了分析；从语义内涵、动作过程参与者、时间的方然性和依然性对语义特点进行了分析；从介词结构作用的体现、处所方位的有定性对语用特点进行了分析。相对于状态"在"字句的分析，作者对动作"在"字句的分析相对来说比较简练，从有无被动形式和介词结构前移对句法和语用特点进行了分析；从动作过程的参与者、动作"在"字句中动词的语义特点对"在"字句语义特点进行了分析。此外，作者还从空间位置系统角度考察了动作"在"字句中物体占据位置与参考位置重合的条件。

3. 介词"在"与其他介词的对比

专门将介词"在"与其他介词进行对比的研究成果较少，陈恩礼（2006）从表示时间、处所、方位三方面对比了介词"在"和"从"的不同。更多的有针对性的对比研究散见于留学生使用介词"在"的偏误分析中，杨庆蕙、白荃（1996）通过分析留学生中介语语料发现留学生在使用介词"在"时，经常与介词"从"混淆，作者根据学生错句分析了"在"与"从"的不同：当表示动作"来、去、动身、出发"的起始地点时，表示地点的名词应该用"从"引进，如"我们从学校出发去颐和园"；当表示动作经过的地点或场所时，表示地点或处所的词语前应该用"从"，如"他从我身边默默走到教室门口"，而"在"只表示动作行为发生的场所，不表示经过的场所，如"他在客厅里看电视"。吴继峰（2012）根据使用频率、母语者语感和介词"对"和"在"的属性差异对"在……来说"和"对……来说"进行了对比，预测"对……来说"将会完全取代"在……来说"，原因有二：一是"在……来说"使用频率很低，不符合当代汉语母语者的语感；二是"对"是施受类介词，而"在"是时空类介词，"对……来说"是有所指对象的，所以用"对"更恰当一些。

4. 介词"在"的语法化

学界对介词"在"的语法化研究可以分为两大类：

一类是考察"在"字短语语序规律的变化，张赪（2001）认为在先秦汉语里，动词的宾语和引进与动作有关的场所的介词短语"於（于）L"都同时位于动词之后，而现代汉语中动词的宾语和介词短语"在L"一般不能同时位于动词之后，并认为这一变化在元明时期完成，此外，文章对这一演变过程进行了描述，并对语序发生变化的原因做出了解释，认为这与汉语介词短语与所修饰成分的变化趋势和动词对其后置成分的限制作用加强有关。

二是考察"在"和"着"的虚化关系和成因，徐丹（1994）指出"V在"和"V着"关系紧密，在六朝时期以前，二者在"V+X+地点词"的句型中混用，在经历了激烈的竞争以后（六朝时期以后），"V在"逐渐取代了"V着"。高增霞（2005）认为汉语中"在""着"的虚化过程符合这样一条规律：处所动词—处所介词—未完成体标记，但二者的虚化机制是不同的。瞿建慧（2006）认为"在"和"着"的虚化轨迹大致是平行的，都经历了一个逐渐虚化的语法化过程，即：动词—介词—动态助词—语气词；语用影响和句法位置为它们的平行虚化创造了条件，而二者之间的差异是由"在"和"着"原始意义的不同造成的。

5. 介词"在"的隐现

在第 10 页介词性框式结构隐现问题的综述中，我们已对介词"在"的隐现问题做了概括和分析，此处不再重述。此外，还有方言界对介词"在"的研究，因为与本研究关系不大，所以不再综述。

从以上分析可以看出，学界对介词"在"的研究已经相当深入，涉及句法、语义、语用各个层面，对"在"的属性、分类、隐现、语法化和与其他介词的区别等问题做了深入研究，"在……上/下"介词性框式结构的研究可以充分借鉴和吸收介词"在"的研究成果。

(四) 方位词"上/下"的研究

国内关于方位词"上/下"的研究，根据研究内容可以大致分为三类：传统语法和结构主义语法对方位词"上/下"的研究，方位词"上/下"的认知语义研究，方位词"上/下"的不对称研究。

1. 传统语法和结构主义语法对方位词"上/下"的研究

20 世纪七八十年代，传统语法和结构主义语法对方位词"上/下"的研究主要涉及方位词"上/下"的基本特点、与前面名词的搭配规律、使用频率高低的原因等方面。赵元任（1979）从整体上对方位词的特点进行了描述，认为方位词的功能是表示事物的位置（包含时间上的），是体词性的，翻译成外语往往跟介词相当。朱德熙（1982）认为在单纯方位词中，"上"和"里"比其他方位词的活动能力强，可以自由地跟名词结合，如"书上""树林里"，但是与之相对应的"下"和"外"却受到很多条件约束，如"书下""树林外"都不成立。窦融久（1986）认为方位词"上"之所以使用频率高，是因为它具有强于其他方位词（如"下""外"）的表义功能和组合功能，"上"的表义功能之所以强于其他方位词，是因为它除了具有"定向性"之外，还具有"泛向性"。

进入 21 世纪以后，运用传统语法和结构主义语法研究方位词"上/下"的成果较少，因为认知语言学的引进，学界大多采用认知语言学的理论来研究，但是运用传统语法和结构主义语法的研究也不乏亮点，较之前人的研究也更加精细，例如，杨云（2001）探讨了方位词"上/下"空间位置义的来源，认为是由方位词"上/下"前面的名词所代表的物体的几何形状和物理形状来决定的；物体使用部位或使用面的不同，可能会造成方位词表示的空间意义的不同。杨安红（2003）具体分析了方位词"上"的自由与黏着用法，"上"的自由用法一般表现在"上""下"对举用法（即"上"和"下"对称使用）以及用在动词之前、介词之后；"上"的黏着用法表现在附着在名词或名词短语后。方经民（2002、2003、2004）利用语法化理论，通过考察现代汉语方位成分在形式、语义及功能方面的内部差异，研究了古代汉语中的名词性方位成分是如何分化为方位词汇成分和方位构词成分的，方位词汇成分又是怎样分化为方位名词、方向词、方位词和方位区别词的，并指出了它们在语法化过程中的不平衡性。

2. 方位词"上/下"的认知语义研究

20世纪末随着认知语言学理论和方法的引入，出现了一些利用认知语言学的隐喻、意象图式等理论探讨方位词"上/下"的研究。比较有代表性的是以下几篇。

蓝纯（1999）从认知角度研究了"上/下"的空间隐喻，认为"上/下"最初是纯空间概念，后来通过隐喻用来构造抽象目标域，如状态、数量、社会等级和时间等。此外，还认为汉语中存在这样一种倾向："上"通常与好的事物相连，但是"下"通常与不好的事物相连。

葛新（2004）从空间概念的表达与汉语方位词使用之间的关系入手，对"上/下"表示空间意义时的内部差异做出了解释。利用认知语言学的隐喻理论和词义虚化理论，从共时和历时角度考察了方位词"上/下"语义的演变途径，并尝试对其抽象语义用法的产生原因进行分析，并将"上/下"在现代汉语中的意义分为三种类型：基本意义、虚化意义和引申意义。

葛婷（2004）利用意象图式理论和隐喻理论，考察了方位词"上"和"里"的关系，研究发现二者不但在单纯的空间方位义上有相通之处，在概念的隐喻范畴中也有相通之处。此外，作者还从单纯空间方位义、引申义和适用范围大小三个角度对二者的不同之处做出了总结。

刘国辉（2008）将认知语义和构式研究结合起来，探讨了方位词"上"的认知语义构式体系，认为"上"所构成的每个构式只能展现其中一个侧面义，如接触关系、距离关系或包容关系，并认为与方位词"里"具有一定的通融性。

范素琴（2010）研究了方位词"上"所表征的空间图式和空间意义，认为汉语方位词"上"的空间图式表述的是"背景"的几何特性、"图形"和"背景"的接触程度等空间意义和关系。

3. 方位词"上/下"的不对称研究

对于方位词"上/下"不对称现象的研究，主要是探讨不对称的原因。概括各家观点，主要包括社会文化和心理因素的影响、认知事物的视角不同、语法结构的制约、语义构成的不同等四方面的原因。具体来说可以分为两类。

第一类是与文化研究结合进行分析。例如倪建文（1999）认为"上/下"的对称和不对称跟文化习俗以及传统思想有关，当对举时两者是对称的；当表示称谓、时间、方面、条件时，有时会表现出不对称的特点。

第二类是利用原型理论、空间隐喻和空间图式来考察"上/下"的不对称性。周统权（2003）从认知和功能角度阐释了"上/下"及其相关结构不对称的原因，认为"上/下"的不对称首先源于原型的不对称，即客观物质基础不同，同时又受具体民族文化环境的制约。缑瑞隆（2004）认为"上/下"不对称的主要原因是语义构成不同，而语义构成的不同反映了汉族人对空间语义认知的某些特点。以上利用认知语言学理论对"上/下"不对称进行的研究，其根本原因基本上都落脚于人类认知和社会文化的影响这方面（李文莉 2004，张玥 2007 等），这与认知语言学自身的特点是密切相关的。

（五）X 的分类研究

因为在"在 X 上/下"介词结构中，充当 X 的词类主要是名词和动词，所以本部分主要对名词和动词的分类进行总结。

1. 名词的分类研究

20 世纪 80 年代以来，语言学界从语义范畴和语法范畴相结合的角度，对名词的语义小类进行了细致的描写分析和探讨，名词的语义小类研究主要有以下成果（王珏 2001）：信息义名词（相原貌 1990），依存名词（中川正之 1993），表露潜意识活动义名词（邢福义 1995），充塞占据义名词（楚泽祥 1996），具有真假两个层次语义名词（刘叔新 1996），量度义名词（张谊生 1996），可性状化义名词（张谊生 1996、1997），顺序义名词（张谊生 1996、马庆株 1998），污渍义名词和破损义名词（谭景春

1996、马庆株 1998)，结果义名词（谭景春 1997），强形态义名词和强性质义名词（楚泽祥 1998），唯指称义名词和过程义名词（马庆株 1998），植物同体同名名词和抽象义名词（王珏 1998、1999）。

中国第一部全面探讨现代汉语名词的专著是王珏的《现代汉语名词研究》，王珏（2001）从 9 个方面对名词的语义分类进行了研究：概说、称谓名词、身体器官名词、植物名词、抽象名词、集合名词、生命义名词、歧义名词和同义名词，其中将抽象名词分为 7 类：知识类、度量类、消息类、策略类、疾病类、情感态度类、程度类。美中不足之处是有的小类之间存在交叠，例如消息类和策略类都包括"思路"一词，消息类的"标准、计划、理论"等词划分为策略类似乎更恰当一些。由于语义的复杂性，分类存在交叠也是在所难免的，最好的分类是两分（即一分为二），但是两分有时不利于研究的细化，所以王珏（2001）的名词语义分类是当时最为细致的研究，为后来的名词语义分类研究奠定了坚实的基础。

2. 动词的分类研究

现代汉语动词的分类研究成果丰富，大致可以划分为两个阶段，第一阶段是 20 世纪 80 年代以来至 21 世纪初，这一阶段主要有两种分类视角。

一是根据动词的句法特点进行分类，即按照动词组合的特点进行分类，将动词分为及物动词和不及物动词，但是有学者（申小龙 1988，徐杰 2001 等）认为这种分类方法对很多语法现象解释不了，所以徐杰（2001）认为根据有无带受事名词词组的潜在能力，动词应该分为四类——潜及物动词、单及物动词、双及物动词和不及物动词。二是根据动词的语义特点进行分类，将动词分为判断动词、能愿动词、变化动词等，申小龙（1988）认为这种分类脱离了汉语动词特有的组合规律，无法揭示词语搭配规律。

第二阶段是 21 世纪初到现在，由于研究者更加关注动词和整个句式的关系，所以动词的配价、动词能够带几个论元以及动词的配位方式是研究者关注的焦点，所以将动词分为一价动词、二价动词和三价动词。现在语言学界对动词和句式的研究大都是沿着动词的配价、论元和配位方式的思路在做，比较具有代表性的有沈家煊（2000）、袁毓林（2002、2003、2004、2005）、施春宏（2004、2006、2010、2013）、宋文辉（2004、2006）等。

3. 现代汉语词汇语义分类研究

目前国内根据词汇的语义特点对现代汉语词汇进行分类的研究，规模最大、分类最细、系统最为完善的是苏新春的《现代汉语分类词典》（2013），该词典收词条 82955 个（按义项计算），收录的词语主要是通用程度较高的语文性词语，采用五级语义层分类体系，其中一级类 9 个，包括：生物、具体物、抽象事物、时空、生物活动、社会活动、运动与变化、性质与状态和辅助词，二级类 62 个，三级类 508 个，四级类 2057个，五级类 12659 个，将 76464 个使用频度较高的词依次进行五级分类，前四级有明确的语义类别名称，第四级下又有不同的第五级语义小类，第五级小类不再标明具体的小类名称，例如："任用"一词的五级语义分类是：社会活动—管理—任免—录用，这是前四级语义，四级以下又分为 9种第五级语义小类，其中"任用"属于第五级语义小类的第一种语义小类。

该词典的贡献是巨大的，在很大程度上解决了以往研究系统性不强、分类层级杂乱的情况，本研究对"在 X 上/下"结构中中心词 X 的语义分类研究采用该词典的五层语义分类体系，结合国家语委现代汉语语料库，对语料中所有充当 X 的词语进行穷尽性考察，并对其进行四层语义分类①，此外，根据 X 的使用频率制作中心词 X 的频率词表，将语义类型分类和频率排序结合起来，对外汉语教师和教材编写者可以参考该语义频率词表进行教学和教材编写。

二 "在 X 上/下"与英语相应表达式的对比研究

相对于汉英其他语法项目的对比研究而言，汉英介词对比的研究成果比较少，为更好地分析和总结"在 X 上/下"与英语相应表达式的对比研究现状，有必要把汉英介词对比的理论研究现状整理清楚。

（一）汉英介词对比理论研究

关于汉英介词对比的理论研究，主要是英语教学界的学者在做。英语教学界对英汉介词的对比可以根据时间大致划分为两个阶段：21 世纪之前主要集中在对英汉介词语义特征的对比、学生使用英语介词产生的偏误

---

① 进行四层语义分类是因为第五级语义分类太细，对于留学生来说，掌握到第四级语义分类就已足够。

以及如何进行翻译等问题上，采用的是基于句法、语义对比的传统模式，这种对比模式一直持续到现在；进入 21 世纪，随着认知语言学等新学派的理论引入国内，英语学界尝试用认知语言学的意象图式理论、隐喻理论等进行汉英介词的对比。

国内奠定汉英介词对比基础的文献是以下两篇：

吴景荣、王建之（1981）从总体上对汉语和英语的词类进行了对比，在对比英汉介词的时候，该文认为英语介词和副词的关系密切，因为英语许多介词是由副词发展而来的，而汉语的介词是从动词发展而来的，由于动词的虚化，逐渐变成介词，介词又有虚化为连词的趋势，所以导致汉语中的动词、介词、连词有时会划不清界限，而英语却不存在这样的问题。例如"在"既可做动词，也可做介词和连词；"跟"既有介词的词性，也有连词的词性。

较早专门进行汉英介词对比并具有先导性意义的论文当推沈家煊（1984）的《英汉介词对比》，论文从五个方面对英汉介词进行了对比，一是英汉介词在介词和动词的划分上不同，作者认为从词类划分的角度来看，英汉介词最重要的区别在于英语介词和动词截然分开，而汉语介词与动词的界限不易划清；二是英汉介词和介词短语在句中的位置有较大差异；三是英汉介词包含的意思有较大差异，从总体上说，英语介词包含的意思比较具体和细致，另外，英汉介词在包含的意思上还有两个重要差异：第一，"汉语介词（主要是'在''从''朝''到'）常常跟方位词配合使用，表示处所或方向，而英语表示处所的介词本身就含有方位的意思，即英语'介词+名词'=汉语'介词+名词+方位词'"①，第二，英语介词包含动态或动作的意思，汉语要用动词来表达；四是各类介词短语在句中的相对位次既有同也有异；第五部分总结了英语用介词而汉语无需用介词的四种情况。该文对英汉介词从整体上做了对比，基本上没有涉及具体介词的对比，但是对具体英汉介词对比分析具有极大的指导意义，此后的汉英介词对比基本上都以这篇经典文献为基础进行研究。

在以上两篇文献的基础上展开的汉英介词对比研究，可以大致分为以下两个阶段。

---

① 沈家煊：《著名中年语言学家自选集·沈家煊卷》，安徽教育出版社 2002 年版，第13 页。

第一阶段的英汉介词对比主要集中在语义特征对比、学生偏误解释以及如何进行翻译等问题上，这种对比一直持续到现在。

林直、王新利（1993）对英汉介词的语义特征进行了对比，认为"英语介词大多具有多义性，即一个介词能表示多种意义；而汉语介词一般则呈现相反的特征——具有单义性，即一个介词只有一种语法意义，仅有个别的是多义性的，如'在'能表示时间、处所、范围等多种意义"①。总结了汉语母语者使用英语介词的四种偏误类型：误用、多余、残缺、混用，并解释了偏误产生的原因，提出了英语介词汉译应注意的 5 个问题：一是用对等的介词来译；二是用介词翻译时，有时要在介词宾语后添上名词、方位词或其他词类；三是用动词来译；四是用名词、代词、形容词、副词来译，句子成分大多数不变；五是如果上述方法翻译不自然，可采用意译的方法。我们对该文"在汉语中，一个介词只有一种语法意义，仅有个别的是多义性的"的观点不敢苟同，我们可以说英语介词的义项比汉语介词的义项多得多，但是不能说"汉语的一个介词只有一种语法意义"，例如"从""向""跟"等介词就有多种意义。

孙丹华（1996）从总体上对英语介词汉译的技巧进行了阐述和探讨，认为英语介词具有使用频率高、组合力强、含义复杂等特点，对汉语母语者来说是一个难点；针对英语介词汉译介绍了几种常见的译法：转译、分译、反译或省略不译。徐锦凤、刘树阁（1996）对英汉介词的差异和英汉介词汉译的方法进行了阐述，分析较浅。此后的汉英介词的研究，如王化建（1997）、赵丽萍（1998）等人的研究均是对汉英介词不对应关系的讨论，新发现不多；赵斐容（1999）从总体上对汉英介词在性质、分类、语法特点上的异同进行了阐述，并对汉英介词结构的功能和语义进行了分析，但是分析较浅，不够深入；王焕青（2001）通过汉英介词结构的对比，试图找出英汉两种语言深层结构的互通或互译之处，但是分析简单、结论较浅，没有很好地说明两种语言在深层结构上的异同；孙一（2006）分别论述了英汉介词的发展及其特性，对英汉介词用法的对比进行了阐述，第一部分的论述对认识英汉介词的发展过程具有启发性，但是第二部分的论述与前人相似，缺乏新意；刘宏（2007）从英汉翻译过程中对介词 from 的错译、误译出发，分析了造成这种现象的原因，并对介

---

① 林直、王新利：《英汉介词的语义、运用及翻译》，《淮阴师专学报》1993 年第 3 期。

"from"和"从"的语义范围进行了对比，最后提供了六种关于"from"一词的翻译方法，这是少有的针对单个具体介词进行对比分析的论文；刘小梅（2008）从介词的类别、介词短语所充任的句子成分、介词后所接的宾语、介词短语在句中的位置、介词兼做其他词类、介词短语的英汉互译六个方面对英汉介词进行了对比，刘文分类细致，但是由于是通论性教材，很多方面没有展开具体讨论。综观 20 世纪 90 年代一直到现在的基于传统模式的汉英介词对比研究，针对单个具体介词进行对比的研究很少，大都是在重复讨论一样的问题如翻译技巧、英汉介词的特点，而且大多并无新的发现，都未超过沈家煊（1984）汉英介词研究的水平，这就导致了汉英介词对比成果很少的现状。

第二阶段是进入 21 世纪以后，随着认知语言学理论的引进，英语教学界尝试运用认知语言学的理论如意象图式、隐喻等对英语介词进行研究，虽然涉及英汉介词对比的成果不多，但是很有启发性。因为研究主要集中在"在 X 上"与英语相应表达式的对比方面，所以我们会在第 26 页一节进行具体阐述。

（二）"在 X 上/下"与英语相应表达式的对比

由于研究目的和研究方法的不同，我们对英语教学界和对外汉语教学界对"在 X 上/下"与英语相应表达式对比的研究分别进行综述。

1. 对外汉语教学界"在 X 上/下"与英语相应表达式的对比

以对外汉语教学为目的的"在"字介词性框式结构与英语相应表达式对比的成果很少，只有几篇硕士论文，基本上都是从句法、语义两方面进行对比。

赵秋篱（2008）主要从四个方面考察了"在"字短语以及英语相应的表达式，一是"在"字短语在句中的位置，二是"在"字短语中的介词宾语，三是表示时间的"在"字短语，四是句首介词"在"的隐现。赵文之所以考察以上四个方面是由于留学生使用"在"字短语时经常出现与这四方面有关的偏误。该文分析细致，但是理论深度不够。

杨颖（2009）主要是从语义入手对比介词"在"与英语相应表达式，把"在"的语义分为七个方面：表条件，表方面，表范围，表事件、活动，表抽象空间，表进程，表行为主体。该文不足之处是对句法、语用方面的某些问题分析较粗或没有涉及，如介词"在"的隐现问题。

高俊（2010）基于英汉对比语料库考察了"在 X 上/下""在 X 里/

中"等介词结构在英语中的几种对应形式：介词、其他词类、从句等，并将上述介词结构与英语中的几种对应形式逐一进行了对比，较之前面的两篇论文分析更加细致，美中不足的是所用的英汉对比语料库不够大，英语中的有些对应形式并未发现。

从以上分析可知，对外汉语教学中的汉英介词对比采用的方法大多是从语法、语义两个层面进行对比，结合学生的偏误进行细致的分析，值得进一步研究的问题就是方法的创新，是否可以运用其他理论如认知语言学、语言类型学的理论来进行汉英介词的对比？怎样进行对比？

2. 英语教学界"在 X 上/下"与英语相应表达式的对比

英语教学界主要采用认知语言学的意象图式、隐喻、原型范畴等理论来进行英汉介词对比，而且这些对比主要关注英汉介词语义的不同。

刘丹（2003）根据隐喻理论对介词 at, on, in 和"在""（在……）上""（在……）里"进行了对比，但是该文对比过于简单，仅罗列例句未根据例句进行深入分析。

马书红（2005、2008）基于空间范畴化理论对比分析了英语介词 in, on, over 和汉语相应表达式"（在）……上"和"（在）……里"空间语义的不同。结果发现英、汉两种语言在空间范畴化方面既有共性又有差异，当一个英语空间范畴的成员与相邻范畴的核心成员共享语义特征时，该成员在汉语中往往被划入不同的空间范畴内，与此相反，跟相邻范畴的核心成员不共享语义特征的那些英语空间范畴的成员往往被汉语归入相同的空间范畴里。最后，作者总了介词 on 和"（在）……上"在空间范畴化上的共性和差异。基于英汉介词空间语义的对比，作者认为英语介词之间的语义相似性和差异以及英汉之间在空间范畴化上的共性和差异可能是制约二语空间语义习得的两个关键因素。

明宏（2011）采用定量和定性研究的方法，从认知角度探讨了空间介词 on 的语义分布，并与汉语介词结构"在……上"进行了对比。首先将 on 和"在……上"的所有用法分为空间意义和隐喻意义两大类，然后再将意义分为不同的意象图式，研究发现，on 和"在……上"的用法都可以体现出接触图式、支持图式和路径图式，但是"在……上"比 on 的使用范围更广。

综观英语教学界的英汉介词对比研究，成果也并不多，早期的对比主要是从翻译、学生偏误角度入手，采用的主要是句法、语义特征对比的方法,但是近十年来,随着认知语言学传入国内,用意象图式理论、隐喻理论、空间范畴化理论进行英汉介词对比,给英汉介词对比增添了一些活力,虽然成果不多,但是其研究方法值得借鉴。

通过对对外汉语教学界和英语教学界"在 X 上/下"与英语相应表达式对比研究的梳理,可知以下特点:

第一,在研究内容方面,主要集中在"在 X 上"与英语相应表达式的对比上,鲜有涉及"在 X 下"与英语相应表达式的对比研究。

第二,在研究方法上,早期对比句法、语义特征的研究模式一直延续至今,但新发现很少;近十年来认知语言学研究方法引入英汉介词对比研究,主要是空间语义方面的对比,成果虽不多,但是方法值得借鉴。无论采用什么方法,最重要的是将英汉介词在句法、语义、语用三方面对比清楚,找出影响学生习得介词的关键因素,将对比研究的成果更好地运用到教学中去。

三 汉语作为第二语言的"在"字介词结构习得研究

在对外汉语教学界,"在"字介词结构的习得研究可以分为两类:一类是不分母语背景的介词结构习得研究,一类是分母语背景的介词结构习得研究。

(一) 不分母语背景的"在"字介词结构习得研究

不分母语背景的介词习得研究主要是从总体上考察不同国别的学生在习得汉语"在"字介词结构时存在哪些普遍规律,这方面主要有李大忠(1996)、赵葵欣(2000)、李金静(2005)、周文华(2010)等人的研究。

李大忠(1996)对留学生使用介词"在"产生的偏误进行了细致的分类和描写,对病句进行了细致入微的分析,但是美中不足的是作者只是将偏误分成六类,并没有明确提出各是什么偏误类型,需读者认真阅读之后才能归纳出来。

赵葵欣(2000)通过留学生口语语料,对留学生习得三类介词的偏误和过程进行了调查和分析,一类是时空类介词"在"和"从",一类是范围类介词"跟"和"和",还有一类是施受类介词"对"和"给"。该文对学习者习得这三类介词在各个阶段的特点进行了分析,并对介词"在"的隐现问题进行了简单的探讨。

　　李金静（2005）对留学生习得"在+处所"结构进行了分析，认为留学生使用"在+处所"作定语、状语和补语三种成分时容易产生偏误，认为偏误产生的原因主要是受所学的其他语法项目的影响。这一推论未免太过武断，例如"在+处所"作状语和补语时位置不同，由于英语没有补语，欧美学生经常区分不开状语和补语，导致语序错误，这很大程度上是受母语负迁移影响，并不像作者说的那样主要是受所学的其他语法项目的影响。

　　周文华的专著《现代汉语介词习得研究》（2011）对汉语介词系统的五个次类（时间介词、空间介词、对象介词、依据介词、缘由介词）进行了界定及句法功能考察、频率考察、习得情况考察、偏误分析，并进行了分级排序、提出了教学建议，该论文介词习得研究系统性较强，但是没有展开针对不同母语背景学习者的汉语介词习得研究，未从双语对比角度解释偏误形成的原因。

　　综观不分母语背景的"在"字介词结构习得研究，可以发现以下特点：一是研究内容主要集中在两个方面——偏误分析和教学对策；二是仅从汉语本体的角度对学习者的偏误进行解释，没有通过双语对比对母语负迁移导致的偏误进行解释。不同母语背景的学习者在习得汉语语法项目时，有其共性，也有其差异，要想找出差异就必须将汉语和学习者的母语做细致的对比，所以分母语背景的习得研究势在必行，也成为近十年来习得研究的基本取向。

（二）分母语背景的"在"字介词结构习得研究

　　区分母语背景的"在"字介词结构的习得研究，主要以英语、韩语、泰语、越南语为母语的学习者作为研究对象。研究主要集中在四个方面：偏误分析及原因探索、汉外介词对比、介词习得顺序、教学对策。下面分国别依次进行介绍。

　　以英语为母语的学习者"在"字介词结构的习得研究主要有以下几篇论文：

　　崔希亮（2005）《欧美学生汉语介词习得的特点及偏误分析》是针对欧美学生汉语介词习得的一篇重要文献，该文将日、韩、朝学生以及以汉语为母语的中国人作为对比组，考察欧美学生使用汉语介词的频率和偏误率，总结了九种偏误类型：介词冗余、框式介词缺少后置词、介词结构出现位置不当、结构错位、体貌标记错误、词语搭配错误和介词混用等，并提出了针对欧美学习者的几点教学建议，但限于篇幅和论文取向，有些重要问题崔文并未涉及，如欧美学生介词习得产生偏误的原因是什么？汉英介词的哪些差异会导致学生的母语负迁移？这些都是可以进一步研究的问题。

赵秋篱（2008）从北京语言大学中介语语料库检索到英语母语者使用"在"字短语的偏误用例99例，将其分为四种偏误类型：错序、与介词"在"隐现有关的偏误、误用"在"字短语、与框式介词有关的偏误，并从汉英对比的角度进行了力所能及的解释，但是由于收集到的偏误用例太少，有些常见的偏误类型并未发现。

杨颖（2009）通过中介语语料库、访谈和问卷调查对英语母语者使用表示抽象意义的介词"在"的情况进行了考察，其总结的偏误类型大致可以分为四类：介词"在"的遗漏，与介词框架有关的偏误，错序和回避使用，也从英汉对比角度对偏误进行了解释。但是存在以下几个问题，一是论文中没有报告偏误用例数量和所占比例，只是举例性说明；二是采用访谈的调查方式究竟能诱发出多少含有介词"在"的句子这也值得考虑；三是调查问卷采用的是翻译题和选择题的形式，题目中空出介词和方位词，选择项里面给出介词和相应的方位词，这就大大降低了问卷的效度，因为这暗中提示了学生要留意方位词的使用，而方位词的遗漏恰恰是英美学生的主要偏误类型之一。

吴继峰（2012）通过对英美学生作文中使用汉语介词"在"的考察，总结归纳了英美学生使用汉语介词"在"的5种偏误类型：不该用"在"而用，该用"在"而不用，与框式介词有关的偏误，介词"在"与其他介词的混淆，语序错误。并将"与框式介词有关的偏误"分为两大类，第一类是在框式介词中与方位词有关的偏误，具体包括四小类：方位词的缺失、错用、冗余，介词框架内插入的成分不当；第二类是不该用框式介词而用。该文尝试从英汉对比角度对英美学生的偏误进行解释，但有些解释针对性不够，例如在对"方位词冗余"偏误原因的解释上，对"冗余"和"隐现"两个概念区分得不够清楚。

关于介词结构习得顺序的研究成果不多，我们未发现对"在""从"等空间介词习得顺序的论文，考察其他类汉语介词习得顺序的论文也只发现一篇，胡媛媛（2007）采用语料库研究和问卷调查的方法，对欧美学生汉语依据类介词结构习得顺序进行了考察。该文的可取之处是采用了较为客观的实验设计，对无关变量进行了较好的控制，对研究假设进行了较好的验证，不足之处是对依据类介词结构的客观习得顺序仅依靠正确使用相对频率，不够全面，不如将准确率和蕴含量表结合起来使用确定习得顺序。

母语为韩语的学习者"在"字介词结构习得研究可以分为两类，第一类是针对韩国学生使用介词"在"的研究，例如：丁安琪、沈兰（2001）对韩国学生口语中使用汉语介词"在"的情况进行了考察，研究发现韩国学生使用最多并且出错率最高的句型是"在+处所+动词性词语"，并将相关偏误分为四类：介词缺失、状语后置、方位词多余和错用。文章对这四类偏误从汉语角度做了分析，但是没有对韩语和汉语进行对比，未能深入细致地分析偏误产生的原因。

第二类是从总体上考察介词使用情况，介词"在"的使用只是其中一小部分，基本上是举例性说明。崔立斌（2006）从整体上分析了韩国学生使用汉语介词出现的错误及原因，将错误分为四种类型：介词缺失、介词多余、介词错用和语序错误。文章对比了汉语介词和韩语助词用法的异同，认为韩语母语影响和学生没有掌握好汉语介词的结构特点和语义特点是出现错误的主要原因。吴成焕（2006）也是从整体上考察了韩国学生使用汉语介词的偏误，将偏误分为四种类型：介词混用、介词多余、介词省略、介词错位。介词混用中分析了韩国学生"在"和"到"的混淆；介词多余中分析了"在"的多余，认为韩国学生之所以会犯此类错误，是因为韩汉语言的不同导致的，汉语中的存现句，句首表示处所、时间的词或短语前面一般不能加介词"在"，但是在韩语中却要在其前面加一个助词，正是这种差异导致了偏误的产生。文章将介词的遗漏称为介词省略，这种提法不妥，因为遗漏明显是一种错误，而省略不是错误。因为这两篇文献都是从整体上考察韩国学生介词习得的状况，所以未对介词"在"的偏误进行专门研究。

泰国、越南学生使用"在"字介词结构的文献主要有以下两篇：

杨正梅（2012）考察了泰国学生使用汉语"在"字介词框架的情况，将介词框架"在……上"的偏误分为四类：一是遗漏，包括介词"在"、方位词"上"的遗漏；二是误加，包括介词"在"及整个介词框架的误加；三是误代，包括用方位词"里"代替"上"，用介词"从"或"对"代替"在"或"在……上"；四是错序。介词框架"在……下"的偏误也同样分为这四种类型。作者在后面尝试从母语负迁移、目的语规则泛化、目的语规则的复杂性、教材和教学的不足等方面分析了偏误产生的原因，但是在前面对具体偏误进行分析的时候，只是从汉语的角度进行分析，并未提到泰语的影响。

阮天香（2011）对越南学生习得处所介词"在"的情况进行了考察，归纳出四种偏误类型：误加、遗漏、误用和错序，文章在进行偏误分析时，有意识地对汉越语言进行对比分析，从汉语介词"在"的句法、语义特点和越南语对应形式的特点出发，对偏误的成因进行了很好的解释。文章最后从教学、教材、学习者角度对介词"在"的教学提出了一些具有针对性的建议。

从以上分析可以看出，学界已经从汉外语言对比、使用频率对比、偏误分析等方面对不同母语背景的学习者习得"在"字介词结构做了分析，但是相对于汉语介词本体研究来说，介词习得研究才刚刚起步，成果不多，尤其是分母语背景的介词习得研究在近10年才开始兴起，有很多问题值得进一步探讨，针对英语母语者"在"字介词结构的习得研究，有以下研究空间：

1. 英语母语者习得汉语"在"字介词结构的特点是什么？哪些"在"字介词结构是其掌握的难点？这些难点造成了学生哪些偏误？

2. 汉语"在"字介词结构与英语相应表达式在句法、语义、语用方面有何差异？造成学习者母语负迁移的因素具体体现在哪些方面？

3. 以往介词习得的研究，大都是基于中介语语料库的习得研究，鲜有基于实验的实证研究，而将基于语料库的研究和基于实验的研究结合起来，互相补充，能更加全面地观察学习者的习得状况。

4. 以往的研究大都集中在介词的偏误分析上，没有根据介词的类别考查学生完整的习得过程。无论是介词使用频率和偏误类型，英语母语者都有明显区别于其他母语背景学习者的特点，其习得过程可能也会有不同于其他学习者的地方，但由于缺乏历时的追踪语料，专门针对英语母语者汉语介词习得过程的研究非常少，值得开拓。

还有一点值得注意，相对于其他母语背景学习者"在"字介词结构的习得研究，针对英语母语者的习得研究还有几点不足，主要体现在以下几个方面：由于语料不足，概括的偏误类型并不全面；偏误分析原因一般只从母语负迁移角度分析，而忽略了其他可能导致偏误产生的方面。学生产生偏误的原因并不能仅仅从汉英两种语言的差异来考察，其他导致偏误的原因如目的语规则的泛化、第二语言学习策略的影响、交际策略的影响、教材或工具书和教学误导等因素也要考虑进去。这就对中介语语料提出了更高的要求，必须了解学习者的学习策略、交际策略、所使用教材等多方面因素。

四　英语作为第二语言的介词习得研究

我们之所以对英语介词的习得研究进行考察，是因为英语学界对英语介词的习得研究比较早，而且成果也很丰富，但是汉语作为第二语言的习得研究在 20 世纪 80 年代才开始兴起，而且有关介词习得的研究成果非常少，对英语介词习得研究进行梳理和分析，有助于我们借鉴和吸收其科学的研究方法，应用到汉语介词习得研究中来。

英语介词是一类典型的多义词，不仅义项多，而且很多介词之间意义存在交叉，对于母语非英语的学习者来说，习得英语介词存在很大的困难。虽然介词从形式上看很简单，但是由于义项的复杂性，以及与学习者空间概念和认知的差异导致学生产生很多偏误。下面分成国外英语介词习得研究和国内英语介词习得研究两部分进行综述。

（一）　国外英语介词习得研究

国外英语介词习得研究文献可大致分为两类。

第一类是研究第二语言学习者个体差异（如学习策略）、学习环境、关键期、母语迁移等因素对介词习得的影响，但是这类研究没有深入挖掘影响二语学习者习得介词的深层动因——认知因素。

第二类是认知语言学视角下的空间介词语义习得研究。其中比较有代表性的是以下两篇：

Navarro I. Ferrando 和 Tricker（2001）的研究基于认知语言学的概念图式（Conceptual schema）理论，认为概念图式包括四个方面：拓扑（topological）、驱动力（force-dynamics）、语义的功能设置（functional set of senses）以及三者的综合运用。作者考察了西班牙大学生英语学习者对英语多义介词 at, on 和 in 语义网络的习得情况。该研究包括两个实验：实验一采用句子生成任务（sentence generation task），实验二采用语义相似度评定任务（rating similarity task）。被试是两组西班牙语大学生英语学习者（中级水平和高级水平）以及一组英语母语者（控制组）。研究结果表明，介词语义网络四个维度的习得是渐近的、平行的，拓扑语义并不是最先习得的。

Lowie 和 Verspoor（2004）考察了输入和母语迁移两种因素在二语学习者习得英语介词的过程中所起的作用。被试是 75 名以荷兰语为母语的英语学习者，分为四组（初级水平、中低水平、中高水平、高水平），实验方法是介词填空。研究结果发现：第一，学生母语和目的语的相似度以及目的语的输入频率对低水平组、中低水平组和中高水平组的被试都有影响，但是对高水平组的被试没有影响。第二，"对于词频较低的介词，结构上的相似程度不会对学习者的习得和使用产生影响"①。该研究的优点主要有：第一，从影响二语习得中的两大因素入手对介词习得情况进行考察；第二，研究设计对无关变量进行了很好的控制，结论可靠。

纵观国外介词习得研究的成果，可知以下特点：

第一，研究内容越来越有针对性。从最初研究学习环境、关键期、学习策略等因素对介词习得的影响，到现在考察目的语输入频率、母语迁移对介词的影响，研究者聚焦的研究内容更利于发现和解决制约二语学习者习得介词的关键问题。

第二，研究设计更加科学化。最初的研究设计存在一些问题，如被试数量过少、对无关变量没有进行有效控制、研究中未报告被试的情况等；后来的研究设计注意到了这些问题，不仅增加了被试量，而且对无关变量进行了有效控制，实验工具的选择和设计更加精巧，研究成果对介词教学具有更大的启示作用。

（二）国内英语介词习得研究

与国外英语介词习得研究相比，国内对英语介词习得的研究起步较晚、成果较少，研究范围仅为汉语母语学生英语介词的习得研究。主要有骆雪娟（2005），瞿云华、张建理（2005），马书红（2005、2007、2010），李佳、蔡金亭（2008）等人的研究。

骆雪娟（2005）通过两个实验（介词填空和语义相关判断），探讨汉语概念系统对中国学生在习得英语空间介词过程中的影响。研究结果发现：第一，中国学生和英语母语者对"on"等五个介词的语义范围的划

---

① 蔡金亭、朱立霞：《认知语言学角度的二语习得研究：观点、现状与展望》，《外语研究》2010 年第 1 期。

分明显不同；第二，存在母语空间概念结构的迁移现象，其中初中水平者
受母语迁移的影响较大，高水平学习者较少受母语概念的影响；第三，介
词习得的难度受英汉两个概念系统相互作用的影响。从总体上说，"实验
结果在一定程度上验证了研究者的假设，即二语习得过程中确实存在母语
概念迁移现象"①。

　　瞿云华、张建理（2005）运用认知语言学理论，以英语介词 before
为例，对中国大学生词义系统的习得进行研究。研究结果表明中国大学生
习得英语介词 before 受汉语概念系统的影响，研究还发现，"在大学英语
学习的中级阶段，虽然学生的词汇量大大增加，但相关词的义项习得处于
停滞状态"②。该研究也存在不足之处：第一，确定习得顺序的方法过于
简单，例如只依据一项汉译英测试确定英语介词 before 义项的习得顺序；
第二，被试均来自同一所学校，没有经过随机抽样，代表性不够，结论有
多大程度的普遍性需进一步验证。

　　马书红（2005、2007、2010）基于认知语言学的空间范畴化理论考
察了目的语语内认知因素、语际认知因素和学习者语言水平对英语空间介
词"in、on、over"语义习得的影响。语内认知因素指英语内部各空间范
畴之间在语义特征上的区别与联系，语际认知因素指英汉在空间范畴化上
的异同。研究结果发现：第一，英语内部各空间范畴之间的语义共享以及
英汉在空间范畴化上的差异这两个因素会给学习者带来一定的困难，当这
两个因素交互作用时，习得难度会大大增加；第二，当范畴 A 的核心成
员与范畴 B 的非核心成员共享某些语义特征时，中国学生往往把范畴 B
的非核心成员错误地归入范畴 A，却很少会把范畴 A 的核心成员错划入范
畴 B，这体现了语义成员的典型性因素的作用；第三，二语学习者的空间
语义知识的发展与他们的整体语言能力的提高并不完全同步。③

　　李佳、蔡金亭（2008）以认知语言学的原则性多义网络为框架，研
究了中国学习者对英语空间介词 above、over、under、below 的习得情况。
本研究在先导研究的基础上，通过四组实验——自由造句任务、自由填空
任务、语义相似度判断任务、回顾性访谈，得出以下结论：第一，被试对

---

　　① 骆雪娟：《二语习得中的概念迁移——对中国英语学习者空间介词语义习得的调查》，硕
士学位论文，广东外语外贸大学，2005 年。
　　② 瞿云华、张建理：《英语多义系统习得实证研究》，《外语研究》，2005 年第 2 期。
　　③ 马书红：《中国学生对英语空间介词语义的习得研究》，《现代外语》2007 年第 2 期。

这四个介词各义项的心理认知距离和本族语者有显著差异；第二，对介词多义网络习得情况不好，但核心义项比边缘义项掌握得好；第三，英汉概念系统的差异导致了母语负迁移。

罗琳颖（2012）基于认知范畴化理论，对英汉介词习得过程中的认知差异进行了对比，分析了导致这些差异的原因。论文存在的不足之处是：第一，英语被试数量很少，仅有 15 名；第二，对相关英汉介词空间语义的对比较浅，缺少新意。

综观国内英语介词习得研究的情况可知，虽然国内英语介词习得研究起步晚、被试仅限于中国学生，但是起点高，因为英语介词的多义性，研究者大都采用认知语言学理论进行习得研究，而且大部分实验设计较为科学，研究结论较为可靠，对英语介词教学提出了很好的教学建议，但仍存在着较大的不足，主要体现为研究范围狭窄。

通过以上对国外英语介词习得研究和国内英语介词习得研究的分析，可知以下特点：

第一，在研究内容上，国外研究比国内研究丰富得多。国外研究涉及教学环境、关键期、学习策略、英外介词差异、输入频率等因素对介词习得的影响，而国内研究仅限于汉英介词语义差异对介词习得的影响。

第二，在研究方法上，国外经过近 30 年的探索，方法日益科学，研究设计更加精密，国内介词习得研究近 10 年才开始兴起，有些研究设计存在一些漏洞，离科学化还有一些距离，不过，国内介词习得研究充分吸收了国外认知语言学的研究成果，研究起点高。

总结英语介词习得研究的现状，是为了借鉴其研究方法，因为相对于英语介词习得研究，汉语介词习得研究非常薄弱，这表现在以下两个方面：

1. 大多数研究成果仅局限于偏误分析，而且很多都是重复性研究，没有新意，更很少有创见。虽然有人涉及习得顺序的研究，但是成果很少，而且科学性有待考察。

2. 缺少科学的研究方法和研究设计，汉语介词习得研究大多数是简单的统计分析，对影响介词习得的相关因素没有进行实验研究，没有量化的数据支持研究的结论。所以，汉语介词习得研究亟须引进科学的研究方法、拓展研究的范围。

通过以上分析，汉语介词习得研究可以借鉴的方面有：

第一，在研究内容上，我们可以考虑教学环境、学习策略、英汉介词差异、输入频率等因素对英语母语者习得汉语介词的影响，不能仅仅局限于偏误分析，应该充分扩展研究内容。

第二，在研究方法上，质性研究和量化研究要结合起来，不仅要有严格的逻辑推理，更要有科学的实验设计、描述统计和推论统计。

五　小结

我们从现代汉语介词性框式结构 "在 X 上/下" 的研究、"在 X 上/下" 与英语相应表达式的对比研究、"在" 字介词结构的习得研究、英语介词的习得研究四方面对与框式结构 "在 X 上/下" 相关的研究进行了总结，从研究内容和研究方法两方面对现有研究的特点进行了分析。下面从研究成果分布及其作用和价值、研究空间两方面对以上研究做一个小结。

（一）研究成果分布及其作用和价值

现代汉语介词性框式结构 "在 X 上/下" 的研究主要涉及以下五个方面：一是现代汉语介词性框式结构的理论研究，具体包括名称的探讨、研究思路和研究方法的创新和拓展，介词性框式结构的隐现两方面的研究；二是介词性框式结构 "在 X 上/下" 的句法语义研究；三是介词 "在" 的研究，具体包括 "在" 的性质和分类问题，"在+NP+VP" 结构的句法、语义和语用特点，"在" 与其他介词的对比，"在" 的语法化、"在" 的隐现等五方面的研究；四是方位词 "上/下" 的研究，具体包括传统语法和结构语法的研究，认知语义研究和不对称研究三方面；五是 X 的分类研究，主要包括名词的分类、动词的分类和现代汉语词汇语义的分类三方面的研究。这五方面研究为现代汉语介词性框式结构 "在 X 上/下" 的研究打下了良好的基础。

"在 X 上/下" 与英语相应表达式的对比研究主要涉及以下两个方面：一是汉英介词对比理论研究，二是对外汉语教学界和英语教学界 "在 X 上/下" 与英语相应表达式的对比研究。其主要价值有两点，一是从五个方面对英汉介词的整体情况进行了对比分析，二是尝试利用认知语言学的意象图式、隐喻等理论对汉英介词进行对比分析。

"在" 字介词结构的习得研究主要包括两部分内容，一是分母语背景的研究，二是不分母语背景的研究。其主要价值是：从汉外语言对比、使用频率对比和偏误分析等方面对不同母语背景学习者的习得情况进行了考察，为之后研究打下了基础。

英语介词的习得研究主要包括两部分内容，一是国内的研究，二是国外的研究。其价值主要体现在两方面，一是国外研究内容针对性强，对影响介词习得因素的研究逐步深入；二是研究设计更加科学化，对实验工具和统计方法的选择更加精妙。这对汉语介词的习得研究有很大启示，一是扩大研究范围，不能仅局限于偏误分析；二是采用科学的研究方法和研究设计，发挥实验研究的优势。

（二）研究空间及创新之处

以上我们从四方面对研究成果分布及其作用和价值进行了总结，但是还存在以下研究空间：

1. 尽管前人对"在 X 上/下"的抽象语义类型进行了总结和分析，但是没有基于大规模语料库考察各抽象语义类型的使用频率，没有对可以充当"X"的中心词进行多层级的语义分析。

2. 鲜有通过大规模英汉对比语料库对"在 X 上/下"与英语相应表达式进行对比的研究；利用认知语言学的原型理论和意象图式理论对"在 X 上/下"与英语相应表达式进行对比的研究也比较少。

3. 鲜有基于大规模英语母语者汉语中介语语料库对"在 X 上/下"进行的习得研究。

4. 未发现基于实验的英语母语者"在 X 上"五种主要抽象语义类型和"在 X 下"两种主要抽象语义类型的习得研究。

较之于以往研究，本研究在以下三个方面有所创新：

1. 在研究视角上，以往介词性框式结构"在 X 上/下"的研究对 X 的中心成分关注不够，鲜有基于大规模语料库对 X 中心成分的语法和语义特征进行分析和归类的研究。本研究在前人研究的基础上，基于国家语委现代汉语语料库对 X 中心成分的语义特征进行分析和归类，并制作语义类型频率词表，以期为汉语教学和教材编写提供参考。

2. 在研究方法上，以往对"在 X 上/下"的研究多为基于小样本语料的研究，鲜有基于大规模语料库和实验的研究。本研究利用现代汉语语料库，探讨介词性框式结构"在 X 上/下"的句法功能和语义类型及中心成分"X"的语义类型；利用中介语语料库，从整体上考察学习者"在 X 上/下"的使用情况和偏误类型并进行偏误分析；利用实验研究考察英语母语者"在 X 上"五种主要抽象语义和"在 X 下"两种主要抽象语义的习得情况，将语料库研究和实验研究结合起来，从而发挥研究方法整合的优势。

3. 在语料方面，以美国哈佛大学、达慕思大学、欧柏林大学、英国伦敦大学的大学生作文作为主要的中介语研究语料。国内中介语语料库，基本上以日韩学生的语料为主，欧美学生的语料较少。本研究将自建的语料库与国内已有的中介语语料库如北京语言大学的中介语语料库、HSK动态作文语料库相结合，扩大了欧美学生语料库的规模，更能从中发现英语母语者习得汉语介词性框式结构"在 X 上/下"的特点和规律。

第二章

介词性框式结构 "在 X 上/下" 的句法、语义特征

第一节 介词性框式结构 "在 X 上" 的句法、语义特征

一 X 中心成分的类型

为考察 X 中心成分的类型，我们对国家语委现代汉语语料库包含 "在 X 上" 结构的前 10000 条语料进行了分类和统计，充当 X 中心成分的词或短语（包含成语、谚语、小句）共 2911 个，总频数为 10708，其分布如表 2-1。

表 2-1 　　　　　　　　　 X 中心成分的数量、频数及所占比例

	名词		动词及动词短语	形容词	其他①	总计
	具体名词	抽象名词				
数量	1658	858	360	27	8	2911
频数	5327	4487	843	43	8	10708
频数比例	49.75%	41.90%	7.87%	0.40%	0.08%	100%

从表 2-1 我们可以看出，在 "在 X 上" 结构中，X 中心成分绝大多数是名词，占总数的 91.65%；其次是动词及动词短语，占 7.87%；形容词很少，仅占 0.40%；此外，还有少量的成语、谚语、小句、数词及数量短语，仅占 0.08%。从整体上看，X 的中心成分尽管有词性方面的差

---

① 其他类包括：成语、谚语、小句、数词及数量短语。

异，但从语义方面来看，这些中心成分都是名词性的。下面我们对 X 的中心成分做具体分析。

从大类上分，X 的中心成分可以分为体词性成分和谓词性成分，每个大类又可分为不同的小类：

1. X 的中心成分为体词性成分

1）具体名词

我们对 10000 条语料中可充当 X 中心成分的 1658 个具体词语进行了分类整理，根据语义可分为以下几类：

①生活用品类：桌子、板凳、藤椅、床、案板、茶壶、包袱、衣服、被子、扁担、挂钩、柜子、锅台、炕、裤腰带、毛毯、帽子、沙发等。

②自然物类：天、地球、星球、岸、草地、岛、山坡、草原、冰山、戈壁滩、大海、海滩、河堤、荒山野岭、礁石、沙漠、石头、水等。

③动物躯体类：脸、巴掌、肚子、鼻梁、膀梢、背、臂、辫子、脖颈、骨头、后脑勺、胡须、脊梁、肩膀、脚趾、手心、眉毛、马、骆驼、狗皮等。

④文化用品类：白纸、笔记本、簿子、底板、钢琴、合同、黑板、画布、回执、汇款单、讲台、文件、邮票等。

⑤建筑物类：柏油路、墙、边防线、公路、长城、地埂、坟包、扶栏、阁楼、根据地、工地、广场、操场、轨道、集市、篱笆、码头等。

⑥器具类：报警器、灭火器、船、飞机、担架、电子秤、方向盘、工具箱、火车、甲板、舰艇、火炉等。

⑦材料类：玻璃、木板、竹板、木料、水泥、瓦片、沙子、石子儿等。

⑧植物类：菠菜花、稻草、大树、枸桔、荷叶、莲花、绿叶、棉花、青苔等。

⑨食用品：汤、菜、糖、米饭、面粉、茶叶等。

从以上分类可以看出，大多数具体名词都可以进入"在 X 上"结构，但是在表示动物躯体类的词语中，有少量具体名词不能进入此结构，如：

①表示人的具体名词，一般不能直接进入"在 X 上"表示处所和方位，要加上表示身体部位的词才能进入，例如"在人上"不成立，"在人身上"则能成立。

②表示具体动物的名词，有一类不能进入"在 X 上"结构，如"在

狗上""在猫上"不成立，而 "在马上""在骆驼上" 则可以成立，邓永红（1998）认为 "以性质为主的具体名词不能作为事物存在的处所"①，因此不能进入 "在 X 上" 结构，"马""骆驼" 可以进入此结构是因为这类动物被训练用来载人驮物，除了表示性质，还能表示处所，这种解释有一定的道理。

2）抽象名词

我们主要参考王珏（2001）和苏新春（2013）对抽象名词的分类，结合语料考察能进入 "在 X 上" 结构的词语，依据语义类型，将能够进入此结构的词语分为以下几类：

①知识类：哲学、文学、文艺学、文字学、辩证法、理论、文学课、体育课、毛泽东思想、邓小平理论、语言学导论、人口理论、物理学原理等。

②度量类：强度、长度、程度、力度、功率、频率、几率、汇率、重量、质量、能量、价格、比例、年龄、教龄、血压、全程、路程、小数、总数等。

③消息类：事、事故、问题、话、新闻、规律、案件、惯例、用例、看法、思想、道理、秘密、主意、计划、外交、外事、财政、风险等。

④策略类：方法、办法、方式、主意、措施、政策、法规、法令、策略、战略、战术、技术、技巧、思路、途径、步骤、手续等。

⑤疾病类：肺病、头痛、急性病、慢性病、手术、卫生、医保、保健等。

⑥情感态度类：爱情、感情、感觉、态度、立场、假设、结论、想法等。

⑦程度类：天分、天赋、水平、水准、礼貌、风度、精神、度量、道德、经验、个性、性格、用处、用途、规律性、艺术性、权利、权力等。

⑧场合类：婚宴、家宴、开幕式、世界杯、奥运会、亚运会、典礼等。

⑨属性类：外形、形态、款式、属性、性质、特质、规模、原则、气质等。

⑩经济产业类：市场、工业、农业、商业、行情、资本、费用、收

---

① 邓永红：《"在 X 上" 格式的多角度考察》，《湖南教育学院学报》1998 年第 6 期。

入等。

3）数词及数量短语

此类语料较少，总共 4 条，其中表示具体义的"在 X 上" 2 条，表示抽象义的 2 条，例如：

（1）但是，负责调节压力的那个工人，连续三次开大了通气阀门，压力表的指针却仍然指在 2 上不动。（语）

文中的"2"表示的是压力表上的数字"2"，表示的是具体的方位义，在数字"2"上面。大多数数量短语不能进入"在 X 上"结构中，在搜集到的语料中，仅出现一类情况可以单独进入，"数词+岁"可以进入该结构，如：

（2）他是在十九岁上结的婚，爱人是农村人，现在一共有五个娃儿。（语）

"在十九岁上"是表示"在十九岁的时候"，使用频率很低，在所搜集的语料中仅有 2 例。

除了上面三类体词性成分可以充当 X 的中心成分以外，还有一小类是"个别不成词语素"，如"在身上"，这种情况不典型，因为"身上"已经词汇化为一个词，结合紧密，拆分开来进行分析很勉强，而其他类的 X 和上结合都没有此类紧密，没有词汇化为一个词或正在词汇化过程中。

2. X 的中心成分为谓词性成分

主要有动词及动词短语和形容词两类。

1）动词及动词短语

根据表 2-1 统计，充当 X 中心成分的动词和动词短语共 360 个，频数是 843，占总频数的 7.87%。当 X 的中心成分为动词或动词短语时，"在 X 上"结构都表示抽象义，其中表示方面义 359 个，频数是 842；表范围义 1 个，频数是 1。

我们根据苏新春（2013）的语义分类，将这 360 个动词和动词短语

分为以下几类①:

①抽象事物类,又可分为以下 3 小类:

A. 科教类:训育

B. 事情类:影响、体验、吃穿

C. 属性类:造型、装帧

②社会活动类,又可分为以下 10 小类:

A. 帮助类:

　a. [+帮助]:扶贫、支援

　b. [+取予]:交公粮、供应、提供

　c. [+协商]:协调、疏通、接受、遵守

　d. [+养育]:抚养

　e. [+赠送]:送礼

B. 管理类:

　a. [+部署]:安排、组织、部署、配置

　b. [+处理]:处理、经营、治理、自治

　c. [+调查] [+考评]:检查、评价、评论

　d. [+调动]:调节、分配

　e. [+改革]:改革

　f. [+管理]:管理

　g. [+建立]:开拓、设置、创造、建设、立法、建立

　h. [+解除]:豁免

　i. [+登记]:记分

　j. [+任免]:退位、任用、用人、选用

　k. [+宣布]:发表、揭示、号召、鼓吹、宣传

　l. [+议决]:讨论、决策、确认

　m. [+掌控]:摆布、掌握、支配、制导、把握

C. 交通类:返回、出发

D. 经贸类:

　a. [+出纳]:花钱

　b. [+积累]:积累、节约、平衡

---

① 对于数量较多的小类,根据动词的语义特征继续细分。

  c.［+借贷］：借贷

  d.［+买卖］：购买、买卖、调控、还价、作价

  e.［+投资］：投资

  E. 社交类：

  a.［+表达］：表达、理论、抒情、刻画、论述、描绘、描述、描写、塑造

  b.［+交际］：交际、交游、往来、嫖赌吃喝

  c.［+介绍］：对待、引进、介绍、应付

  d.［+请求］：呼吁

  e.［+说话］：美化、谈话

  f.［+劝慰］：慰藉

  F. 生产类：

  a.［+纺织］：纺织

  b.［+耕作］：开发、植树造林

  c.［+加工］：加工

  d.［+建造］：生产、改造、制作、打制

  e.［+维修］［+养护］：检修、维修、修理

  f.［+冶炼］［+提纯］：提炼

  G. 司法类：冤杀、抢劫

  H. 文教类：

  a.［+比赛］：竞争

  b.［+绘画］：琢磨、构图、着色、描绘

  c.［+教学］：教化、教育、培养、栽培、教养、教学、教授、测验、引导、指导

  d.［+写作］：剪裁、记载、布局、创作、翻译、写作

  e.［+学习］：学习、学翻译、学好中央文件、训练

  f.［+研究］：分析、概括、阐释、解释、说明、研究、探索、钻研

  g.［+演出］：演唱、表演、排演、演出

  h.［+医治］：诊断、解剖

  i.［+阅读］：看小说

  I. 战争类：斗争、变革、革命、镇压、作战、侦察、防守

　　J. 争斗类：限制、约束、复仇、遣返
③生物活动类，又可分为以下 5 小类：
A. 心理活动类：
　　a. ［+希望］：追求
　　b. ［+爱护］：爱
　　c. ［+赞成］：崇敬
　　d. ［+愤怒］：生闷气
　　e. ［+关注］：关心、讲求
　　f. ［+怀念］：思乡
　　g. ［+计划］：规划、设计、谋划
　　h. ［+了解］：认知、理解
　　i. ［+思考］：构思、考虑、思考
　　j. ［+醒悟］：内省
　　k. ［+决意］：立意、认定
　　l. ［+主张］：以为
B. 际遇类：发展
C. 全身动作类：耸肩缩背
D. 生活、工作类：
　　a. ［+参与］：参与、参加、配合、实施、实验、搞好
　　b. ［+婚恋］：恋爱
　　c. ［+就业］：工作、劳动
　　d. ［+起居］：化妆、调整、整理
　　e. ［+丧葬］：祭祀
　　f. ［+生活］：继承、挖潜、生活
　　g. ［+使用］：使用
　　　i ［+储存］：保存
　　　ii ［+观察］：观察
　　　iii ［+划分］：分割、划分
　　　iv ［+计算］：计算
　　　v ［+判断］：定向、论断、判断
　　　vi ［+使用］：借鉴、利用、使用、应用、用水、运用
　　　vii ［+收集］：采访、搜集

  viii ［+挑选］：取材、取舍、选材、选择

  ix ［+饮食］：请客

  x ［+娱乐］：赌博、发泄、排遣、耍钱、欣赏、打牌

  xi ［+走动］：跟踪、进退、找食物

E. 肢体动作：打破、打开、穿戴、开掘、跳跃

④性质与状态类：用心、巩固

⑤运动与变化类：

A. 方位改变：结合、组合、分布、排列、统一、流通、突出、延长、缩短

B. 判断：

  a. ［+导致］：熏陶

  b. ［+归属］：归属

  c. ［+体现］：表现、反映、体现

  d. ［+相关］：关联、相关

  e. ［+相配］：渲染、搭配

  f. ［+需要］：需要

  g. ［+有无］：维持、保持、拥有、有什么、占有

C. 事态变化：

  a. ［+出现］：揭露、形成、

  b. ［+传播］：流传

  c. ［+结束］：争取、实现、完成

  d. ［+进行］：实践、实行、执行、进行、刺激、展开、开展

D. 数量变化：

  a. ［+减少］：降低、消费、减少、压缩

  b. ［+消除］：解决、除恶

  c. ［+增加］：扩大、扩建、提高、增产、深化

  d. ［+增强］：加强

E. 物态变化：

  a. ［+变化］：突变、转移、变动、改变、转换、多样化

  b. ［+好转］：优化、改善

在以上语义分类中，只有"以为"在"在 X 上"结构中表范围义，其余都表示方面义。

2）形容词

根据表 2-1 统计，充当 X 的形容词 27 个，频数是 43，占总频数的 0.40%。当 X 为形容词时，"在 X 上"结构都表示抽象义，其中表方面义 24 个，频数是 32，表条件义 3 个，频数是 11。

我们根据苏新春（2013）的语义分类，将这 27 个形容词分为以下几类：

①抽象事物类：

A. 事情类：缓急、痛苦、宏观、客观、微观

B. 属性类：高低、轻重

②性质与状态类：

A. 才品类：利落、凶狠

B. 情状类：孤立、杂乱、不平衡

C. 形貌类：大小

D. 性质类：复杂、准、便宜、实用、适用、软弱、矫健、抽象

E. 性状类：丰富、玲珑、快、快速、清秀

③运动与变化：平等、不平等

在以上语义分类中，"宏观""客观""微观"属于条件义，其余都属于方面义。

3）成语和谚语

在统计的语料中，成语和谚语进入"在 X 上"的情况各 1 例，分别为：

（3）人家的婚姻基础建筑在<u>两相情愿</u>上，我们的婚姻难道建筑在拳头上吗？（语）

（4）他进一步从共性与个性的关系来阐述这一问题，把论述重点放在在党性原则指导下的<u>八仙过海各显其能</u>上。（语）

4）小句

在统计的语料中，小句进入"在 X 上"的情况有 2 例：

（5）人才群体观念，不仅建立在数量和质量上，而且应建立在<u>群体的结构是否合理</u>上。（语）

（6）在剥削制度中出现的被剥削阶级的，特别是无产阶级的法律意识，它是进步的，因而也是革命的，它<u>在启发广大劳动人民为粉碎旧的国家和法律制度，争取建立新的国家和法律制度</u>上起着积极的作用。（语）

二　"在 X 上"的句法功能与分布

"在 X 上"介词结构在句中主要做状语和补语，有时也可以做定语，但是，对于结构中"在"的词性意见不一，王灿龙（2008）认为在实际句法分析中，"在"的词性很难确定，通过论证，他认为"在"字方所短语在句中分布是无标记形式，"在"是不完全动词；在句首分布是有标记形式，"在"是介词。这种看法在汉语语法本体研究中是一个创新，也很有启发性，但是在实际的汉语教学中，如果按其分类标准，告诉学生"在"的词性很复杂，不同情况下词性不同，有不完全动词、动词、介词等词性，可能会造成不必要的麻烦，从教学角度考虑，将作状语、补语、定语的"在 X 上"一律看成介词结构更好一些。

1. 作状语，分为两种情况，一种是位于句首，一种是位于句中所修饰的谓语动词前。

（7）<u>在世界上</u>，公民行使复决权次数较多的国家是瑞士。（语）
（8）从这以后，他<u>在部队上</u>生活了好多年，竟然没有给家里写过一封信。（语）

2. 作补语，放在所修饰的谓语动词之后，如：

（9）世界上的一切事物都是处在不停地运动、不断地发展和变化之中，永远不会停留<u>在一个阶段上，一个水平上</u>。（语）

3. 作定语，位于所修饰的名词前，如：

（10）保护妇女<u>在婚姻家庭问题上</u>的合法权益，是贯彻执行新婚姻法的一个重要方面，也是各级妇女组织应尽的职责。（语）

三　"在 X 上"的语义类型

"在 X 上"在实际运用中，主要分为具体义和抽象义两大类，其中抽象义又可分为：方面义、范围义、活动义、来源义、条件义、状态义、时间义。

(一)"在 X 上"具体义和抽象义的区分标准

"在 X 上"的语义特点跟方位词"上"有很大的关系，所以我们根据后置方位词"上"的语义来区分"在 X 上"结构的具体义和抽象义。

在《现代汉语词典》(第 6 版)(以下简称《现汉词典》)中，"上"作为方位词有两个声调。

　　1)上(第四声)：①名，方位词。a)位置在高处的(跟"下"相对)：上部、上方、上端、上游、往上看。b)次序或时间在前的：上卷、上次、上半年。
　　2)上(轻声)：名，方位词。
　　①用在名词后，表示在物体的表面：脸上、墙上、桌子上。
　　②用在名词后，表示在某事物的范围以内：会上、书上、课堂上、报纸上
　　③表示某一方面：组织上、事实上、思想上

在《现汉词典》中，第四声的"上"其中一个义项是方位词，轻声的"上"只能做方位词。根据人类的认知特点，我们将"上"(第四声)的义项 a)和"上"(轻声)的义项①作为具体义，其他义项作为抽象义，即：

具体义：位置在高处(如在头顶上的闪电)，在物体的表面(画挂在墙上)

抽象义：表示条件、方面、范围、状态等。

根据表 2-1 统计，进入介词结构"在 X 上"表示抽象义的主要是抽象名词，其次是动词及动词短语，还有少量的形容词、成语及谚语等。但是，存在下面一种情况，有的具体名词进入该构式内，有时表示具体义，有时表示抽象义，如"屏幕"一词。

（11）一只苍蝇趴在电视屏幕上。

（12）我认为，倪萍是目前活跃在电视屏幕上的最优秀的节目主持人之一。（北）

例（11）"在电视屏幕上"表示在电视屏幕的表面，这时此介词结构表示具体义；例（12）"活跃在电视屏幕上"，说的是她目前从事的工作是节目主持人，此时介词结构表示抽象义。所以区分这种既可表示具体义又可表示抽象义的情况，我们会根据介词性框式结构"在 X 上"前后的词语语义以及整个句子的语义进行分析和判断。

（二）"在 X 上"的认知语义分析

由于认知语言学的意象图式理论和隐喻理论能很好地说明多义词或多义语法项目的语义系统，所以下面主要用意象图式理论和隐喻理论对介词结构"在 X 上"的语义系统进行分析。

1. 表示具体义的认知语义分析

前面我们将表示具体义的标准定为"位置在高处""处于物体的表面"，用意象图式理论、原型理论更容易理解具体义的内涵。

"在 X 上"的原型场景是射体（Trajector，以下简称 TR）位于界标（Landmark，以下简称 LM）之上，受界标支撑，如图 2-1。

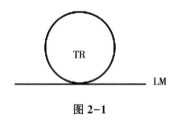

图 2-1

图 2-1 是"在 X 上"的基本意象图式，射体位于界标上面，射体和界标接触，是上下垂直的一种关系，例如：

（13）他躺在凉席上看着天上的星星。

另外，射体位于界标之上还有一种形式：射体和界标不接触（见图 2-2）。

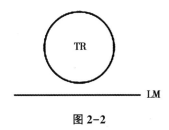

图 2-2

（14）洁白的云朵在<u>我头顶上</u>飘来飘去。

图 2-1 原型场景还有两种变式，一种是将图 2-1 向左或者向右旋转 90°，射体和界标是竖直的接触关系（见图 2-3）。

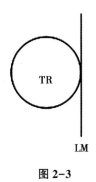

图 2-3

（15）爸爸把那张珍贵的合影挂<u>在墙上</u>。

另外一种变式是将图 2-1 旋转 180°，即射体位于界标之下（见图 2-4）。

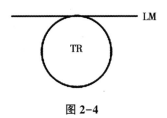

图 2-4

（16）壁虎趴<u>在天花板上</u>，眼睛紧紧盯着不远处的苍蝇。

2. 表示抽象义的认知语义分析

从以上分析可知，"在 X 上"的具体空间义是原型意义。投射到其他抽象领域，可以表示方面义、范围义、活动义、来源义、条件义、状态义、时间义，其语义范畴可以通过图 2-5 来表示。

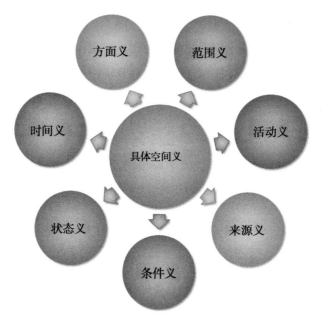

图 2-5　"在 X 上"的语义范畴散射点阵图

1）方面义

陈全静（2006）考察了介词框架"PP 上"的历时语义演变规律，认为"PP 上"最初的基本意义是表示方所（方向和处所），然后发展到表示范围、方面、来源、时间等其他抽象意义。我们知道，"在 X 上"的原型场景是射体位于界标之上，受界标支撑，这一图式有两大要素：射体和界标，要表示射体在界标上必须有一个参照物，即一个平面，方位词"上"就凸显了目标体和参照体的关系，由这层强调"在 X 上面"空间语义投射到抽象领域就产生了表示方面的抽象语义。例如：

（17）巴金家中，长辈晚辈，主人佣人，<u>在人格上</u>一律平等。（语）

2）范围义

"在 X 上"具体空间义投射到抽象空间可以表示抽象空间义，即范围义，例如：

（18）这所学校二十年来已为社会培养了大批漫画人才，有的<u>在社会上</u>已非常出名。（语）

《现汉词典》对"社会"的释义之一是："泛指由于共同物质条件而互相联系起来的人群"。"社会"表示一种抽象空间义，即范围义。

3）活动义

活动义即同时表示时间和处所，包括空间义以及由空间域投射到时间域而产生的时间义，例如：

（19）从那首歌<u>在音乐会上</u>打响之后，朵拉一夜之间成了学校的名人。（语）

在上例中，"音乐会"的举办包含两个重要因素：举办的时间和地点，"在音乐会上"表示一种活动义。

4）来源义

"在 X 上"的原型意义是射体位于界标之上，受界标支撑，这时包括两种情况，一是射体是静止状态，二是射体是运动状态，是运动状态时"在 X 上"可以表示动作发生的源点或起点，从而引申出来源义，例如：

（20）一天，我偶然<u>在报纸上</u>看到父亲的名字，便第二次上了成都。（语）

在上例中，"父亲的名字"是在"报纸"上看到的，"在报纸上"表示"看到"这个动作发生的来源和依据。

5）条件义

"在 X 上"的原型场景中包含一种"支撑义"，即射体受界标的支撑，这层意思进一步引申就得到"条件义"，即某件事情的发生需要一定的条件，例如：

（21）在明确分工的基础上建立严格的责任制，消灭无人负责的现象。（语）

在上例中，"严格的责任制"的建立需要一定的前提条件，即"在明确分工的基础上"。

6）状态义

"在 X 上"的原型场景可以表示射体和界标处于一种什么样的状态，这层空间状态义又可以引申出心理状态义，例如：

（22）刘飞燕知道他在气头上，也不再说话，埋头吃饭，不时用眼角的余光偷看他的脸色。（语）

在上例中，"在气头上"表示一种心理状态，这种表达多在口语中出现。

7）时间义

"在 X 上"由空间域投射到时间域，从而产生时间义，例如：

（23）他是在十九岁上结婚的，爱人是农村人，现在一共有五个娃儿。（语）

"在十九岁"表示"在十九岁的时候"，但是这种表达在我们所搜集到的语料中仅有 2 例，并不常用。

以上对介词结构"在 X 上"的具体义和抽象义进行了分析。在实际的对外汉语教学中，对"在"字介词结构，学生犯错最多的地方就是其抽象义的用法，他们不知道什么词可以用在"在 X 上/中/下"结构中，"在 X 上/中/下"语义上有何差别。在已有的研究中，一般的处理情况是将"在"看作介词，"上"看作方位词，对"在 X 上""框式结构前后部分的关联性质及进入到这个框式结构的成分的语法、语义特征关注得并不充分，尤其是将两者合起来作为一个构式，在观念上并未明确"①。

① 施春宏：《面向第二语言教学汉语构式研究的基本状况和研究取向》，《语言教学与研究》2011 年第 6 期。

查看已有研究，对"在 X 上"介词结构进行语义分类，并结合大规模语料库对各语义类中可以充当 X 的词语做计量研究的很少，本研究借鉴邓永红（1998）对"在 X 上"的语义分类，结合国家语委语料库，统计可以进入该构式的词语语义类别，并制作出频率词表，为汉语教学和教材编写提供参考。

（三）表抽象义的"在 X 上"中"X"中心成分的语义类型

在国家语委现代汉语语料库含"在 X 上"结构的前 10000 条语料中，表抽象义的"在 X 上"有 4974 条，充当 X 的词语或短语共 1307 个，频数是 5526，具体分布如表 2-2。

表 2-2　　表抽象义的"在 X 上"中"X"中心成分的语义类型统计

语义类型	X 中心成分的数量	频数	频数比例①
表示方面	853	2748	49.73%
表示范围	230	1225	22.17%
表示活动	111	621	11.24%
表示来源	71	366	6.62%
表示条件、性质	34	545	9.86%
表示时间	5	16	0.29%
表示状态	3	5	0.09%
总计	1307	5526	100%

1. 表示方面义的"在 X 上"中"X"中心成分的语义类型

在 1307 个中心成分中，能进入表示方面义"在 X 上"结构的共 853 个，其中动词及动词短语 359 个，名词及名词短语 466 个，形容词 24 个，小句 2 个，成语和谚语各 1 个，在前面我们已对能进入表示方面义的"在 X 上"中的动词、形容词、小句、成语和谚语进行了分析，这部分主要是对名词及名词短语进行语义分类，这 466 个名词及名词短语根据语义特征可以分为以下 8 类。

①抽象事物类：

A. 经济类：

a［+报酬］［+费用］：费用、报酬、待遇、工资、收入

---

① 频数比例=频数/总频数，如表示方面义的比例是：2748/5526=49.73%。

b［+货币］：货币

c［+价格］：价格

d［+价值］：产值、价钱、价值、经济

e［+利税］：税收

f［+账目］［+款项］：收入、收支、公债

g［+资产］：财产、金钱、钱、成本、资金

B. 军事类：军备、战术

C. 科教类：

a［+教育］：功课、作业

b［+内容］［+体例］：版面、节目、格调、格局、基调、题材、体裁、文笔、主题、专题、词语色彩、内容、字义、风格、题目、要点、语气

c［+图式］：图案

d［+文化］［+知识］［+学说］：

　i［+科学］［+知识］：常识、科学、知识

　ii［+文化］：文化

　iii［+学说］：方法论、认识论、理想论、人性论、信息论、目的论、经验论、理论、学术、变质说、政治学说

e［+文章］：提法、舆论、图书、素材、论点、文字

f［+语言文字］：

　i［+词］［+语］：词句、词类、词尾、词义、日常用语

　ii［+符号］：汉语拼音

　iii［+句］：句法、构词法

　iv［+言辞］：誓词、谈吐

　v［+语音］：调、曲调

　vi［+字］：写法、字面、字形

D. 社会类：

a［+地位］：名分、名位、位置

b［+风俗］：礼貌、传统、习惯、习俗

c［+工作］：

　i［+事业］［+工程］：工程、事业、水利

　ii［+行业］［+产业］：产业、贸易、工业、交通、信贷、

　　　iii［+职业］［+工作］：工作、活路、农事、业务

　　d［+活动］：

　　　i［+文体活动］：游戏、娱乐

　　　ii［+行为］：动作、活动、举动、举止、行动、行为、一招一式

　　e［+群体］：集体

　　f［+身份］：

　　　i［+出身］［+辈分］：辈分、身份、资格

　　　ii［+关系］：关系、血统、血缘

　　　iii［+友谊］：情谊、友谊

　E. 事情类：

　　a［+功过］：成果、过失

　　b［+规律］［+方法］［+思路］：

　　　i［+道理］：道理、定义、概念、含义、涵义、教义、伦理、逻辑、生理、意思

　　　ii［+方法］：辩证法、步骤、唱法、措施、方法、方式、画法、手续、艺术、用法、作法、做法

　　　iii［+规律］：规律

　　c［+过程］：产物、结果、对象、角度、路线、目标、目的、渠道、来源、说法

　　d［+情势］：

　　　i［+效应］：功能、功用、效果、效益、效应、性能、用途、职能、作用

　　　ii［+形势］：高潮、情势、趋势

　　　iii［+状况］：情况、状态、故事轮廓

　　e［+人生］：记忆、经验、伙食、日子、饮食

　　f［+事情］：案件、军事、大势、惯例、规范用例、财务、财政、政务、家务、商务、内政、外交、细节

　　g［+遭际］：矛盾、小便宜、命、命运、冲突

　F. 数量单位类：

　　a［+单位］：级

　　b［+度量］：尺寸、距离、高度、深度、广度、幅度、强度、成熟度、速度、重量

　　c［+数量］：比重、效率、名额、生产量、量、人数、数量、数目

　　G. 文体卫生类：舞蹈、节奏、旋律、肖像、唱腔、手术

　　H. 意识类：

　　　　a［+德才］：机能、作风

　　　　b［+感觉］［+感情］：

　　　　　　i［+感觉］：感觉、美感、听觉、味道、真实感、分寸感、距离感、语感

　　　　　　ii［+感情］：爱情、感情、情分、情感、情义

　　　　　　iii［+心绪］：情绪、人情物理

　　　　c［+思想］：良心、心地、观念、精神、灵魂、思潮、思维、思想、心理、心思、意识

　　　　d［+想法］：

　　　　　　i［+计策］：策略、宏伟蓝图、计划、谋略、战略

　　　　　　ii［+伎俩］：手段、手法

　　　　　　iii［+见解］：道德沦、观点、看法、想法、艺术观、意见、意念、主张、价值观、历史观、美学观、自然观

　　　　e［+愿望］：需求、需要、要求、欲望、意图、意愿

　　　　f［+志趣］：韵味、兴趣、信仰、意志

　　I. 政治类：

　　　　a［+法制］：法规、法律、法制、纪律、规章、政策、制度、死刑

　　　　b［+权责］：使用权、所有权、分配权、管辖权、专有权、经营权、权利、权力、职权、负担、任务

　　　　c［+行政］：组织、所有制、政治、体制

　　J. 属性类：

　　　　a［+标准］：

　　　　　　i［+标准］：标准、规格、原则

　　　　　　ii［+界限］：大小

　　　　　　iii［+质地］［+水平］：成色、水平、质、质量

　　　　b［+德才］：

　　　　　　i［+才艺］［+技术］：才能、工艺、技法、技能、技巧、技术、技艺、科技、理智

　　　　　　ii［+能力］：能力

　　iii［+品行］：道德、名誉、品德、情操、人格、素质

　　iv［+性格］：个性、性格、性灵

c［+范畴］：

　　i［+方面］：方面

　　ii［+类别］：品种、物种、项目

　　iii［+系统］：构造、环节、机制、结构、体系、系统

　　iv［+序列］：层次、程序、队形、时序、顺序、序列

d［+景状］：

　　i［+景象］：风景、面貌、外观

　　ii［+类别］：地形、外形、形态、形象、形状、造型

　　iii［+状态］［+款式］：包装、口头、式样、形式、装潢

e［+力量］：财力、精力、力度、气力、人力、生产力、实力、体力、能量

f［+名号］：标题、称呼、称谓、名称、名字

g［+仪容］：

　　i［+扮相］：扮相

　　ii［+容貌］：外貌、相貌

　　iii［+神情］：表情、脸色、神态、态度

　　iv［+仪态］：风度、气质、仪表

　　v［+姿势］：步法、舞姿、姿势、姿态

h［+因素］：

　　i［+表象］：表面、外表

　　ii［+关键］：本体、机遇、基点、客体、重点

　　iii［+要素］：成分、因素

i［+性质］：音色、音质、差异、得失、利益

②社会活动类：

A. 管理类：调度、对外宣传

B. 文教类：板书、作曲

③生物活动类：

A. 生活、工作类：服务、审美

B. 心理活动类：认识、觉悟

④生物类：

A. 人：人才、劳工、角色

B. 躯体部分：肉体、身体、形体

C. 植物：谷物

⑤时空类：

A. 空间类：地点、活动路线、地区、方向、空间

B. 时间类：时空、时间

⑥性质与状态：精神美、形态美、形式美、部分、杂色

⑦运动与变化：构成

⑧具体物：

A. 概称：

　a［+物体］：东西、物质

　b［+物资］：材料、物力、物资

　c［+用品］：废物、产品、彩礼、道具、设施、装备、商品

B. 建筑物：住房

C. 生活用品：服饰、服装

D. 文化用品：债券、背景、布景

E. 自然物：地质、灯光、节拍、声音、字音、线纹、色彩、颜色

2. 表示范围义的"在 X 上"中"X"中心成分的语义类型

在 1307 个中心成分中，能进入表示范围义"在 X 上"结构的共 230 个，其中名词及名词短语 229 个，动词 1 个，在前面我们已对能进入表示范围义的"在 X 上"中的动词进行了分析，这部分主要是对名词及名词短语进行语义分类，这 229 个名词及名词短语根据语义特征可以分为以下 6 类。

①抽象事物类：

A. 经济类：

　a［+厂店］：厂、门面、商场、市场、书摊、摊子

　b［+价值］：行情

B. 军事类：连、部队、军队

C. 科教类：

　a［+课程］：学业、语文课

　b［+学科］：地理、分类学、古文字学、解剖学、命相学、史学、数学、算学、天文学、文学、物理学、细胞学、心理学、学科、医学、哲

学、政治学、植物学、地学、佛学

　　c［+图式］：面积

　　d［+文化］［+知识］［+学说］：科学、学说、学术

　　e［+文学］：记录、纪录、文艺、劳动资料、文学创作

　　f［+语言文字］：词性、语法、句子、外语、英语、两句话、语言、语音、字、两个字

　　D. 社会类：

　　a［+地位］：地位、岗位、职位

　　b［+群体］：社会、世界、战线、个体、青年会、学会

　　c［+工作］：事业、农业、商业、贸易、业务、职务

　　E. 事情类：

　　a［+过程］：过程、阶段、进程、历程、前景、角度、立场、总路线、总体

　　b［+情势］：气象、现象、背景、环境

　　c［+事情］：财政史、地质学史、电影史、斗争史、发展史、革命史、工运史、关系史、航海史、绘画史、建筑史、教育史、近代史、抗战史、科学史、历法史、历史、恋爱史、目录学史、拍摄史、迁移史、美术史、认识史、社会学史、生活史、诗歌史、世界史、思想史、外交史、文化史、文化批评史、文学史、武装斗争史、舞蹈史、戏剧史、现代雕塑史、演奏史、医学史、艺术史、音乐史、育种史、运动史、造船史、哲学史、京剧史、仲裁史、野史、外交、现实、生命

　　F. 政治类：国际、村、常委会、委员会、特委会

　　G. 属性类：

　　a［+标准］：界限、水平

　　b［+德才］：面子

　　c［+范畴］：

　　　i［+范围］：范围、规模、层面、整体、某一点、这一点、那一点、根本点、关节点、点

　　　ii［+行业］［圈子］：画坛、健坛、奖坛、乐坛、屏坛、拳坛、食坛、体坛、舞坛、文学界、层面、规模

　　　iii［+类别］：男子气枪、项目、某一项

　　　iv［+系统］：环节、谱系、系统、

v［+序列］：班、队、语序

d［+景状］：书面

e［+关键］：焦点、问题

H. 意识类：心境、心坎、心灵、心头、观点、宗教

I. 文体卫生类：歌剧、话剧、戏剧、音乐、绘画、美术、短跑、游艺场、病

J. 数量单位类：频道、频段、频率、压缩系数、总量

②生物类：嘴巴、心窝、乳房、花朵、作物、两类鱼

③时空类：

A. 空间类：高起点、制高点、人生道路、地方、版图、被告席、江湖

B. 时间类：年、年纪

④具体物：事物、工艺品、产品、房子、工作面、元器件、火柴、链条、茶叶、太平洋、电话

⑤社会活动类：生产、造句

⑥生物活动类：总承包、珠算、迷信、以为

在以上词语分类中，有的词语本身并不包含范围义，而是因为它们在"在 X 上"结构中表示范围义，最主要的一类就是"动词+在 X 上"，这类动词主要包括"集中""体现""表现"等，例如：

（24）王程远的注意力完全集中<u>在火柴上</u>。（语）

（25）中国人口社会主义道德的培育和成长，集中体现<u>在"五爱"活动取得的成果上</u>。（语）

由此我们可以看出，有的词语本身只属于一种语义范畴，但进入到"在 X 上"结构之后，有可能属于两种语义范畴，如例（24）和（25），既可分到表示方面义的范畴，也可分到表示范围义的范畴，出现部分重合现象，这是由"在 X 上"整个构式以及此构式前后的动词成分决定的。

3. 表示活动义的"在 X 上"中"X"中心成分的语义类型

表示活动义指同时表示时间和处所，因为活动本身有两大要素：时间和空间。例如：

（26）从那首歌在音乐会上打响之后，朵拉一夜之间成了学校的名人。（语）

在 1307 个中心成分中，能进入表示活动义"在 X 上"结构中的名词及名词短语共 111 个，总频数是 621，根据语义特征可以分为以下 6 类。

①抽象事物类：

A. 经济类：赌场、花柳场、庙会

B. 军事类：战斗、战役、战争

C. 科教类：地理课、科举、升学考试、报告

D. 社会类：

　a［+礼仪］：仪式、开幕式、首映式、婚礼、祭典、开国大典、庆典

　b［+活动］：

　　i［+博览会］：展览会、博览会、广交会、展销会、邮展、画展、电脑展

　　ii［+会议］：大会（会、会议）、纪念周、研讨会、八大、批斗会、批判会、评估会、评奖会、洽谈会、庆功会、群英会、集会、人代会、讨论会、追悼会、总结会、座谈会、发布会、招待会、支委会、班会（班务会）、家长会、订货会、防治会、纪念会、交流会

　　iii［+文体活动］：奥运会、音乐会、亚运会、联欢会、晚会、全运会、舞会、运动会、茶话会、游园会

　　iv［+行为］：运动

　　v［+宴会］：宴会、筵席、宴席、酒宴、便宴、酒会、酒席、家宴

　E. 事情类：场合、场面、午餐、晚餐、新运动、仕途、事（事情、事件、小事、正事、琐事）

　F. 文体卫生类，主要是体育赛事：锦标赛、世界杯、邀请赛、比赛、决赛、快棋赛、热身赛、射击赛、体育大赛、田径赛、选拔赛、预赛、资格赛、赛场

　G. 政治类：

　a［+法制］：法庭、会审堂、刑庭、公堂

　b［+行政］：常委会

②具体物类：讲堂、课堂、饭桌（餐桌）

③社会活动类：文艺会演、斗争

④时空类：会场、考场、靶场、战场、火线、位置（位子），节日、电影节、合唱节、艺术节

4. 表示来源义的 "在 X 上" 中 "X" 中心成分的语义类型

在 1307 个中心成分中，能进入表示来源义 "在 X 上" 结构中的名词及名词短语共 71 个，总频数是 366，根据语义特征可以分为以下两类：

①抽象事物类：

A. 经济类：帐

B. 科教类：

　a［+教育］：作业

　b［+内容］［+体例］：序文

　c［+社会传媒］：报纸、报道、报刊、杂志、刊物、电视

　d［+图式］：地图

　e［+书籍］：小说、古书、经文、课本、史册、手册、画册、书籍、历史文献

　f［+文书］：电讯稿、调查表、检查表、履历表、契约、说明、文件、文献、志愿表、资产负债表、资料、打印件

　g［+文章］：日记、文章、文字

　h［+信函］：医嘱

　i［+作品］：作品

C. 事情类：方针、传说

D. 文体卫生类：协奏曲、雕塑、画（画面、宣传画、油画、壁画）、照片、电影

E. 意识类：要求

F. 政治类：法律条文、国际法、国内法、宪法、刑法、条款、条例、条约、政策

②具体物类：

A. 建筑物：布告栏、

B. 器具：监视器、指示器、电线

C. 文化用品：磁带、胶片、录像带、存折、笔记本、登记簿、身份证、显示屏、荧光屏（荧屏）、荧幕、屏幕、银幕

5. 表示条件、性质义的"在 X 上"中"X"中心成分的语义类型

在 1307 个中心成分中，能进入表示条件、性质义"在 X 上"结构的共 34 个，其中名词及名词短语 31 个，形容词 3 个，总频数是 545。前面我们已经对能进入表示条件义的"在 X 上"中的形容词进行了分析，所以这部分主要对名词及名词短语进行分类，这 36 个名词及名词短语大类上都属于抽象事物类，根据语义特征又可分为以下 3 小类：

A. 属性类：

a［+实质］：本质、根本、基本、基础、实质、内涵

b［+性质］：特质、性质、属性、戏剧性、现实性、真实性、知识性、艺术性、自觉性、概括性、继承性、目的性、趣味性、思想性

c［+特征］：特征、特点、特性

d［+名号］：名义

e［+德才］：本性

f［+标准］：程度、水平、水准、条件、前提

B. 数量单位类：广度、深度

C. 事情类：

a［+情势］：实际、事实、意义

b［+过程］：客观、宏观、微观

6. 表示时间义的"在 X 上"中"X"中心成分的语义类型

在 1307 个中心成分中，能进入表示时间义"在 X 上"结构中的名词共 5 个，总频数是 16，根据语义特征可分为以下两类：

①抽象事物类：节骨眼

②时间类：工夫、十九岁、十三岁、时候

7. 表示状态义的"在 X 上"中"X"中心成分的语义类型

在 1307 个中心成分中，能进入表示状态义"在 X 上"结构中的名词共 3 个，总频数是 5，都属于抽象事物类，根据语义特征又可分为以下两小类：

①事情类：精神状态

②意识类：瘾头、气头

我们将以上七种语义类型中 X 的中心成分根据使用频率制作成语义类型频率表，详见附录表 1—表 7。

第二节　介词性框式结构"在 X 下"
的句法、语义特征

一　X 中心成分的类型

为考察可以充当 X 的词类，我们对国家语委现代汉语语料库包含
"在 X 下"结构的 8128 条语料进行了分类和统计，充当 X 的词或短语共
765 个，充当 X 的词或短语的频数共 8268 个，其分布如表 2-3。

表 2-3　　　　　　　　X 中心成分的数量、频数及所占比例

	名词及名词短语		动词及动词短语	形容词	成语	合计
	具体名词	抽象名词				
数量	227	173	360	2	6	765
频数	782	5012	2462	6	6	8268
频数比例	9.46%	60.62%	29.78%	0.07%	0.07%	100%

从上表我们可以看出，在"在 X 下"结构中，X 的中心成分大多数
是名词及名词短语，占总频数的 70.08%；其次是动词及动词短语，占总
频数的 29.78%；形容词和成语最少，各占总频数的 0.07%。X 的中心成
分尽管有词性方面的差异，但从语义方面来看，这些中心成分都是名词性
的。下面我们对 X 的中心成分做具体分析。

从大类上分，X 的中心成分可以分为体词性成分和谓词性成分，每个
大类又可分为不同的小类：

1. X 的中心成分为体词性成分

1）具体名词

我们对 8128 条语料中可充当 X 中心成分的 227 个具体名词进行了分
类整理，根据语义可分为以下几类：

①生活用品类：书桌、棉被、台灯、水龙头、板铺、床头、床沿、皮
鞋等。

②自然物类：阳光、月光、白云、晴空、绿荫、彩虹、山、晚霞、清
辉等。

③生物躯体类：浓眉、额头、眼皮、睫毛、肩、皮肤、秀发、鼻子、脖子等。

④文化用品类：显微镜、玻璃板、放大镜、铜墨盒、横幅等。

⑤建筑物类：甘露寺、堰、屋顶、台阶、楼梯、矿井、廊檐等。

⑥器具类：炮弹、屠刀、刺刀、解剖刀、车厢、飞艇、机枪、降落伞等。

⑦材料类：瓦砾、石板、泥土、火山灰、石块、葡萄架、瓜棚等。

⑧植物类：柳树、洋槐、山杉、花瓣、芭蕉叶等。

⑨食用品类：白菜条。

从以上分类可以看出，同"在 X 上"结构类似，大多数具体名词都可以进入"在 X 下"结构，但是在表示生物躯体类的词语中，有少量具体名词不能进入此结构。

①表示人的具体名词，一般不能直接进入"在 X 下"表示处所和方位，要加上表示身体部位的词才能进入，例如"在人下"不成立，"在人脚下"则能成立。但是，并不是所有表示身体部位的词都能进入，例如"在人身下"就不成立。

②表示具体动物的名词，一般不能进入"在 X 下"结构，如"在狗下""在猫下"不成立，即使是大型动物也不成立，如"在马下""在驴下"也不能成立。"狗、猫"类名词不能作为事物存在的处所，只能表示性质，所以不能用在"在 X 下"结构中；"马、驴"类名词虽然可以表示处所，但是在实际运用中，它们是用来载人驮物，经常被作为一个参照物，以此表达位于它们之上的东西，所以也很难进入"在 X 下"结构中。

2）抽象名词

依据语义类型，能进入"在 X 下"结构的抽象名词可分为以下几类：

①度量类：程度、温度、电压、电流、功率、碱度、密度、强度、浓度、风力、比值、配料比、一个标准大气压、15 摄氏度等。

②情况、状态类：场合、背景、程序、形式、形势、环境、幌子、境遇、局面、局势、困境、年景、气氛等。

③条件类：前提、条件、水平、精神、权利、权力等。

④策略类：方法、方式、方针、法则、政策、条约、体制、原则等。

⑤情感态度类：价值观、态度、欲望、假设、结论、想法等。

⑥知识类：概念、习惯、习俗、规律、知识等。

⑦消息类：话、思想等。

⑧疾病类：病症。

3）成语

在统计的语料中，能进入"在 X 下"的体词性成语有 5 例，分别为：烈日炎炎、火眼金睛、绿荫如盖、阳光雨露、众目睽睽，例如：

（27）农业机械化的程度虽然很高，但热带作物的栽培还是要<u>在赤日炎炎下</u>进行。（语）

（28）我衷心祝愿祖国的花朵<u>在党的阳光雨露下</u>茁壮成长。（语）

2. X 的中心成分为谓词性成分

主要有动词及动词短语和形容词两类。

1）动词及动词短语

根据表 2-3 统计，充当 X 的动词和动词短语共 360 个，频数是 2462，占总频数的 29.78%。当 X 的中心成分为动词或动词短语时，"在 X 下"结构都表示条件义。

我们根据苏新春（2013）的语义分类，将这 360 个动词和动词短语分为以下几类。

①社会活动类，又可以分为以下 10 小类：

A. 帮助类：

　a.［+帮助］：

　　i［+帮助］：帮扶、帮助、扶助、协助

　　ii［+救济］：帮凑、资助

　　iii［+救助］：搭救、抢救

　　iv［+支持］：撑腰、扶持、扶植、援助、赞助、支持、支援

　b.［+协商］：

　　i［+调解］：调解、劝解、劝说、斡旋、协调

　　ii［+应允］：附议、默许、同意、允许

　c.［+养育］：抚养、抚育、养育

　d.［+照顾］：

　　i［+保护］：保护、护送

　　ii［+看顾］：护理

　　iii ［+照料］：关怀、关心、关照、照顾、照料

B. 管理类：

　　a. ［+部署］：安排、部署、配置

　　b. ［+处理］：包办、处理、经营

　　c. ［+调查］［+考评］：考验、督促、监督、监视

　　d. ［+调动］：调节、分配、支使、指派

　　e. ［+管理］：管理、管制

　　f. ［+禁止］：禁止

　　g. ［+批准］：许可

　　h. ［+任免］：重用

　　i. ［+宣布］：喝令

　　j. ［+宣传］：倡导、倡议、号召、策动、宣传

　　k. ［+议决］：建议

　　l. ［+掌控］：

　　　　i ［+把持］：把持

　　　　ii ［+控制］：操纵、控制、支配

　　　　iii ［+执掌］：管辖、统帅、统辖、统制、掌握

　　　　iv ［+主持］：主持

　　m. ［+指挥］［+统治］：统治、带领、领导、率领、指挥

C. 交通类：向导

D. 经贸类：倒腾、购销、宏观调控

E. 社交类：

　　a. ［+表达］：

　　　　i ［+表达］：示意、授意

　　　　ii ［+打探］：干涉、干预、过问

　　　　iii ［+告诉］：提示

　　　　iv ［+论述］［+描写］：描述

　　　　v ［+问答］：追问

　　　　vi ［+嘱咐］［+催促］：催促、敦促

　　b. ［+交际］：伴送、伴随、欢迎、陪伴、陪同、邀请

　　c. ［+介绍］：推荐、引进、撮合、引见

　　d. ［+请求］：呼吁、请求、委托

    e.［+问候］：指教

    f.［+赞赏］［+祝贺］［+劝慰］：

      i［+安慰］：安慰、抚慰

      ii［+鼓励］：鼓励、鼓舞、激励

      iii［+规劝］：力劝、劝告

F. 生产类：收获、哺育、放牧、饲养、喂养、疏导

G. 司法类：

    a.［+逮捕］：押解、押送

    b.［+违法］：掠夺、绞杀、讹诈

H. 文教类：

    a.［+教学］：

      i［+传授］：教导、教育、培养、培育、栽培

      ii［+管教］：管教

      iii［+启发］：督导、辅导、开导、启迪、启发、提拔、提醒、引导、诱导、指导、指点、指引

    b.［+学习］：陶冶、训练

    c.［+研究］：概括、解释

    d.［+演出］：表演、导演、伴奏

    e.［+医治］：治疗、局麻、麻醉、手术、针麻

I. 战争类：

    a.［+抵抗］：抗击、反击、反扑、还击

    b.［+斗争］：斗争

    c.［+攻占］：侵略、骚扰、占领、围剿、扫荡、镇压、诱降

    d.［+火力攻击］：轰击、射击

    e.［+进攻］：包围、打击、攻击、夹攻、夹击、进攻、侵袭、痛击、围攻、围困、袭击、追赶、驱赶、追击、阻击、策应、掩护、侧击

    f.［+守卫］：保卫、护卫

J. 争斗类：

    a.［+辩说］：说服

    b.［+结伙］：勾结、包庇、庇护、庇荫、纵容

    c.［+纠缠］：

      i［+搅扰］：干扰

　　ii ［+限制］：限制、压制、约束、制约

　　iii ［+阻碍］：封锁、束缚

d. ［+决裂］：排挤

e. ［+欺负］［+瞒骗］：蒙蔽、欺骗、掩盖、掩饰、遮掩、逗引

f. ［+侵害］：

　　i ［+逼迫］：逼迫、催逼、迫使、强迫、驱使、威胁、胁迫、压迫、诱逼

　　ii ［+剥削］：剥削、横征暴敛、盘剥、压榨

　　iii ［+恐吓］：恐吓、挟持、震慑、破坏

　　iv ［+破坏］：破坏

　　v ［+侵害］：毒害、腐蚀、迫害

　　vi ［+怂恿］［+引诱］：撺掇、利诱、煽动、怂恿、唆使、引诱、指使、主使

g. ［+违背］：抵制

②生物活动类，又可分为以下 6 小类：

A. 际遇类：折磨、带头

B. 生活、工作类：

a. ［+参与］：

　　i ［+参加］：参加、参与、插手

　　ii ［+担负］：保证

　　iii ［+做］：分工、合作、配合、协作

b. ［+起居］：暴晒、曝晒、调整

c. ［+生活］：奔走

d. ［+使用］：围观、分割、运算、利用、奴役

e. ［+走动］：退却、掩蔽、携带

C. 生理活动类：窒息

D. 头部动作类：吹动、鼓噪、凝视、直视、瞩目、注视

E. 心理活动类：

a. ［+反对］：反对

b. ［+拥护］：拥戴、拥护、拥立

c. ［+关注］：重视

d. ［+计划］：擘画、策划、规划、设计

e. ［+思考］：考虑、设想

f. ［+希望］：要求

g. ［+喜欢］：疼爱

h. ［+隐忍］：压抑

i. ［+主张］：坚持、主张

F. 肢体动作类：

  a. ［+摆动］：拂动

  b. ［+触］［+按］：鞭打、抚摩、压挤

  c. ［+拉］［+扯］：牵引

  d. ［+扶］：搀扶

  e. ［+浇］：灌注

③物态变化类：变化、变换

④运动与变化类：

A. 方位改变：

  a. ［+颤动］：震荡

  b. ［+遮盖］：覆盖、笼罩

  c. ［+存放］：布置

  d. ［+集中］：围拢

  e. ［+冲撞］：冲击

  f. ［+结合］：组合、结合、组成、连通

  g. ［+围绕］：簇拥

  h. ［+移动］：摇晃

B. 判断：

  a. ［+导致］：触发、震撼、催化、带动、感染、熏陶、诱发

  b. ［+陪衬］：衬托、点缀、反衬、烘托、掩映、映衬、装点

  c. ［+有害］：摧残

  d. ［+保持］：撑持、支撑

  e. ［+有无］：存在

C. 事态变化：

  a. ［+完成］：实现

  b. ［+进行］：推行、刺激、促进、促使、激荡、激发、激活、驱动、推动

  c. ［+未然］：隐避

 D. 数量变化：

  a. ［+减少］：降低、损耗、消耗

  b. ［+增加］：涨落、加热、加压、强化

 E. 物态变化：浸润

 F. 自然现象变化：降温、吹拂、闪光、辉映、映照、照射、照耀

 2）形容词

根据表 2-3 统计，充当 X 中心成分的形容词 2 个，分别是 "恐怖" "惊恐"，频数是 6，占总频数的 0.07%。当 X 中心成分为形容词时，"在 X 下" 结构都表示情况义。

  （29）过去，在战争年代和白色恐怖下，当共产党员，就得不怕坐牢杀头，不怕流血牺牲。（语）

  （30）这些人本来是可以逃出来的，可是，他们都吓懵了，昏了头，乱冲乱撞，乱滚乱爬，在烟火石灰形成的迷雾中，在极度惊恐下，没法找到客厅的门口。（语）

 3）成语

在统计的语料中，能进入 "在 X 下" 的谓词性成语只有 1 例：

  （31）被征服地区的人民在罗马的高压政策和横征暴敛下，生活更加痛苦。（语）

二　"在 X 下" 的句法功能与分布

"在 X 下" 的句法功能与分布同 "在 X 上" 一样，主要作状语和补语，有时可以作定语，前面我们已经论证过 "在 X 上" 的情况，固此处 "在 X 下" 的分析从略。

三　"在 X 下" 的语义类型

"在 X 下" 在实际运用中，主要分为具体义和抽象义两大类，其中抽象义又可以分为四类：情况、状态义，条件义，社会关系义，抽象空

间义。

(一)"在 X 下"具体义和抽象义的区分标准

"在 X 下"的语义特点跟方位词"下"有很大的关系,所以我们根据后置方位词"下"的语义来区分"在 X 下"结构的具体义和抽象义。

在《现汉词典》中,"下"的一个义项是作为方位词,具体释义如下:

　　a)位置在低处的(跟"上"相对):下部 | 下游 | 山下 | 往下看

　　b)次序或时间在后的:下次 | 下半年 | 下不为例

　　c)表示属于一定范围、情况、条件等:名下 | 部下 | 在党的领导下 | 在这种情况下

根据人类的认知特点,可知义项 a)是方位词"下"的具体义,义项 b)和 c)是"下"的抽象义,其中义项 c)与介词结构"在 X 下"抽象义有关,所以我们区分"在 X 下"结构具体义和抽象义的标准是:

具体义:位置在低处。

抽象义:表示属于一定范围、情况、条件等。

根据表 3 统计,能进入介词结构"在 X 下"表示抽象义的主要是抽象名词,其次是动词及动词短语,还有少量的形容词和成语。

(二)"在 X 下"的认知语义分析

同分析"在 X 上"结构一样,我们主要用意象图式理论和隐喻理论对介词结构"在 X 下"的语义系统进行分析。

1. 表示具体义的认知语义分析

前面我们将表示具体义的标准定为"位置在低处",用意象图式理论、原型理论更容易理解各具体义的内涵。

"在 X 下"的原型场景是射体(TR)位于界标(LM)之下,如图2-6。

图 2-6 是"在 X 下"的基本义项图式,射体位于界标下面,例如:

　　(32)我们坐在葡萄架下听奶奶讲她小时候的故事。

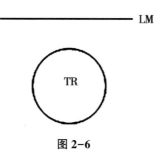

图 2-6

另外，射体位于界标之下还有一种形式：射体和界标接触（见图 2-7）。

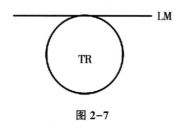

图 2-7

（33）只见这里古木参天，荆棘遍地，杂草丛生，厚厚的落叶在<u>脚下</u>发出了沙沙的响声。（语）

2. 表示抽象义的认知语义分析

从以上分析可知，表示具体空间义的"在 X 下"是其原型意义。投射到其他抽象领域，可以表示抽象空间义、社会关系义、情况状态义、条件义，其语义范畴可以通过图 2-8 来表示。

1）抽象空间义

由表示具体空间义的"在 X 下"结构，投射到心理空间，会产生抽象空间义，例如：

（34）劳动人民是历史的创造者，是生活的主人，但他们在<u>御用的文人和史官笔下</u>被写成盲目的和没有力量的奴隶。（语）

（35）你等全已在<u>我掌下</u>，动者我即开枪。（语）

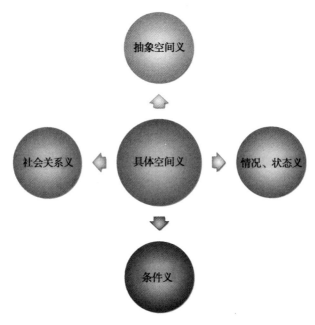

图 2-8　　"在 X 下"语义范畴的散射点阵图

在例（34）中，"劳动人民"是射体，"笔"是界标，"在 X 下"结构表示的是在御用文人和史官心里劳动人民的身份和位置，表示的是抽象的心理空间义。

在例（35）中，"你等"是射体，"掌"是界标，"在 X 下"结构表示的是"你等"都在"我"的控制之下，并不是说在"我"的手掌下面，是具体义投射到心理空间表达的一种抽象空间义。

2）社会关系义

由表示具体空间义的"在 X 下"结构，投射到社会关系域就产生了社会关系义，例如：

（36）在县大夫下设有县师、司马、司寇。（语）

（37）国家物资总局下属各种金属材料、机电设备等物资专门公司，在各省、市、自治区物资局下，也设有各种物资专业公司。（语）

在以上两例中，"大夫"是职位，"物资局"是政府单位，"在 X

下"表示的是职位、单位的上下位关系，表示的是一种抽象的社会关系义。

"在 X 下"的原型场景是射体位于界标之下，投射到更为抽象的事件域，可以表示情况状态义和条件义，表示某人或某物（射体）位于某种情况、状态或条件（界标）之下。

3）情况、状态义

（38）他在既无充足资金又无技术经验的情况下，承包了 50 多亩荒地和山坑田。(语)

（39）当今世界是一个开放的世界，任何国家都不能在封闭的状态下求发展。(语)

在例（38）中，"他"是射体，"既无充足资金又无技术经验的情况"是界标，"在 X 下"表示的是抽象的情况义；在例（39）中，"任何国家"是射体，"封闭的状态"是界标，"在 X 下"表示的是抽象的状态义。

4）条件义

（40）许多青年在婚姻介绍所的帮助下缔结了美好的姻缘。(语)

在例（40）中，"许多青年"是射体，"婚姻介绍所的帮助"是界标，"婚姻介绍所的帮助"为"美好姻缘的缔结"创造了条件，所以"在 X 下"表示的一种条件义。

以上对介词结构"在 X 下"的具体义和抽象义进行了具体的分析，下面结合国家语委现代汉语语料库，对"在 X 下"和可进入该构式的词语进行语义分类和统计。

（三）表抽象义的"在 X 下"中"X"中心成分的语义类型

在国家语委现代汉语语料库含"在 X 下"结构的 8128 条语料中，表示抽象义的有 7402 条，充当 X 的词语或短语共 535 个，频数是 7484，具体分布如表 2-4。

表 2-4　　表抽象义的"在 X 下"中"X"中心成分的语义类型统计

语义类型	数量	频数	频数比例①
条件义	362	4102	54.81%
情况、状态义	166	3373	45.07%
社会关系义	5	5	0.07%
抽象空间义	2	4	0.05%
总计	535	7484	100%

1. 表示条件义的"在 X 下"中"X"中心成分的语义类型

在 535 个词语或短语中，能进入表示条件义的"在 X 下"结构中的词语共 362 个，其中动词及动词短语和成语共 360 个（前面我们已对能进入表示条件义的"在 X 下"中的动词和成语进行了分析），名词 2 个，分别是条件、前提。

2. 表示情况、状态义的"在 X 下"中"X"的语义类型

在 535 个词语或短语中，能进入表示情况、状态义的"在 X 下"结构中的词语共 166 个，其中 164 个是名词及名词短语，形容词只有 2 个。前面对形容词已经做过分析，现根据语义特征对名词及名词短语进行分类，可以分为以下 6 类：

①抽象事物类：

A. 事情类：

a［+规律］［+方法］［+思路］：概念、机理、方法、方式、法则、规律

b［+过程］：方针、路线、目标、借口

c［+情势］：

　　i［+现象］：年景、气候

　　ii［+效应］：意义、影响、作用

　　iii［+形势］：方向、攻势、局面、局势、倾向、情势、趋势、时势、态势、现局、形势

　　iv［+状况］：背景、场合、处境、氛围、海况、环境、境况、境遇、困境、情景、情境、情况、情形、现况、现状、秩序、状况

---

① 频数比例=频数/总频数，如表示条件义的比例是：4102/7484=54.81%。

  d［+人生］：日子

  e［+事情］：事情

  f［+遭际］：恩惠

  g［+阻力］：阻力

 B. 数量单位类：

  a［+度量］：

   i［+浓度］：浓度、湿度

   ii［+强度］：强度、密度

   iii［+速度］：速度

   iii［+温度］：冰点、常温、低温、高热、高温、室温、温度、恒温

  b［+数量］：比值、功率、配料比、速率、销售量

 C. 文体卫生类：歌声

  a［+歌］：歌声

  b［+医疗］：病症

 D. 意识类：

  a［+思想］：精神、思想、心理、意识

  b［+想法］：呼声、计划、偏见

  c［+愿望］：欲望、意愿

 E. 政治类：

  a［+法制］：

   i［+规约］：规定、条约

   ii［+命令］：命令、指令

   iii［+法纪］：宪法

   iv［+制度］：政策、制度、领主制、私有制、所有制、股份制等

  b［+权责］：权利、权力、统治权、政权、任务

  c［+行政］：体制、社会主义、政治

 F. 属性类：

  a［+标准］：水平、原则、程度

  b［+范畴］：项目、结构、框架、体系、程序、梯度

  c［+景状］：形态、常态、模式、形式

  d［+力量］：火力、力量、拉力、推力、压强、引力、重力、重

压、常压、低压、电压、风力、高压、压力

    e［+名号］：名义、幌子

    f［+仪容］：态度

    g［+因素］：因素

  G. 社会类：

    a［+身份］：

      i［+关系］：关系、生产关系

      ii［+势力］：权威、威焰、淫威

    b［+风俗］：礼教、仪式、风气、风尚、习惯、习俗

    c［+行业］：贸易

    d［+活动］：动作、活动

    e［+群体］：社会

  H. 经济类：经费、经济、资金

  I. 科教类：

    a［+教育］：课程、科目

    b［+体例］：命题

    c［+图式］：电场

    d［+文化］［+知识］［+学说］：知识、决定论

    e［+文章］：建议、舆论、语境

    f［+言辞］：口号

②具体物类：电流、噪音

③社会活动类：竞争

④生物活动类：冲动、认识

⑤时空类：露天、真空、酷暑

⑥性质与状态类：混乱

从以上分析可以看出，"在 X 下"表示情况、状态义时，充当 X 中心成分的主要是抽象事物类名词，具体分为事情类、数量单位类、文体卫生类、意识类、政治类、属性类、社会类、政治类、科教类等 9 个小类。具体物类、社会活动类、生物活动类、时空类、性质与状态类所占比重很小。

3. 表示社会关系义的"在 X 下"中"X"中心成分的语义类型

在 535 个词语或短语中，能进入表示社会关系义的"在 X 上"结构

中的名词及名词短语共 5 个，总频数是 5，根据语义特征可以分为以下 2 类：

①职位或人物：委员长、县大夫、禹

②行政部门：委员会、物资局

4. 表示抽象空间义的"在 X 下"中"X"中心成分的语义类型

在 535 个词语或短语中，能进入表示抽象空间义的"在 X 下"结构中的名词共 2 个，总频数是 4，分别是笔、掌。

我们将以上四种语义类型中 X 的中心成分根据使用频率制作了语义类型频率表，详见附录表 8—表 11。

第三节　本章小结

我们基于国家语委现代汉语语料库对介词性框式结构"在 X 上/下"的句法、语义特征进行了考察。研究主要分为三个步骤：第一，考察 X 中心成分的类型；第二，考察"在 X 上/下"的句法功能与分布；第三，考察"在 X 上/下"的语义类型，又分为三小步，一是确定具体义和抽象义的区分标准，二是认知语义分析，三是考察表抽象义"在 X 上/下"中 X 中心成分的语义类型，并制作语义类型频率表。

首先对"在 X 上"的句法语义特点进行了分析。在对国家语委现代汉语语料库包含"在 X 上"结构的前 10000 条语料的分析中，我们发现充当 X 中心成分的词或短语等共 2911 个，总频数是 10708，充当 X 中心成分的主要是名词，占总频数的 91.65%，其次是动词或动词短语，还有少量的形容词、成语、谚语和小句。我们将 X 的中心成分分为体词性成分和谓词性成分两大类，其中体词性成分包括具体名词、抽象名词、数词及数量短语，谓词性成分包括动词及动词短语、形容词、小句、成语和谚语。"在 X 上"主要做状语、补语和定语。我们根据《现汉词典》对方位词"上"的释义，确定了具体义和抽象义的区分标准，具体义是位置在高处或在物体的表面，抽象义是表示条件、方面、范围、状态等。接着我们利用认知语言学的意象图式理论和隐喻理论对"在 X 上"的语义系统进行了分析，"在 X 上"除了包含原型场景以外，还包括三种变式；从具体空间义通过隐喻投射到其他抽象领域，扩展出表示方面、范围、活动、来源、条件、状态、时间等义项。最后，我们基于现代汉语语料库，对

"在 X 上"中 X 中心成分的语义类型进行了分类统计，研究发现，"在 X 上"抽象语义的使用频率从高到低依次是：方面义、范围义、活动义、来源义、条件义、时间义和状态义。当"在 X 上"表示方面义时，充当 X 中心成分的绝大多数是名词、动词及动词短语，也有少量的形容词、小句和成语等；当表示范围义时，充当 X 中心成分的绝大多数是名词，只有 1 个动词；当表示条件义时，充当 X 中心成分的绝大多数也是名词，也有少量的形容词；当表示活动义、来源义、时间义和状态义时，充当 X 中心成分的都是名词。此外，我们根据苏新春《现代汉语分类词典》中的五级语义层分类体系对各抽象语义类型中 X 的中心成分逐一进行了分析和梳理，并制作了语义类型频率表。

其次对"在 X 下"的句法语义特点进行了分析。在对国家语委现代汉语语料库包含"在 X 下"结构的 8128 条语料的分析中，我们发现充当 X 中心成分的词或短语共 765 个，总频数是 8268，充当 X 中心成分的主要是名词，占总频数的 70.08%，其次是动词或动词短语，还有少量的形容词和成语。我们也将 X 的中心成分分为体词性和谓词性两大类，其中体词性成分包括具体名词、抽象名词和体词性成语三小类，谓词性成分包括动词及动词短语、形容词和谓词性成语三小类。"在 X 下"主要做状语、补语和定语。我们根据《现汉词典》对方位词"下"的释义，确定了具体义和抽象义的区分标准，具体义是位置在低处，抽象义是表示属于一定范围、情况、条件等。接着我们利用认知语言学的意象图式理论和隐喻理论对"在 X 下"的语义系统进行了分析，"在 X 下"除了包含原型场景以外，还包括另外一种变式；从具体空间义通过隐喻投射到其他抽象领域，扩展出表示抽象空间、情况和状态、条件、社会关系等义项。最后，我们基于现代汉语语料库，对"在 X 下"中 X 中心成分的语义类型进行了分类统计，研究发现，"在 X 下"抽象语义的使用频率从高到低依次是：条件义、情况和状态义、社会关系义和抽象空间义。当"在 X 下"表示条件义时，充当 X 中心成分的主要是动词及动词短语，也有少量的成语和名词；当表示情况和状态义时，充当 X 中心成分的主要是名词及名词短语，也有少量的形容词；当表示社会关系义和抽象空间义时，充当 X 中心成分的都是名词。此外，我们也根据苏新春的语义分类体系对表抽象义"在 X 下"中 X 的中心成分进行了分类统计，并制作了语义类型频率表。

第三章

介词性框式结构 "在 X 上/下" 与英语相应表达式的对比

本章我们将分别对介词性框式结构 "在 X 上" 和 "在 X 下" 与英语中的相应表达式进行对比分析，首先对 "在 X 上" 与英语相应表达式进行对比分析。

第一节　"在 X 上" 与英语相应表达式的对比

本节主要分为两大部分，第一部分是对 "在 X 上" 与英语相应表达式的总体情况进行统计分析，考察哪些英语形式是 "在 X 上" 的主要对应类型；第二部分对 "在 X 上" 和其在英语中的主要对应类型做具体的对比分析。

一　"在 X 上" 在英语中的相应表达形式概况

在 TED 英汉平行语料库、Babel 平行语料库、新概念英语课本中，共有 "在 X 上" 的英汉对应语料 1973 例，出现 "在 X 上" 结构 1977 个。这些 "在 X 上" 结构在英语中的对应表达形式可以归纳为以下几类。

表 3-1　　　　　　　　"在 X 上" 的英语对应形式

对应类型	对应形式	总数量	所占比重（%）	表具体义数量	表抽象义数量						
					总数量	方面	范围	活动	来源	条件	时间	状态
附加式合成词	On-	25	1.26	3	22	-	22	-	-	-	-	-
	总数	25	1.26									

对应类型	对应形式	总数量	所占比重（%）	表具体义数量	表抽象义数量							
					总数量	方面	范围	活动	来源	条件	时间	状态
介词+X	on	717	36.27	480	237	45	77	9	96	10	–	–
	in	441	22.31	154	287	52	99	27	56	53	–	–
	at	116	5.87	28	88	8	14	49	13	4	–	–
	to	71	3.59	37	34	7	10	4	8	5	–	–
	over	40	2.02	36	4	–	2	1	1	–	–	–
	around	23	1.16	14	9	–	7	1	1	–	–	–
	onto	19	0.96	17	2	–	1	–	1	–	–	–
	across	18	0.91	15	3	–	–	–	3	–	–	–
	for	18	0.91	4	14	6	3	2	2	1	–	–
	into	18	0.91	10	8	3	4	1	–	–	–	–
	from	17	0.86	12	5	1	1	–	3	–	–	–
	with	15	0.76	6	9	4	3	1	1	–	–	–
	through	13	0.66	6	7	1	2	2	1	1	–	–
	along	12	0.61	10	2	1	1	–	–	–	–	–
	about	9	0.46	1	8	4	3	1	–	–	–	–
	by	7	0.35	5	2	1	–	–	–	1	–	–
	on top of	6	0.30	6	–	–	–	–	–	–	–	–
	down	6	0.30	6	–	–	–	–	–	–	–	–
	above	5	0.25	4	1	1	–	–	–	–	–	–
	up	5	0.25	5	–	–	–	–	–	–	–	–
	upon	5	0.25	3	2	–	–	–	1	1	–	–
	of	5	0.25	1	4	2	1	–	1	–	–	–
	during	3	0.15	–	3	–	3	–	–	–	–	–
	aboard	2	0.10	2	–	–	–	–	–	–	–	–
	against	2	0.10	2	–	–	–	–	–	–	–	–
	round	2	0.10	2	–	–	–	–	–	–	–	–
	Throughout	2	0.10	1	1	–	1	–	–	–	–	–
	beside	1	0.05	1	–	–	–	–	–	–	–	–
	The top of	1	0.05	1	–	–	–	–	–	–	–	–
	总数	1599	80.88									

续表

对应类型	对应形式	总数量	所占比重(%)	表具体义数量	表抽象义数量							
					总数量	方面	范围	活动	来源	条件	时间	状态
其他词类或短语	名词或名词短语	95	4.81	48	47	17	16	4	10	–	–	–
	副词	47	2.38	4	43	17	15	–	–	11	–	–
	形容词	32	1.62	7	25	10	8	–	3	4	–	–
	动词或动词短语	24	1.21	12	12	10	–	–	2	–	–	–
	总数	198	10.02									
从句	从句	18	0.91	5	13	6	5	–	–	2	–	–
	总数	18	0.91									
其他形式	意译	82	4.10	42	40	9	12	4	4	11	–	–
	汉语增译	51	2.58	31	20	1	9	1	4	5	–	–
	总数	133	6.73									

从上表可以看出,"在 X 上"在英语中的对应形式主要有五大类,根据对应比例,依次为:介词+X(80.88%),其他词类或短语(10.02%),其他形式(6.73%),附加式合成词(1.26%),从句(0.91%)。下面将分别对各对应形式进行分析。

首先我们来看"在 X 上"对应于英语中"介词+X"形式的情况。

汉语"在 X 上"介词结构,在英语中的相应表达式主要是"介词+X"形式,占总数的 80.88%,所以我们将重点分析这种情况。英语的介词比较精细,所以"在……上"对应于英语中的多个介词,如 on、in、at、over、around 等 29 个介词。因为在表示具体空间方位义时,英语的介词 on、in 等既表示处所又表示方位,所以不需要后置成分,相反,汉语的介词"在"只表示处所义,并不表示方位义,如果要表明具体的方位义,要在后面加后置成分"上""下"等。(沈家煊 1984)由具体义通过引申得到的抽象义,具有同样的特点。例如:"在屋顶上"对应于"on the roof","在拍卖会上"对应于"at auction"。

因为"在……上"主要对应于英语的介词 on 和 in,所以我们主要对这两个英语介词与"在……上"做对比分析。

二　"在······上"对应于 on 的研究

要对两种语言中的对应形式进行细致地对比，首先必须对这两个对应形式从句法和语义上进行细致描写，这样才能找到二者的相同点和差异。在第三章我们已经对汉语中"在 X 上"介词结构从句法和语义上进行了分析，下面对介词 on 从句法和语义两方面进行分析。

（一）on 的句法功能与分布

我们主要从句法功能和位置分布两方面对 on 进行分析。

1. 句法功能

从句法功能来看，介词 on 经常与名词或名词性成分结合构成介词短语，在句中作状语、定语、表语或作宾语的补语（张道真，2002）。

1）作状语

　（1）The boy is standing on the desk.
　　小男孩正站在课桌上。（祝）

在例（1）中，"on the desk"作状语修饰谓语动词"stand"，指明事件发生的地点。

2）作定语

　（2）The man on the stage is my boss.
　　台上的那个男人是我的老板。（张）

在例（2）中，"on the stage"作定语修饰前面的名词"the man"，指明所要描述的对象。

3）作表语

　（3）She is on diet.
　　她在节食。（祝）

在例（3）中，表语"on diet"表示主语"she"现在的状态。

4）作宾语的补语

(4) She saw lots of stylish clothes on sale.

她看见好多时髦的衣服在出售。(Swan)

在例（4）中，补语"on sale"和宾语"clothes"结合构成复合宾语。

2. 在句中的位置

介词 on 与名词或名词性成分组成的介词短语主要位于句首和句末，例如：

(5) On his advice I left the city.

听了他的建议，我离开了那个城市。(Swan)

(6) The supermarket is on fire.

超市正在着火。(祝)

另外，在 wh-问句以及动词不定式结构中，介词 on 可以单独位于句末，例如：

(7) What does a panda live on?

熊猫以吃什么为主？(Swan)

(8) Mum got a chair to stand on.

妈妈拿了一把椅子站了上去。(薄)

(二) on 的语义分析

《牛津高阶英汉双解词典》（第七版）（以下简称《牛津词典》）在介词"on"下列出了 18 个义项，分别为：

1. （覆盖、附着）在……上（意指接触物体表面或构成物体表面的一部分）：a picture on a wall.

2. 由……支撑着：Hang your coat on that hook.

3. 在（运输工具）上：He was on the plane from New York.

4. 在（某一天）：He came on Sunday.

5. 就在……之后；一……就：On arriving home I discovered they had gone.

6. 关于（事或人）：a book on south Africa.

7. （身上）带着；有：Have you got any money on you?

8. 为（某团体或组织）的一员：to be on the committee.

9. 吃；喝；按时服用（药物）：He lived on a diet of junk food.

10. （表示方向）在、向，对：on the left / He turned his back on us.

11. 在，接近（某地）：a house on the Thames.

12. 根据；由于：On their advice I applied for the job.

13. 以……支付，由……支付：to live on a pension.

14. 通过；使用；借助于：The information is available on the Internet.

15. （与某些名词或形容词连用，表示影响到）：a ban on smoking.

16. 与……相比：Sales are up on last year.

17. （用于说明活动或状态）：The book is currently on loan.

18. （用于电话号码前）：You can get me on 0181 530 3906.

"Lakoff 认为，多义词是一个以原型为基础的范畴化过程的特例，多义词的各个义项是相关范畴的成员。原型性高的义项距离中心原型义项近，原型性低的义项距离中心原型义项远，这个散射范畴可以由散射点阵图来表示。"① 综合以上义项，现代英语介词 on 的核心语义是"（覆盖、附着）在……上（意指接触物体表面或构成物体表面的一部分）"，其原型场景是射体（TR）位于界标（LM）之上，受界标支撑，如图 3-1。

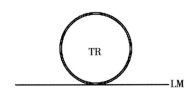

图 3-1　介词 on 的原型场景

---

① 李福印：《认知语言学概论》，北京大学出版社 2008 年版，第 216 页。

（9）There is a computer <u>on the desk</u>.
桌上有台电脑。

在图 3-1 中，computer 是射体（TR），desk 是界标（LM），介词 on 表示射体（computer）位于界标（desk）之上，受界标（desk）的支撑。

Herskovits（1986），Garrod 和 Sanford（1989），Garrod（1999），Lindstromberg（1997），Talmy（2001）等认为介词 on 所表达的空间场景中"物象"（figure）和"背景"（ground）的关系主要有以下几种：支撑（support），附着（attachment），临近（contiguity），表面接触（surface contact），边缘接触（edge contact），不遮挡（non-occluding）。

对于《牛津词典》所列的介词 on 的 18 个义项，我们可以结合以上国外学者的研究，利用义素分析法，提取介词 on 的义素——［支撑］、［附着］、［临近］、［表面接触］、［边缘接触］、［不遮挡］、［依靠］、［根据］、［表时间］等，将介词 on 的词义散射范畴绘制成图 3-2。

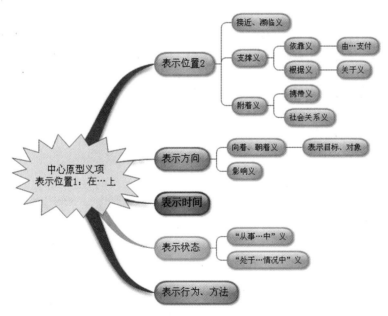

图 3-2　介词 on 词义范畴散射图

中心原型义项"在……上"对应于《牛津词典》的义项 1 中的"（覆盖）在……上（意指接触物体表面）"，"接近、濒临义"对应于义项 11，"支撑义"对应于义项 2，"根据义"对应于义项 12、14，"依靠义"

对应于义项 9、13，"关于义"对应于义项 6、15、18，"附着义"对应于义项 1 中的"（附着）在……上（意指构成物体表面的一部分）"，"携带义"对应于义项 7，"社会关系义"对应于义项 8，"表示方向义"对应于义项 10，"表示时间义"对应于义项 4、5，"表示状态义"对应于义项 17，"表示行为、方法义"对应于义项 3。

从图 3-2 可知，表示界标和射体垂直位置关系的"在……上"是介词"on"的中心原型义项，表示其他位置关系义、方向义、时间义、状态义、行为方法义、程度义这六个义项是中间成员，此外，中间成员通过隐喻扩展出边缘成员，例如"支撑义"从空间域投射到其他域，扩展出边缘成员"依靠义"和"根据义"，"依靠义"又扩展出"由……支付"义，"根据义"扩展出"关于义"；"附着义"扩展出边缘成员"携带义"和"社会关系义"等。

下面对介词 on 的语义范畴做具体分析。中心原型义项通过隐喻手段扩展为中间义项，中间义项又拓展为其他边缘义项，具体表现为：

1. 表示位置

从前面分析可知，介词 on 的中心原型义项是射体处于界标之上，受界标支撑，射体和界标是垂直的位置关系。除此之外，介词 on 还可以表示其他位置意义，概括起来，共有以下几种：

1）支撑义

中心原型义项往外拓展的第一步是 on 只强调射体受界标支撑，但是不强调射体和界标的位置关系，例如：

（10）Tell a little bit about what you're wearing on your leg.

说说你穿在腿上的东西吧。（TED）

（11）A painter who had been working on the tower hung a pot of paint on one of the hands and slowed it down！

在钟塔上干活的一位油漆工把一桶油漆挂在了一根指针上，把钟弄慢了！（新）

在例（10）中，"what you're wearing（东西）"是射体，"leg（腿）"是界标；在例（11）中，"a pot of paint（一桶油漆）"是射体，"one of the hands（一根指针）"是界标。介词 on 在以上两例中都表示射

体受界标的支撑,但是射体都不在界标垂直方向之上,即不强调射体和界标的位置关系。

以上两例表示的是空间域的支撑义,由空间域投射到表示抽象意义的其他域,又扩展出了依靠义和根据义。

A. 依靠义

一个事物支撑另外一个事物,投射到抽象域,就是一个抽象的界标支撑一个抽象的射体,即依靠义,表示射体依靠界标才能存在或实现某种目的,例如:

(12) Because we had different models based on our different experiences.

原因在我们有建立在我们各自经验上的不同的模型。(TED)

(13) It has to be brought down because we're trying to serve populations wholive on a dollar a day.

之所以要控制成本,是因为我们服务的人群是日均消费水平只有1美元的人。(TED)

在例(12)中,"models(模型)"是射体,"experiences(经验)"是界标,"模型"只能通过依靠"经验"才能被创造出来;例(13)中,"populations(人群)"是射体,"a dollar(1美元)"是界标,"人群"依靠"1美元"而存活。所以在以上两个例子中,介词 on 都表示射体依靠界标存在或实现某种目的。

B. 根据义

具体事物的支撑义投射到其他域,又可产生根据义,表示射体的存在是根据界标而得出的或产生的,例如:

(14) The movie is based on the novel of the same name by Alexandre Dumas.

这部影片是根据大仲马的同名小说改编的。(新)

(15) The 20th century saw the creation of great and terrible weapons based on the principles of nuclear physics.

20 世纪所拥有的强大而可怕的武器是根据核物理原则制造的。

（TED）

在例（14）中，"movie（影片）"是射体，"the novel of the same name（同名小说）"是界标，"影片"根据"同名小说"而产生；例（15）中，"weapons（武器）"是射体，"the principles of nuclear physics（核物理原则）"是界标，"武器"是根据"核物理原则"制造的。所以以上两个例子都说明介词 on 可以表示根据义。

"根据义"可以进一步拓展出"关于义"，例如：

> （16）Hegave us a talk on the international situation.
> 他给我们做了一场关于国际形势的演讲。（祝）

2）附着义

介词 on 的中心义项向外扩展，也可表示附着义，这里的"附着"既不强调射体和界标处于垂直的位置关系，也不强调界标对射体的支撑，而是强调射体附着在界标上，表示射体存在的处所，例如：

> （17）I think he knew what the scars on his face would say to the rest of the world.
> 我想他知道脸上的这些伤疤会向世界诉说什么。（TED）
> （18）And by the end of this my arm is sore, I've got a callus on my hand.
> 手术结束后我胳膊酸痛，手上都长了老茧。（TED）

在例（17）中，"scars（伤疤）"是射体，"face（脸）"是界标；在例（18）中，"callus（老茧）"是射体，"hand（手）"是界标。在这两个例子中，介词 on 表示伤疤在脸上、老茧在手上，没有支撑义，也不表示垂直的位置关系，只表示附着义。

介词 on 表示具体物附着义再往外拓展一下，就是"携带义"，与表示具体物附着义不同的是，后者射体和界标紧密接触，如以上两例中的"伤疤"和"脸"、"老茧"和"手"，但是"携带义"较之更抽象一点，指界标携带射体，并不是紧密接触，例如：

（19）Have you any cigarettes on you?
你身上有烟吗?（祝）

在例（19）中，射体"cigarettes（烟）"和界标"you（你）"是一种携带关系，介词 on 表示携带义。

另外，当介词 on 表示具体物体的附着义投射到表示抽象关系的社会关系域时，又产生"社会关系义"，例如：

（20）All 191 U. N. member states are on the committee.
联合国的 191 个会员国均是该委员会的成员。（新）

《牛津词典》中介词 on 有一个义项是"为（某团体或组织）的一员"，即表示社会关系义，其中射体为某团体或组织的成员，界标是某团体或组织。在例（20）中，射体是"member states（成员国）"，界标是"the committee（该委员会）"。

3）接近、濒临义

介词 on 的中心原型义项是射体在界标之上，如果射体在界标的边缘，即可产生"边缘接触义"。在这里它并不强调支撑义，也不强调射体在界标之上，而是强调射体在界标的边缘。例如：

（21）Qingdao is a city on the sea.
青岛是座海滨城市。（祝）

在例（21）中，射体是"Qingdao（青岛）"，界标是"sea（海）"，这里并不是说青岛在大海上，受大海支撑，而是强调青岛在靠近大海的地方，所以介词 on 在这里表示接近、濒临义。

2. 表示方向

介词 on 的中心原型义项是既表支撑义，又表位置关系，它可以扩展出只表示位置关系而不表示支撑义的义项，即方向义。例如：

（22）The moon is shining on the river.
月光照着小河。（祝）

（23）The door opens on the street.

这门朝大街开着。（祝）

在例（22）中，"moon（月光）"是射体，"river（小河）"是界标，月光的方向是朝着或对着小河；例（23）中，"door（门）"是射体，"farm（农场）"是界标，门的方向是朝着农场。

由表示具体事物的"朝着""对着""向着"进一步引申，可以扩展到朝着某个对象或者目标行进的意思，例如：

（24）He likes playing a joke on his friends.

他喜欢跟朋友开玩笑。（新）

（25）The soldiers concentrate fire on the enemy.

战士们集中火力向敌人进攻。（新）

在例（24）中，"he（他）"是射体，"friends（朋友）"是界标，是他开玩笑的"对象"；例（25）中，"soldiers（战士们）"是射体，"enemy（敌人）"是界标，是战士们进攻的对象或目标。在这两例中，介词 on 的方向义还比较明显，进一步投射到表示思维、逻辑等抽象域时，方向义比较隐晦，更多的是表示一种对象、目标义，例如：

（26）American people want the government to focus attention on the issue of unemployment.

美国人民希望政府能够将精力放在解决人民失业问题上。（TED）

在例（26）中，射体是"government（政府）"，界标是"the issue of unemployment（失业问题）"，"政府"的目的是"解决失业问题"，on 表示的是行动的目标，是一种更加抽象的方向义。在此基础上，又向外拓展出"影响义"，例如：

（27）A teacher has great influence on his students.

教师对学生有很大的影响。（祝）

（28）Almost all compliments have positive effect on children.

几乎所有的赞美对孩子都有积极的影响。（新）

在例（27）中，"teacher（教师）"是射体，"students（学生）"是界标，on 表示教师对学生的影响；例（28）中，"compliments（赞美）"是射体，"children（孩子）"是界标，on 表示赞美对孩子的影响。

3. 表示时间

空间介词 on 可以从空间域投射到时间域表示时间。此外，空间介词 at、in 也可以从空间域投射到时间域表示时间，但是三者还是有区别的，at 一般用在"钟表上的时间"或"周末""假日"之前，in 一般用在"一天之中的部分时间"或"更长的时间"之前，on 一般用在"特定的一天"之前（Michael Swan，2010）。例如：

(29) My birthday is on April 15th.
我的生日是 4 月 15 日。（祝）

在例（29）中，"birthday（生日）"是射体，"April 15th（4 月 15 日）"是界标，介词 on 表示射体"生日"处在界标"4 月 15 日"具体的时间点上。再如：

(30) We will have a party on Christmas Day. （Swan）
我们要在圣诞节那一天办个晚会。

需要指出的是，在美国英语中，谈到圣诞节、感恩节、复活节等节日时，如果指整个假期，就用 at；如果指假期中的某一天，就用 on。（Michael Swan，2010）如例（30）中，射体"party（晚会）"是在界标"Christmas Day（圣诞节）"那一天举办，所以用介词 on。

4. 表示状态

介词 on 的中心原型义项是射体位于界标之上，可以引申为射体在界标上呈现某种状态义，具体包括两小类：一是"在从事……中"，另一个是"处于……情况中"。例如：

(31) She is on duty now.

她现在在值班。（薄）

（32）The house is <u>on fire</u>.

房子着火了。（祝）

在例（31）中，"she（她）"是射体，"值班的时间"为界标，介词 on 表示她正在从事某项工作中。在例（32）中，"house（房子）"是射体，"fire（火）"是界标，on 表示房子现在正处于着火的状态中。

5. 表示行为、方法

介词 on 的中心原型义项中的"界标"有"支撑义"，给"射体"的存在提供支持，所以可以进一步表示行为、方法义，即"界标"通过一定的行为和方法给"射体"的存在或目标的实现提供条件，例如：

（33）We go to school <u>on foot</u>.

我们走路上学。（薄）

（34）We talked <u>on the phone</u> every weekend.

我们每周末在电话上聊天。（祝）

在例（33）中，"we（我们）"是射体，"foot（脚）"是界标，射体借助于界标的帮助实现"去上学"的目标；在例（34）中，"we（我们）"是射体，"phone（电话）"是界标，射体通过电话的帮助实现"聊天"的目的。

（三）"在……上"与"on"的对比分析

结合以上对介词 on 的句法、语义分析，以及第三章对"在 X 上"介词结构的句法、语义分析，下面对二者从句法和语义上进行对比。

1. 句法对比

我们主要从介词的句法功能、介词和介词短语在句中的位置两方面考察"在……上"和 on 在句法上的不同。

1）句法功能

相同点：从语法功能上看，英汉介词具有共性，即都跟名词或名词性成分结合构成介词短语，主要用来修饰动词，也可以用来修饰名词（沈家煊，1984）。"在……上"和 on 都可以做状语，修饰动词。如：

（35）他在飞机上看书。

（36）She takes a piece of chalk and begins writing something on the floor. （新）

"在……上" 和 on 也都可以做定语，如：

（37）他在工作上的努力是有目共睹的。

（38）a book on Chinese history. （薄）

"在……上" 和 on 也都可以做补语，如：

（39）政府要时刻把人民群众的安危冷暖放在心上。

（40）I saw workers on strike. （Swan）

不同点：由 on 构成的介词短语除了可以做状语、定语和补语外，还可以做表语，但是汉语没有做表语的用法，如：

（41）They are on holiday. （祝）

2）在句中的位置

相同点："在 X 上" 和 "on+X" 都可以做句首状语，如：

（42）在服装的搭配上，她的品位很独特。

（43）On seeing hunters, the hares run off. （新）

此外，二者都可以用于谓语动词之后，例如：

（44）后来，等我们终于赶回到那幅画在墙上的游览线路图前才发现，我们所走的路，离天柱峰还不到三分之一。（北）

（45）He scratched on the wall. （祝）

不同点：除了以上两个共同点以外，"在……上" 具有一个特点而 on

没有, 那就是 "在……上" 可以用在主语之后、谓语动词之前, 如:

（46）他在墙上画。

值得注意的是在汉语中, "在……上" 位于谓语动词前后有时意思是有区别的, "在" "用在动词前主要表示动作发生的处所, ……用在动词后主要表示动作的对象到达某处"①。例（46）表示 "画" 这个动作发生在墙上, 英语中对应的介词是 on, 而例（44）表示动作行为的施事通过 "画" 的动作使它在 "墙" 上, 表达的是一种过程性和动态性, 所以对应的介词是 onto 或 on。

此外, 如果 "在 X 上" 放在动词后面作补语, 对动词也有一定的要求, 即动词一般是单音节的, 例如:

（47）他在操场上散步。
（48）＊他散步在操场上。
（49）他走在操场上。

从以上三例中可以看出, 例（47）成立, 例（48）不成立, 这是因为 "在……上" 不能放在双音节动词 "散步" 后作补语。如果将 "散步" 改成单音节动词 "走", 句子就能成立, 如例（49）。

2. 语义对比

首先我们从整体上对二者进行一下对比。从以上分析中, 我们知道介词 on 有 18 个义项, 而 "在……上" 主要有 8 个义项, on 的语义比 "在……上" 丰富得多, on 包含 "在……上" 的全部义项。下面从具体义和抽象义两方面做具体对比。

1）具体义的对比

由于空间概念是人类认知的基本概念, 人们在认识具体空间方位时具有相似的一面, 通过以上对 on 和 "在……上" 的认知语义分析, 我们知道二者的原型场景都是射体位于界标之上, 受界标支撑, 例如:

---

① 沈家煊:《英汉介词对比》,《外语教学与研究》1984 年第 2 期。

（50）The beers are on the table.
啤酒在桌上。（薄）

原型场景往外拓展的其他具体空间义，on 和"在……上"也可以对译，具体分为以下三种情况：
一是射体位于界标上面，但是射体和界标不接触，如：

（51）This picture was taken exactly 300 feet on my head.
这张图片就是在我头上 300 英尺的地方拍的。（TED）

二是在原型场景的基础上向左或者向右旋转 90°，射体和界标是竖直的接触关系，如：

（52）You can start painting on any wall.
你可以在任何墙壁上画画。（TED）

三是在原型场景的基础上旋转 180°，即射体位于界标之下，如：

（53）Mirrors have to hang on tight to the ceiling or they might fall off.
镜子必须紧紧贴在天花板上，否则可能会掉下来。（TED）

以上是从意象图式和原型理论角度对 on 和"在……上"表示空间语义的共性进行了分析。马书红（2008）从语义特征的角度，概括了 on 的主要语义特征，即［表面接触］、［支撑］、［附着］、［临近］、［边缘接触］、［不遮挡］，并总结了 on 和"在……上"空间语义对等的三种情况，即当 on 和"在……上"共享以下语义特征时，二者对应：
A.［+表面接触］［+支撑］［+不遮挡］

（54）My laptop is on my bed.
我的电脑在床上。（张）

B.〔+表面接触〕〔+附着〕〔+不遮挡〕

(55) Her family is <u>on the wall</u>.
她的全家福挂<u>在墙上</u>。（祝）

C.〔+边缘接触〕〔+附着〕

(56) The dog is tied <u>on the chain</u>.
狗拴<u>在链子上</u>。（Swan）

马文认为语义成员 A 和 B 是核心成员，C 是中间成员，这三个成员在汉语中的对应形式都是"在……上"。以上是 on 和"在……上"在表达具体空间义的对应情况，下面我们来看二者不对应的情况。

马文在分析二者空间语义不对应时，只列出了一种情况，即当二者都共享语义特征〔+临近〕〔+边缘接触〕时，二者翻译形式不对应，例如：

(57) The city is <u>on the ocean</u>.
这座城市<u>在海边</u>。（祝）

从例（57）可以看出，虽然 on 和"在……上"都含有〔+临近〕〔+边缘接触〕的语义特征，但是 on 的对应形式不是"在……上"，而是"在……旁边/旁/边"。

除了马文归纳的上面这种情况语义不对应以外，还存在以下两种情况，虽然二者共享某些语义特征，但是却并不对应或者不完全对应。

A.〔+包含〕〔+接触〕

(58) There are many poor people <u>in/on the world</u>.
（<u>在</u>）<u>世界上</u>有很多穷人。（祝）

(59) He lay down <u>on the bed</u> and stared at theceiling.
他躺<u>在床上</u>看着天花板。（TED）

(60) Who is the girl laying <u>in the bed</u>?
躺<u>在床上</u>的那个女孩是谁？（兰）

例（58）"在世界上"英语的对应形式有两种：on the world 和 in the world，"在……上"对应于两个介词：on 和 in；例（59）中"在床上"的对应式是"on the bed"，例（60）中"在床上"的对应式是"in the bed"，"在……上"也对应于两个介词：on 和 in，所以以上两例可以说明 on 和"在……上"在有些情况下并不完全对应。

　　B. ［+内嵌/内含］［+不遮挡］

（61）There is a mark on the skirt.
（在）这件裙子上有一个斑点。（TED）
（62）We wrote about her in The New York Times.
我写了篇关于她的文章，刊登在纽约时报上。（TED）

　　例（61）"在裙子上"用的是介词 on，而例（62）"在报纸上"（字内嵌在报纸上）用的是介词 in，所以在共享［+内嵌/内含］、［+不遮挡］的语义特征时，on 和"在……上"也不完全对应。

　　2）抽象义的对比

　　通过前面对介词 on 和"在……上"的语义分析，可知 on 的抽象语义比"在……上"丰富得多，对于二者的对比，我们主要从两方面进行：一是对比二者抽象语义的类型，哪些二者都有，哪些只有介词 on 有；二是在二者都有的语义类型中，又有哪些差别。

　　首先来看二者的语义类型，"在……上"表示抽象义时，共有 7 种语义类型：表示方面、范围、活动、条件、来源、时间、状态。介词 on 除了具有这 7 种抽象语义类型以外，还包括接近濒临义、依靠义、根据义、关于义、社会关系义、朝向义、在从事……中，处于……情况中等义。

　　再来看在二者都有的 7 种语义类型中，有哪些共同点和差异。我们主要对介词 on 后的成分和"在 X 上"中的 X 进行对比。

　　A. 表示方面义时

　　在第三章对"在 X 上"中"X"的语义分类研究中，我们知道当"在 X 上"表示方面义时，X 主要有两大类，一是名词及名词短语，二是动词及动词短语，X 也可以是形容词、小句、成语或谚语。

　　当 X 为名词及名词短语时，可分为 8 类：抽象事物类、社会活动类、生物活动类、生物类、时空类、性质与状态类、运动与变化类、具体物

类。介词短语"on+N/NP"在表示方面义时,N/NP 也包括以上 8 类,例如:

（63）And I've told you, we've been working on male-pattern heart disease for 50 years.

我也说过,我们在男性心脏病上已花了 50 年的时间。(TED)

在上例中,"男性心脏病"属于抽象事物类中的文体卫生类,"在男性心脏病上"表示的是"在男性心脏病方面"。

当 X 为动词及动词短语时,可分为 5 类:抽象事物类、社会活动类、生物活动类、性质与状态类、运动与变化类。介词短语"on+V/VP"在表示方面义时,V/VP 也包括这 5 类,例如:

（64）Nevertheless most of the governments have based their whole flu policies on building stockpiles of Tamiflu.

尽管如此,大部分政府还是将它们的全部流感对策建立在储备达菲上。(TED)

在上例中,动词短语"储备达菲"属于生物活动类中的生活、工作类,"在储备达菲上"表示"在储备达菲方面"。

但是在"在 X 上"中,X 可以是形容词,on 后却不可以跟形容词,例如:

（65）要想赢得这场比赛,必须在快和准上下功夫。(语)

We must focus on speediness and accuracy if we want to win the competition.

在上例中,X 是形容词"快"和"准",而 on 后却不能跟形容词,只能用名词"speediness"和"accuracy"。

B. 表示条件义时

当"在 X 上"表示条件义时,X 也可以是形容词,on 后却不能跟形容词,例如:

（66）这**在微观上**有利于资源的自由流动，**在宏观上**有利于产业结构的合理调整。（语）

On the micro level it is beneficial to the free flows of resources, and **on the macro level** it is beneficial to the rationalization of the industrial structure.

在上例中，X 是形容词"微观"和"宏观"，而 on 后却不能跟形容词，只能用名词短语"the micro level"和"the macro level"。

当 X 是名词或名词短语时，"在 X 上"和"on+N/NP"可以对译，X 和 N/NP 都是抽象事物类名词，又可分为以下 3 小类：属性类、数量单位类、事情类，例如：

（67）建筑师和客户双方都可以**在你们达成的共识的基础上**对设计进行评价。

And both owner and architect alike are empowered to critique those manifestations based **on the positions that you've taken**. （TED）

在上例中，X 的中心词是名词"基础"，属于抽象事物的属性类，"在……的基础上"是"双方对设计进行评价"的前提条件。

从以上分析可以看出，当表示方面义或条件义时，"在 X 上"中的 X 和 on 后的成分既有相同点，也有不同点，差别主要表现在 X 可以是形容词，而 on 后却不能跟形容词。在表示其他抽象义时，如范围义、活动义、来源义、时间义、状态义时，"在 X 上"中的 X 和 on 后的成分基本上都是名词或名词短语，二者基本对应，不再一一做具体分析。

三　"在……上"对应于介词 in 的研究

同介词 on 一样，我们也从句法和语义方面对 in 和"在……上"进行对比分析，因为介词 in 的句法功能和分布与介词 on 基本一致，所以这部分省略对介词 in 的句法分析，首先对 in 的语义进行分析，然后再与"在……上"进行对比。

（一）in 的语义分析

《牛津词典》在介词"in"下列出了 18 个义项，分别为：

1. 在（某范围或空间内的）某一点：a country in Africa.

2. 在（某物的形体或范围）中；在……内；在……中：Sitting in an armchair.

3. 进入：She got in her car and drove off.

4. 构成……的整体（或部分）；包含在……之内：There are 31 days in May.

5. 在（某段时间）内：in the 18th century/ in the morning.

6. 在（某段时间）之后：It will be ready in a week's time.

7. （用于否定句或 first、last 等之后）在（某段时间）内：It's the first letter I've had in ten days.

8. 穿着；戴着：the man in the hat.

9. （用以描述具体的环境）：He was sitting alone in the darkness.

10. （表示状态或状况）：I'm in love!

11. 参与；参加：to act in a play.

12. （显示工作或职业）：He is in the army.

13. （显示某物的形式、形状、安排或数量）：They sat in rows.

14. （表示使用的语言、材料等）：Say it in English. / I paid in cash.

15. 关于，在……方面：a country rich in minerals.

16. 做……时；……发生时；当……时：In attempting to save the children from drowning, she nearly lost her own life.

17. （引出具有某种品质的人的名字）：We're losing a first-rate editor in Jen.

18. （显示比率或相对数量）：a tax rate of 22 pence in the pound.

在以上 18 个义项中，根据人类的基本认知特点，介词 in 的中心原型义项是 "在……中" "在……内"，其原型场景是射体（TR）位于界标（LM）之中，如图 3-3。

在图 3-3 中，小圆圈是射体（TR），大圆圈是界标（LM），介词 in 表示射体（TR）位于界标（LM）之中（之内）。

对于《牛津词典》所列的介词 in 的 18 个义项，我们利用义素分析法，提取介词 in 的义素——［内含］、［参与］、［状态］、［形状］、［关

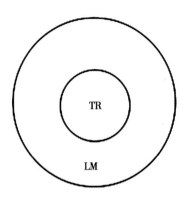

图 3-3　介词 in 的原型场景

于]、[穿着]、[时间]、[工作]、[材料]、[时间] 等，将介词 in 的词义散射范畴绘制成图 3-4。

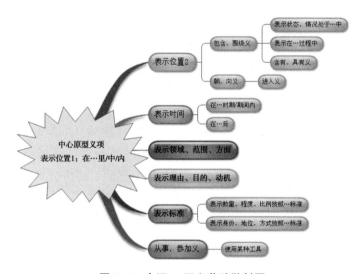

图 3-4　介词 in 词义范畴散射图

1. 表示位置

介词 in 的原型场景是射体位于界标之中，即一个具体的三维立体物处在另外一个具体的三维立体物之中，除此之外，还可以表示其他位置关系，概括起来，主要有以下两种：

1）包含、围绕义

（68）Snow White looked at herself in the mirror.

白雪公主看着镜中的自己。(兰)

(69) He is sitting in the corner of classroom.

他坐在教室的一个角落里。(祝)

在例 (68) 中, "herself (她自己)" 是射体, "mirror (镜子)" 是界标, 白雪公主的形象在镜子之中; 在例 (69) 中, "he (他)" 是射体, "the corner of classroom (教室的角落)" 是界标, 界标包含射体, 与原型场景相比, 介词 in 表示的位置关系更加宽泛。

由表示具体的位置关系义, 投射到表示抽象事物或过程的领域, 可以表示以下几种抽象意义:

A. 表示状态、情况处于……中

(70) John is in love with Michael who is his best friend.

约翰正在恋爱中, 女朋友是他最好的朋友米歇尔。(祝)

(71) He finished his homework in a hurry.

他匆匆忙忙地做完了作业。(张)

在例 (70) 中, "John (约翰)" 是射体, "love (恋爱)" 是界标; 例 (71) 中, "he (他)" 是射体, "hurry (匆匆忙忙的状态)" 是界标, "恋爱" 和 "匆匆忙忙的状态" 是抽象的界标, 是从空间概念域投射到心理状态域, 所以 in 表示状态或情况处于……中。

B. 表示在……过程中

(72) We must have perseverance and patience in doing hard work.

在解决复杂问题的过程中, 我们必须有足够的毅力和耐心。(新)

在上例中, "we (我们)" 是射体, "doing hard work (解决复杂问题的过程)" 是界标, 射体处于抽象的界标中。

C. 含有、富有义

介词 in 在表达含有、富有义时, 主要有两种情况, 一是表示在某人身上具有什么样的品格、能力、气质等, 例如:

（73）There is something of a leader in him.

（在）他身上有种领导的气质。（祝）

在上例中，"something of a leader（领导的气质）"是射体，"him（他）"是界标，in 表示"他"具有"领导的气质"。

另一种是表示含有或包括多少数量，如：

（74）There are millions of dollars in your bank card.

你银行卡里有笔巨款。（薄）

在例（74）中，"millions of dollars（巨款）"是射体，"bank card（银行卡）"是界标，in 表示的是在界标中射体数量方面的信息。

2）朝、向义

（75）He disappeared in the distance.

他消失在远处。（祝）

（76）We must move in the direction of our dream.

我们必须朝着我们的梦想前进。（祝）

在例（75）中，"he（他）"是射体，"distance（远处）"是界标，射体朝着界标前行；在例（76）中，"we（我们）"是射体，"dream（梦想）"是界标，射体朝着界标前进。

由"朝、向义"可以进一步引申为"进入义"，即"（表示动作的方向或结果）进入……中"，例如：

（77）He was pushed in/into the lake.

他被推进了湖里。（张）

（78）This rocket will be thrown in/into space.

这枚火箭将被发射到太空。（祝）

在例（77）中，"he（他）"是射体，"lake（湖）"是界标；例（78）中，"rocket（火箭）"是射体，"space（太空）"是界标，in 表

示射体进入到界标之中，此处常常用 into，因为-to 可以表示动态。

2. 表示时间

同介词 on 一样，in 可以从空间域投射到时间域，表示时间，具体可以分为两类，一类是表示 "在……时期/期间内"，例如：

（79）He was so tired and fell asleep in a few minutes.

他很累，几分钟之内就睡着了。（新）

（80）Many farmers have never been to big cities in their life.

很多农民一辈子都没去过大城市。（祝）

在例（79）中，"he（他）" 是射体，"a few minutes（几分钟）" 是界标，in 表示射体在界标的范围内产生了某种结果；在例（80）中，"farmers（农民）" 是射体，"life（生命）" 是界标，in 表示在他们的生命这个历程中（在这个范围内），从未去过大城市。

另外一类是表示 "在……（时间）后"，比如：

（81）The delegation shall arrive in London in three hours.

代表团将在三个小时之后到达伦敦。（新）

在这里，值得注意的是 "in three hours" 既可以指 "三个小时之后"，也可指 "三个小时之内"，区分的办法是看谓语动词的属性，如果谓语动词是终止性动词（如 arrive, die 等），就表示在两小时后；如果谓语动词是持续性动词（如 do, sleep 等），则一般表示 "在三小时之内"。

3. 表示领域、范围、方面

介词 in 从空间域投射到抽象域中，可以表示领域、范围、方面，可译为 "在……方面""在……上" 等，例如：

（82）I think this approach can explain differences in people's taste in art. 我认为这个理论可以解释人们在艺术品位上的差别。（TED）

（83）Asians have played an important role in American history.

亚洲人在美国历史上发挥了很重要的作用。（TED）

（84）I think, it is tremendously useful in all kinds of medicine.

我认为它<u>在医药学领域</u>是非常有用的。（TED）

在例（82）中，"people（人们）"是射体，"taste in art（艺术品位）"是界标，in 表示射体（人们）在界标（艺术品位）方面的差异，表示的是方面义；在例（83）中，"Asians（亚洲人）"是射体，"American history（美国历史）"是界标，in 表示射体（亚洲人）在界标（美国历史）上的作用，表示的是范围义；在例（84）中，"it（它）"是射体，"medicine（医药学领域）"是界标，in 表示射体（它）在界标（医药学领域）中的价值，表示的是领域义或范围义。

4. 表示理由、动机、目的

介词 in 的这种语义类型离原型场景较远，可理解为：射体为了投射到界标内而采用的方法或手段，可以表达为"为了、由于"，例如：

（85）She decides to resign <u>in support of her husband</u>.

为了支持丈夫的工作，她决定辞职。（祝）

（86）The leader made a wonderful speech <u>in defence of their policy</u>.

领导为了保护自己的政策，做了一次精彩的演讲。（薄）

在例（85）中，"she（她）"是射体，"husband（丈夫的工作）"是界标，in 表示射体（她）为了界标（丈夫的工作）所做的努力，表示一种理由；例（86）中，"leader（领导）"是射体，"policy（政策）"是界标，in 表示的是射体（领导）为了保护界标（政策）而采取了某种措施，表示一种目的。

5. 表示标准

介词 in 的这种语义类型离原型场景也比较远，可理解为：射体按照某种标准达到界标的要求，具体可以分为两种类型，一是表示数量、程度、比例按照……标准，例如：

（87）These eggs are sold <u>in dozens</u>.

这些鸡蛋论打出售。（祝）

在例（87）中，"eggs（鸡蛋）"是射体，"dozens（打）"是"界

标"，in 表示的是射体（鸡蛋）按照界标（打）的要求出售，表示数量按照"打"的标准。

二是表示身份、地位、方式按照……标准，例如：

（88）We were received by them in a family way.
他们把我们当作家人一样接待。（张）

在例（88）中，"we（我们）"是射体，"family（家人）"是界标，in 表示的是按照界标（家人）的标准，射体（我们）受到接待，表示身份、方式按照"家人"的标准。

6. 从事、参加义

介词 in 可以从空间域投射到活动或工作域，因为当人们从事某种工作或者参加某种活动时，会把所有或大部分时间、精力集中在工作或活动中，这与介词 in 的原型场景是类似的。例如：

（89）He spent ten years in writing his novel.
他用十年的时间来写小说。（祝）
（90）She dreamed to engage in teaching.
她梦想着能从事教育行业。（张）

在例（89）中，"he（他）"是射体，"writing his novel（写小说）"是界标，介词 in 表示射体（他）从事界标（写小说）的工作；例（90）中，"she（她）"是射体，"teaching（教育行业）"是界标，in 表示射体（她）想从事界标（教育行业）的工作。

从"从事、参加"义往外进一步引申，可以拓展出"使用某种工具"义，因为人们在从事某种工作或参加某种活动时，往往要借助一定的工具，所以介词 in 由"从事、参加"义进一步隐喻为"使用某种工具"义，例如：

（91）Children like drawing in different colors.
孩子们喜欢用不同的颜色画画。（祝）

在例（91）中，"children（孩子们）"是射体，"different colors（不同的颜色）"是界标，介词 in 表示射体（孩子们）从事某项活动（画画）要使用某种工具（不同的颜色）。

（二）"在……上"与 in 的对比分析

因为介词 in 的句法功能、句中位置跟 on 基本一致，所以本小节省略介词 in 和 "在……上"的句法对比，主要对二者进行语义对比。

从整体上看，介词 in 有 18 个义项，"在……上"主要有 8 个义项，前者的语义要比后者的语义丰富得多，下面从具体义和抽象义两方面对二者进行对比。

1. 具体义的对比

首先来看"在……上"与 in 的原型义项，前者表示射体在界标之上，后者表示射体在界标之中，二者有着很大的不同，正是由于具体义的不同，导致在表示抽象义时，存在着很大的差异。

2. 抽象义的对比

"在……上"的抽象义可以表示方面、范围、活动、来源、条件、时间和状态，介词 in 除了可以表示这些语义以外，还可以表示包含、围绕义，表示状态、情况处于……中，表示在……过程中，朝、向义，表示理由、动机、目的，表示标准，从事、参加义等。

相对于介词 on 与"在……上"的关系，in 和"在……上"的不同之处更多一些，因为前二者原型场景相同，通过隐喻得到的抽象义也有很多共同之处，后二者原型场景不同，通过隐喻得到的抽象语义也有很多不同之处。

由于中西文化思维方式和认知方式的不同，有时介词 in 对应于"在……上"，而不是介词 on，主要表现在以下几点：

1）含有、富有义

在前面分析介词 in 的语义时，我们知道 in 表示含有、富有义时，分为两种情况，其中第一种情况可以译为"在……上"，即表示在某人身上具有什么样的品格、能力、气质等，例如：

（92）I recognize his father in him.

（＝His character is similar to his father's.）

在他身上，我看到了他父亲的气质。（祝）

"在他身上"是从具体的空间域投射到主观认知域，表达"包含在……内"的意思，所以在英语中对应的是"in him"，而不是"on him"。

2）表示范围

介词 on 在表示范围时，可以和"在……上"对译，而介词 in 在表示范围时，也可以与"在……上"对译，但是在表达范围义时，in 和 on 后的词语不同；如果后面的词语相同，一般表达不同的意义，例如：

（93）Chinese restaurants have played an important role in American history, as a matter of fact.

中餐馆在美国历史上发挥了很重要的作用，这也是事实。（TED）

在例（93）中，"在美国历史上"在英语中的对应表达形式是"in American history"，而不是"on American history"，后者表达的是"关于美国历史"。

在统计的语料中，除了"历史"在"在……上"中对应于 in+N（NP）以外，类似的名词及名词短语还有：传统、范畴、岗位、国家、精神学、生理学、科学、农业、社会、生物史、软件史、世界、时间、空间、维度、位置、问题、政治舞台、行业、医药学、哲学史等，除了上述的名词或名词短语以外，还有部分动词或动词短语，如：理解艺术与文化等。

3）表示方面

介词 on 和 in 都可以跟名词或名词短语、动词或动词短语结合，表示方面义，但是二者后面的词语不同，如果后面的词语相同，一般表达不同的意义，例如：

（94）To these things, you know, a factor of 10 differences can make a factor of 1, 000 differences in the outcome.

对于这些问题，我们都知道的，方法上哪怕只有十分的差异都可能导致在结果上千分的差异。（TED）

在例（94）"in the outcome"表示"在结果上"，而不是"on the outcome"，后者表示"关于结果"。

在统计的语料中，除了 "结果" 在 "在……上" 中对应于 in + N (NP) 以外，类似的名词及名词短语还有：改革能力、方向、科技、理论、设计、手术、形状、尺寸、含量、大小、艺术品位、用途等，除了上述的名词或名词短语以外，还有部分动词或动词短语，如：规划和重建、技术创新、解决问题、经济增长、预防疾病等。

4) 表示来源义

介词 on 在表示来源义时，可以和 "在……上" 对译，而介词 in 在表示来源义时，也可以与 "在……上" 对译，但是在表达来源义时，in 和 on 后的词语不同，如果后面的词语相同，一般表达不同的意义，例如：

(95) I read about it in the paper.
我是在报纸上看到这件事的。(祝)

在例 (95) 中，"in the paper" 表示消息的来源是报纸，表示的是一种抽象的来源义，"on the paper" 则表示一种具体的空间义，即某物在报纸上面，受报纸支撑。在汉语中，这两种意义都用 "在报纸上" 来表示。

在统计的语料中，除了 "报纸" 在 "在……上" 中对应于 in + N 以外，类似的词语还有：书、杂志、期刊、图表、月历、维基百科、照片、排行榜、博客等。

5) 表示活动义

介词 on 和 in 都可以跟名词或名词短语结合表示活动义，但是二者后面的词语不同，如果后面的词语相同，一般表达不同的意义，例如：

(96) Once again, I didn't expect it to be used in classrooms.
我都没想象过它会被用在课堂上。(TED)

在例 (96) 中，"in classroom" 表示 "在课堂上"；而 "on classroom" 则表示 "关于课堂"。

在统计的语料中，除了 "课堂" 在 "在……上" 中对应于 in + N 以外，类似的词语还有：选举、会议、大赛、挑战赛、社交等。

6) 表示条件义

同以上五种语义的情况一样，介词 on 和 in 都可以跟名词或名词短语结合表示条件义，但是二者后面的词语不同，如果后面的词语相同，一般表达不同的意义，例如：

(97) So <u>in a way</u>, by studying a woman, you can read the structure and the ideology of the country.

　　所以<u>在某种程度上</u>，研究一位女性，你能阅读到这个国家的结构和意识形态。(TED)

在例 (97) 中，"in a way"表示"在某种程度上"；而"on a way"表示"以一种方式"或"在路上"。

在统计的语料中，除了"程度"在"在……上"中对应于 in+N 以外，类似的词语还有：意义、原则、基础等。

四　与"在 X 上"相应的英语其他形式

从表 3-1 可知，"在 X 上"除了可以对应于英语中的"介词+X"形式以外，还可以对应于英语其他词类或短语、从句或其他形式。下面逐个具体分析，首先来看对应于英语其他词类或短语的情况。

(一)"在 X 上"对应于英语其他词类或短语

从表 3-1 我们可以看出，介词结构"在 X 上"可以对应于英语中的名词或名词短语、副词、形容词和动词，下面做具体分析。

1. "在 X 上"对应于英语名词或名词短语

从句法位置来看，"在 X 上"在汉语中多做状语，而英语中对应的名词性成分在句中主要做主语或宾语，其形式相当于汉语介词结构"在 X 上"中 X 的名词或名词短语形式。

1) 做主语

(98) So, <u>our planet</u> has spent the vast majority of its 4.56 billion year history developing life, not anticipating its emergence.

　　所以<u>在我们的星球上</u> 45.6 亿年中的大部分时间都在培养生命而不只是在期待生命的 出现。(新)

在例 (98) 中，"在我们的星球上"做句首状语，其对应的英语名词短语"my planet"在句中做主语。

2）做宾语

（99）Enorsous quantities of data about our daily affairs will traverse the Internet, working to make our lives easier.

有关我们日常生活的巨量数据将<u>在网络上</u>传播，这一过程使得我们的生活更加方便。（TED）

在例（99）中，"在网络上"作句中状语，其对应的英语名词性成分"the Internet"在句中做宾语。

2. "在 X 上"对应于英语副词

同"在 X 上"一样，其对应的英语副词在句中也做状语，其形式相当于"在 X 上"中 X 的副词形式，例如：

（100）<u>Traditionally</u>, a young man asks the father of his sweetheart for permission to marry her.

<u>在传统上</u>，年轻男子先要请求女朋友的父亲允许自己娶她。（TED）

在例（100）中，"在传统上"做句首状语，其对应的英语副词"traditionally"同样也做句首状语。

3. "在 X 上"对应于英语形容词

（101）There are <u>technical</u> answers for many of these questions, but some will require international agreements before they can be resolved.

这些问题许多都可以<u>在技术上</u>解决，但在解决前还需要达成国际间的协议。（TED）

在例（101）中，"在技术上"对应于英语中的形容词"technical"。

4. "在 X 上"对应于英语动词或动词短语

（102）In fact, since 95 percent of the weight you´re moving is the car not the driver, less than one percent of the fuel energy ends up <u>moving the driver</u>.

　　事实上，由于车体的重量占了总重量的 95%，只有不到 1% 的燃料能量是用<u>在载人上</u>的。(TED)

在例（102）中，"在载人上"对应于英语中的动词短语"moving the driver"。

（二）"在 X 上"对应于英语从句形式

　　(103) Theysend lots of job recuiting advertisements to <u>the Internet</u>

<u>where</u> employees can see the job recuiting information.

　　他们<u>在这家网站上</u>发了很多招聘广告，因为每天有很多求职者在这里浏览信息。(新)

在汉语书面语中，经常使用分句来表达语义，而在英语书面语中，经常使用从句的形式将各种相关语义整合在一个句子里面，如例（103），汉语利用两个小分句表达出了因果关系，后一分句来解释前一分句，而英语用一个引导词"where"使两小句连接成一句。

　　除了上述几种对应形式之外，还存在其他一些对应形式，如意译和汉语增译，首先来看意译的情况，如：

　　(104) <u>In the process</u>, he enjoyed himself thoroughly and kept telling everybody how much he hated hospitals.

　　<u>在晚会上</u>他尽情娱乐，一再告诉大家他是多么讨厌医院。(新)

"in the process"在汉语中的对应形式应该是"在晚会期间"或"在晚会的过程中"，但是这两种表达方式不太符合汉语的语感，所以译为"在晚会上"更合适一些。

　　再来看汉语增译的情况，如：

　　(105) In high school in Miami Jeff became the <u>valedictorian</u>.

　　在迈阿密上高中时，杰夫被选为学生代表<u>在毕业典礼上</u>致辞。

（TED）

在例（105）中，我们发现在汉语句子中增加了一个介词短语"在毕业典礼上"，这是因为在英语中"valedictorian"表示的是"在毕业典礼上致辞的学生"，汉语中没有一个词和其完全对应，翻译为"致辞的学生代表"未表达出"在毕业典礼上"的意思，所以为了准确表达"valedictorian"一词的意思，汉语中用了一个较为复杂的表达方式，即"作为学生代表在毕业典礼上致辞"。

第二节 "在 X 下"与英语相应表达式的对比

本节主要分为两大部分，第一部分是对"在 X 下"与英语相应表达式的总体情况进行统计分析，考察哪些英语形式是"在 X 下"的主要对应类型；第二部分对"在 X 下"和其在英语中的主要对应类型做具体的对比分析。

一 "在 X 下"在英语中的相应表达形式概况

在 TED 英语平行语料库、Babel 平行语料库、新概念英语课本中，共有"在 X 下"的英汉对应语料 447 例，出现"在 X 下"结构 447 个。通过具体分析，"在 X 下"在英语中的对应表达形式可以归纳为以下几类。

表 3-2　　"在 X 下"的英语对应形式

对应类型	对应形式	总数量	所占比重（%）	表示具体义数量	表示抽象义数量		
					总数量	条件义	情况、状态义
介词+X	in	126	28.19	13	113	6	107
	under	86	19.24	42	44	22	22
	with	35	7.83	0	35	15	20
	at	16	3.58	4	12	1	11
	on	11	2.46	3	8	0	8

续表

对应类型	对应形式	总数量	所占比重（%）	表示具体义数量	表示抽象义数量		
					总数量	条件义	情况、状态义
介词+X	when	9	2.01	0	9	0	9
	below	5	1.12	5	0	0	0
	beneath	5	1.12	5	0	0	0
	underneath	5	1.12	3	2	0	2
	by	4	0.89	0	4	3	1
	against	3	0.67	0	3	1	2
	down	3	0.67	3	0	0	0
	around	2	0.45	1	1	0	1
	during	2	0.45	0	2	0	2
	into	2	0.45	1	1	0	1
	behind	1	0.22	0	1	0	1
	off	1	0.22	1	0	0	0
	outside	1	0.22	1	0	0	0
	there	1	0.22	0	0	0	1
	through	1	0.22	0	1	1	0
	upon	1	0.22	0	1	1	0
	within	1	0.22	0	1	0	1
	总数	321	67.30				
其他词类	动词	24	5.37	0	24	24	0
	名词	17	3.80	3	14	0	14
	副词	17	3.80	14	3	0	3
	形容词	8	1.79	2	6	0	6
	总数	66	14.77				
从句	从句	4	0.89	0	4	0	4
	总数	4	0.89				
其他形式	意译	25	5.59	5	20	4	16
	汉语增译	31	6.94	1	30	8	22
	总数	56	12.53				

从表 3-2 可知,介词结构"在 X 下"在英语中的对应形式主要有四大类,根据对应比例,依次为:介词 + X(67.30%),其他词类(14.77%),其他形式(12.53%),从句(0.89%)。下面分别对各对应形式进行分析。

首先我们来看"在 X 下"对应于英语中"介词+X"形式的情况。

汉语"在 X 下"介词结构,在英语中的相应表达式主要是"介词+X"形式,占总数的 67.30%,所以我们将重点分析这种情况。通过上表可以看出"在……下"对应于英语中的 in、under、with、at、on、when、below 等 22 个介词。表 3-2 中的英语介词使用频率排序跟人们的普遍认知有所差异,例如 in、with、at、on 等介词排在 below 之前,这是因为在我们所统计的 447 条语料中,表示抽象意义的语料占 338 条,占总数的75.6%,而介词 below 主要是表示具体义,所以数量较少。

从表 3-2 可知,"在……下"主要对应于英语介词 in 和 under,我们重点将这两个介词与"在……下"做对比分析。

二 "在……下"对应于介词 in 的研究

在前面我们已经对介词结构"在……下"与介词 in 的句法功能与分布、语义分类进行了具体的分析,所以本部分结合前面分析的结论,直接对二者进行对比分析。

"在……下"的句法功能、句中位置跟"在……上"基本一致,前面已经对介词 in 和"在……上"进行了句法对比,故本小节省略 in 和"在……下"的句法对比,主要对二者进行语义对比。

从整体上看,介词 in 有 18 个义项,"在……下"主要有 5 个义项,前者的语义要比后者的语义丰富得多,下面从具体义和抽象义两方面对二者进行对比。

1. 具体义的对比

首先来看"在……下"与 in 的原型义项,前者表示射体在界标之下,后者表示射体在界标之中,二者有着很大的不同,正是由于具体义的不同,导致在表抽象义时,存在着很大的差异。

2. 抽象义的对比

"在……下"的抽象义可以表示条件、情况或状态、抽象空间、社会关系,介词 in 也可以表示条件、情况或状态,除了可以表示这两种抽象语义以外，还可以表示包含、围绕义，表示时间，表示领域、范围、方面，朝、向义，表示理由、动机、目的，表示标准，从事、参加义等。可参见图 3-5。

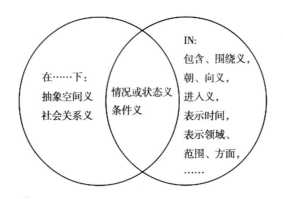

图 3-5 "在……下"与 in 的语义类型对比

从图 3-5 可知，"在……下"和 in 在表示抽象语义时，只有两种语义类型相同，即表示条件义、情况或状态义。相对于介词 under 与"在……下"的关系，in 和"在……下"的不同之处更多一些，这是因为前二者原型场景相同，通过隐喻得到的抽象义也有很多共同之处，后二者原型场景不同，通过隐喻得到的抽象语义也有很多不同之处。

我们主要看 in 和"在……下"二者在抽象语义类型上的共同之处。

1）表示情况、状态义

（106）What do you actually do about that in a difficult circumstance?

在这种复杂的情况下，我们如何办到？（新）

（107）We would not be able to process information, metabolize, walk and talk, if we lived in thermal equilibrium.

如果我们生活在热平衡的状态下，我们将无法处理信息，没法新陈代谢，没法走路，没法说话。（TED）

在汉语中，一般用"在……下"表示某种情况或状态，但是在英语中，既可以用 under 表示，也可以用 in 表示，例如在以上两例中都用了 in+N 表示情况或状态。在统计的语料中，除了"情况""状态"在"在……下"中对应于 in+N 以外，类似的名词还有：环境、情形、高温、背景、场合、名义、模式、氛围等。

2）表示条件义

（108）Bathed in polarized light and cut in cross‐section, this ancient ice reveals itself as a mosaic of colors.

在极光的沐浴下，被切成截面的这块古代的冰块展示出了某种马赛克色彩。（TED）

在汉语中，一般用"在……下"表示某种条件，但是在英语中，既可以用 under 表示，也可以用 in 表示。此外，当用 in 表示某种条件时，和"在……下"有所不同，即当表示条件时，"在 X 下"中的 X 一般是动词，而英语中 in 的后面一般是名词，例如：

（109）Lynn made it to the top in a perfect pairing of Hollywood and science.

Lynn 在好莱坞与科学完美的结合下成功到达了顶端。（TED）

在例（109）中，"pairing"是名词，表示"配对、结合"，对应于汉语中的动词"结合"。还有一种情况就是，在英语中将动词提前，例如例（108），汉语的表达是"在极光的沐浴下"，在英语中将"bathed"放在句首，"in polarized light"作为补足语放在动词之后。

三　"在……下"对应于介词 under 的研究

本部分我们主要从句法和语义两方面对 under 和"在……下"进行对比分析，因为介词 under 的句法功能与分布与介词 in、on 基本一致，所以这部分省略对介词 under 的句法分析，首先对其进行语义分析，然后再与"在……下"进行对比。

（一）under 的语义分析

《牛津词典》在介词"under"下列出了 9 个义项，分别为：

在（或到、通过）……下面：Have you looked under the bed?

在……表面下；由……覆盖着：The boat lay under several feet of

water.

少于；小于；不足；比……年轻：Nobody under 18 is allowed to buy alcohol.

由……控制（或管理、经营）：She has a staff of 19 working under her.

根据，按照（协议、法律或制度）：Is the television still under guarantee?

在……过程中：The matter is under investigation.

由……造成；受……影响：I've been feeling under stress lately.

用，以（某一名字）：She also writes under the pseudonym of Barbara Vine.

在……项下；在（书等中的）某部分：If it's not under 'sports', try looking under 'games'.

在以上 9 个义项中，根据人类的基本认知特点，介词 under 的中心原型义项是"在……的正下方"，其原型场景是射体（TR）位于界标（LM）的正下方，例如：

（110）The cat fell asleep under the table.

猫在桌子下面睡着了。

介词 under 的意象图式如图 3-6。

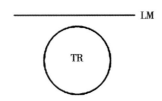

图 3-6　介词 under 的原型场景

另外，射体位于界标之下还有一种形式：射体和界标接触，例如：

（111）The child hid his face under the bedclothes.（祝）

小孩把脸藏在床单底下。

对于《牛津词典》所列的介词 under 的 9 个义项，我们利用义素分析法，提取介词 under 的义素——［下面］、［少于］、［控制］、［按照］、［过程］、［影响］、［用］、［部分］等，将介词 under 的词义散射范畴绘制成图 3-7。

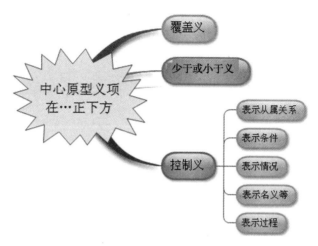

图 3-7　介词 under 词义范畴散射图

1. 覆盖义

Under 的原型场景是射体位于界标之下，向外进一步扩展，可以扩展为射体被界标覆盖，例如：

（112）He likes wearing a T-shirt under his jacket.

他喜欢在夹克里面穿一件 T 恤衫。（祝）

（113）The whole city is under the water.

整座城市都淹没在水中。（薄）

在例（112）中，"T-shirt（T 恤衫）"是射体，"jacket（夹克）"是界标，射体被界标覆盖在里面；在例（113）中，"city（城市）"是射体，"water（水）"是界标，城市被水覆盖在下面，under 隐喻为覆盖义。

2. 少于或小于义

根据人类的认知经验，在同一个参照平面，如果堆积的物体位于平面之上表示数量多，如果堆积的物体位于平面之下表示数量少，这是从空间概念域投射到数量概念域，under 表示数量少于某个标准，例如：

（114）He sold hisbike for under（for less than）thirty dollars.

他以低于 30 美金的价格将自己的自行车卖掉了。（祝）

（115）He was rejected by the boss because he was under age.

他被老板拒绝了，因为他还未成年。（祝）

在例（114）中，"自行车出售的价格"是射体，"30 美金"是界标，under 表示自行车出售的价格低于 30 美金。在例（115）中，"他的年龄"是射体，"成年"是界标，under 表示他的年龄小于 18 岁。

3. 控制义

Under 的原型场景是射体位于界标之下，可以扩展出射体处于界标控制之中的意思，这种控制义进一步引申出五个小类，具体分析如下：

1）表示从属关系

（116）He is under me in my office.

在我们单位，他在等级上比我低。（祝）

（117）He said he had more than 100 workers under him.

他说他管着 100 多个工人。（薄）

在例（116）中，"he（他）"是射体，"me（我）"是界标，under 表示在职位等级上，"我"比"他"高，"他"受"我"的支配和控制；在例（117）中，"more than 100 workers（100 多个工人）"是射体，"he（他）"是界标，"100 多个工人"受控于"我"，是上下位的从属关系。

2）表示条件

（118）Under the leadership of the Party，China improved a lot in e-conomy.

在党的领导下，中国的经济有了显著的提高。（祝）

"economy（经济）"是射体，"Party（党）"是界标，射体在界标的"领导"下，under 表示"党的领导"是"经济发展"的前提条件。

3）表示情况

（119）However, under some circumstances, it can happen.

但是，在某些情况下，这种现象仍然可能发生。（TED）

（120）Both machines performed extremely well under bumpy conditions, which surprised me.

让我感到惊奇的是，两个机器在路况很差的情况下播放效果依然非常出色。（TED）

在例（119）中，"it（现象）"是射体，"circumstances（情况）"是界标；在例（120）中，"machines（机器）"是射体，"bumpy conditions（路况差）"是界标，under 表示情况义。

4）表示名义等

（121）His books are published under the name Mo Yan.

他的书均以莫言的名字出版。（TED）

（122）He cheated me under the pretext of friendship.（祝）

他打着友谊的幌子欺骗了我。

在例（121）中，"his books（他的书）"是射体，"the name MoYan（莫言的名字）"是界标；在例（122）中，"he（他）"是射体，"friendship（友谊）"是界标，under 表示以（用）……名义或假借等义。

5）表示过程

（123）The railway is under construction.

铁路正在修建中。（薄）

（124）The plan under discussion is very important to us,

正在讨论中的计划对我们来说非常重要。（兰）

在例（123）中，"railway（铁路）"是射体，"修建铁路的人"是界标，under 表示射体正在界标的修建过程中；在例（124）中，"plan（计划）"是射体，"讨论计划的人"是界标，under 表示射体正在界标的讨论过程中。

（二）"在……下"与 under 的对比分析

从整体上看，介词 under 有 9 种抽象语义类型，"在……下"有 4 种抽象语义类型，介词 under 要比"在……下"多一些，下面从具体义和抽象义两方面做具体对比。

1. 具体义的对比

由于空间概念是人类认知的基本概念，英语母语者和汉语母语者在认识具体空间方位时具有相似的一面，通过以上对 under 和"在……下"的认知语义分析，我们知道二者的原型场景都是射体位于界标的正下方，例如：

(125) Thedog likes sleeping <u>under the chair</u>.
狗喜欢<u>在椅子下（面）</u>睡觉。（祝）

2. 抽象义的对比

二者抽象义的对比，我们主要从两方面进行：一是对比二者抽象语义的类型，哪些二者都有，哪些只有介词 under 有；在二者都有的语义类型中，又有哪些共同点和差异。

首先来看二者的语义类型，"在……下"表示抽象义时，共有 4 种语义类型：表示条件、情况或状态（包括表示名义）、社会关系、抽象空间。介词 under 除了包括这四种语义类型以外，还包括以下 3 种语义类型：覆盖义、少于或小于义、过程义。

再来看在二者都有的 4 种语义类型中，有哪些共同点和差异。我们主要对介词 under 后的成分和"在 X 上"中的 X 进行对比。

1) 表示条件义

在第三章对"在 X 下"中"X"的语义分类研究中，我们知道当"在 X 下"表示条件义时，充当 X 的绝大多数是动词，具体可以分为以下 4 类：社会活动类、生物活动类、物态变化类、运动与变化类。

Under+X 与"在 X 下"在表示条件时最大的区别是，under 后面的 X 是名词，"在 X 下"中的 X 绝大多数是动词，例如：

(126) He grows up <u>under the ever-present attention</u> of his parent.
他<u>在父母的关怀下</u>健康成长。（新）

(127) Medical researchers have warned that dropping any blood-pressure medication can be dangerous, and should be done only <u>under a</u>

doctor's careful supervision.

医学研究人员警告，停止服用任何治疗高血压的药物都可能有潜在的危险，均应该<u>在医生监护下</u>进行。（TED）

在例（126）中，介词 under 后面的 attention 是名词，而汉语中的"关怀"是动词；在例（127）中，介词 under 后面的 supervision 是名词，而汉语中的"监护"是动词。

2）表示情况、状态义

通过第三章的分析，我们知道当"在 X 下"表示情况、状态义时，充当 X 的绝大多数是名词，具体可以分为以下 5 类：抽象事物类、社会活动类、生物活动类、时空类和性质状态类。介词 under 之后的名词也可以分成以上 5 类，例如：

（128）So their scores had gone up from zero to 30, which is an educational impossibility <u>under the circumstances</u>.

<u>在这种形势下</u>，她们的分数从 0 提高到 30，已经达到教育上不可能达到的程度了。（TED）

在例（128）中，介词 under 后面的 circumstances 是名词，汉语中的"情形"也是名词。

但是，"在 X 下"中的 X 也可以是形容词，但是 under 后面不可以跟形容词，在英语的表达中要转换为相应的名词，例如：

（129）不少革命同志<u>在白色恐怖下</u>被捕、受刑以至牺牲生命。（语）

Many comrades were arrested, tortured and even sacrificed <u>under the white terror</u>.

在例（129）中，"恐怖"是形容词，但在英语中的相应表达式要转化为名词"terror"。

从以上分析可知，当表示条件义或情况义时，"在 X 下"中的 X 和 under 后的成分既有相同点，又有不同点，差别主要表现在当表示条件义时,"在 X 下"中的 X 既可以是名词也可以是动词,而 under 后只能是名词;当表示情况义时,"在 X 下"中的 X 既可以是名词,也可以是形容词,而 under 后也只能是名词。

在表示社会关系义(即从属关系义)和抽象空间义时,"在 X 下"中的 X 和 under 后的成分基本上都是名词或名词短语,二者基本对应,例如:

(130) Mr. Smith said he had 100 workers under him.
史密斯先生说在他手下有 100 个工人。(祝)

以上我们对比了"在……下"和 under 在表示条件义、情况状态义、社会关系义和抽象空间义时的异同。下面我们来看在表示其他抽象语义类型时,under 和"在……下"完全不对应的几种情况。

1)表示覆盖义

在表示覆盖义时,英语可以用介词 under,而汉语的对应形式是"在……里(面)"或"在……中",如例(112)和例(113)。

2)表示少于或小于义

当表示数量少于义,或年龄小于义时,英语可以用介词 under,而汉语的对应形式是"低于""少于""在……以下"等,如例(114)和例(115)。

3)表示过程义

当表示过程义时,英语可以用介词 under,而汉语的对应形式是"在……中",如例(123)和例(124)。

"在 X 下"除了对应于"in+X""under+X"等介词结构以外,和"在 X 上"一样,还可以对应于英语中的其他词类或短语,如名词或名词短语、副词、形容词和动词,也可以对应于从句形式,此外,也存在一些意译和汉语增译的情况。由于和"在 X 上"情况类似,此处就不再对"在 X 下"和英语中除介词以外的其他形式进行对比。

第三节　本章小结

基于汉英对比语料库,我们考察了"在 X 上/下"在英语中所有可能的对应形式。认为"在 X 上/下"不仅对应于"英语介词+X"形式，还可对应于英语名词、动词、形容词、副词等其他词类或短语以及从句等其他形式。我们重点将"在……上/下"和英语中使用频率最高的对应形式进行了对比，即"在……上"和介词 on、in 的对比，"在……下"和介词 in、under 的对比。研究发现，在句法功能上，"在……上/下"和对应的英语介词都能做状语、定语和补语，但是"在……上/下"没有做表语的用法；在句中的位置上，都能做句首状语，都可以用于谓语动词之后，"在……上/下"还可以用在主语之后和谓语动词之前，而对应的英语介词却不可以；此外，如果"在……上/下"放在动词后面做补语时，对动词有一定的要求，即动词一般是单音节的。在语义上，on 包含"在……上"的所有义项，我们发现当二者共享［+包含］［+接触］或［+内嵌/内含］［+不遮挡］语义特征时，二者的空间语义不对等；当表示方面义和条件义时，"在 X 上"中的 X 可以是形容词，但是 on 后却不能跟形容词。in 包含"在……上"的所有义项，但是二者的原型义项不同，从而导致通过隐喻得到的抽象语义也有很多不同之处。under 包含"在……下"的所有义项，但是在表示条件义时，"在 X 下"中的 X 绝大多数是动词，而 under 后面的成分都是名词；在表示情况、状态义时，"在 X 下"中的 X 可以是形容词，而 under 后面不能是形容词，必须是名词。

　　第二章和第三章我们从本体角度对介词结构"在 X 上/下"的句法语义特点进行了分析，并对其与英语中的相应表达式进行了对比分析，下面我们将从习得角度对英语母语者习得"在 X 上/下"的情况进行考察，首先我们来看基于中介语语料库的习得研究。

第四章

英语母语者"在 X 上/下"的
习得考察和偏误分析

第一节 研究目的、研究方法及语料来源

研究目的：考察英语母语者在初、中、高三阶段习得"在 X 上/下"的情况；考察学习者在使用"在 X 上/下"时存在哪些偏误，并分析各类偏误产生的原因。

研究方法：我们主要根据 Corder（1974）和周小兵等（2007）的研究，将偏误分析分为以下五步。

1. 收集偏误。偏误的收集主要有两大类方法，一是横向和纵向，二是自然和非自然。本研究采用的是横向的自然语料收集法，收集不同汉语水平英语母语者汉语作文语料，找出有关"在 X 上/下"的所有用例。虽然利用的是横向方法，但是收集的是不同阶段学习者的语料，所以可以通过对比分析不同阶段的语料，观察其习得阶段和习得特点。

2. 辨认偏误。这涉及两个问题，一是偏误和失误的鉴别，二是可接受度的大小。关于偏误和失误的鉴别，Eills（1994）曾提出两条鉴别标准：看使用频率、看使用者能否自行纠正，由于我们采用的是中介语语料库的研究方法，所以我们主要利用第一条标准——看使用频率，如果同一类错误出现频率较高，我们就认定为偏误。关于可接受度，采用的办法是：笔者先对有关"在 X 上/下"的所有用例进行正误判断，然后再由两名现代汉语语法方向的博士进行判断，对于判断结果不同的句子，再交由现代汉语语法方向的教授判断。

3. 描写偏误。我们采用的方法是对"在 X 上/下"的偏误形式和正确形式进行对比，概括出二者的区别，将偏误分为五类：遗漏、误代、冗

余、错序和杂糅。

4. 解释偏误。学界对偏误来源的探讨一般从五个方面进行：母语负迁移、目的语规则泛化、教学误导、交际策略的运用、语言普遍性因素。由于本研究是基于中介语语料库的研究，所以对后三种偏误来源无从考察，我们主要从母语负迁移和目的语规则泛化两方面对偏误原因进行探讨。

5. 评估偏误。在对偏误进行科学分类的基础上，进行恰当的纠正和多角度原因的探索。据 Eills 和 Barkhuizen（2005），评估偏误这一步骤并不是必须的，所以我们进行偏误分析时将第四步解释偏误和第五步评估偏误合并为一步。

以上是偏误分析的方法，此外，我们还将统计不同阶段"在 X 上/下"的正确率和偏误率，以考察学习者在初、中、高三阶段的习得情况和发展趋势。

语料来源：本研究主要使用笔者自建的英美学习者的作文语料库（约 40 万字），同时参考北京语言大学中介语语料库（约 100 万字）、HSK 动态作文语料库（约 430 万字），具体情况如下：

1. 英美学生作文语料库

共约 40 万字，分别来自美国达慕思大学、哈佛大学、欧柏林大学以及英国伦敦大学的英美学生作文，具体分布如表4-1。

表 4-1　　　　　　　　英美学生作文语料库分布

学校	初级		中级		高级		合计
	作文数	字数	作文数	字数	作文数	字数	
达慕思大学	346 篇	约 13.3 万字	190 篇	约 14.4 万字	17 篇	约 3.3 万字	31 万字
哈佛大学	-	-	-	-	10 篇	约 1.4 万字	1.4 万字
欧柏林大学	90 篇	约 3.2 万字	-	-	-	-	3.2 万字
伦敦大学	13 篇	约 0.7 万字	31 篇	约 3.7 万字	-	-	4.4 万字
合计	449 篇	17.1 万字	221 篇	18 万字	27 篇	4.3 万字	40 万字

分级标准：我们主要根据《汉语国际教育用音节汉字词汇等级划分》（国家标准·应用解读本）中的标准，同时参考学生年级和作文表现进行分级。初级水平的标准是：教材中出现常用汉字 900 个，常用词 2245 个；中级水平的标准是：教材中出现常用汉字 1800 个，常用词 3211 个；高级

水平的标准：教材中出现常用汉字 2700 个，常用词 4175 个。① 根据以上标准，我们将达慕思大学、欧柏林大学、伦敦大学一二年级的语料定为初级水平，达慕思大学和伦敦大学三年级的语料定为中级水平，达慕思大学和哈佛大学四年级的语料定为高级水平。

2. 北京语言大学中介语语料库（储诚志、陈小荷等，2002 年修订版）

共约 100 万字，语料区分学习者母语背景和学时等级。总共有 9 个学生等级，每半年单独分开。我们将 0.5—1.5 年的语料定为初级水平，2—2.5 年的语料定为中级水平，3 年以上的定为高级水平。我们从中介语语料库中共提取带有介词"在"字的句子 2000 例，约 6 万字。

3. 北京语言大学 HSK 动态作文语料库（"HSK 动态作文语料库"课题组，2008）

共约 430 万字，是参加高等汉语水平考试（HSK）考试作文的汇总，分为两个级别：获得证书和未获得证书。我们将获得证书者定为高级水平，未获得证书者定为中级水平。

根据《世界主要语言手册》中列出的以英语为母语的国家名单，我们一一在 HSK 动态作文语料库中进行查找，共收集作文 434 篇，约 17.5 万字，其具体分布如表 4-2。

表 4-2　　　　　HSK 动态作文语料库英美学生作文分布

国家	作文	总计
澳大利亚	123 篇	约 4.9 万字
美国	119 篇	约 4.8 万字
英国	108 篇	约 4.4 万字
加拿大	80 篇	约 3.2 万字
新西兰	4 篇	约 0.15 万字
爱尔兰	1 篇	约 0.03 万字
总计	434 篇	约 17.5 万字

---

① 国家汉办 教育部社科司《汉语国际教育用音节汉字词汇等级划分》课题组：《汉语国际教育用音节汉字词汇等级划分（国家标准·应用解读本）》，北京语言大学出版社 2010 年版，第Ⅶ页。

以上三种来源的英语母语者的汉语中介语语料共计约 63.5 万字，其中笔者自建的英美学生作文语料库约 40 万字，北京语言大学 HSK 动态作文语料库约 17.5 万字，北京语言大学中介语语料库约 6 万字。以下研究依据这些语料，将之简称为"中介语语料库"，文中偏误句皆来自"中介语语料库"，故以下偏误句出处不再一一标出。

第二节 英语母语者"在 X 上"的习得考察和偏误分析

一 英语母语者"在 X 上"的习得考察

我们在中介语语料库中共检索到"在 X 上"结构用例 529 例，其中正确用例 339 例，错误用例 190 例。

我们分具体义和抽象义两大类对语料中"在 X 上"的使用情况进行考察，总体分布情况如表 4-3。

表 4-3　英语母语者使用"在 X 上"结构的总体分布情况

	具体义	抽象义							合计
		方面义	范围义	活动义	来源义	条件义	时间义	状态义	
正确用例	196	75	30	13	11	14	0	0	339
错误用例	59	63	27	24	7	10	0	0	190
总计	255	138	57	37	18	24	0	0	529
正确率	76.9%	54.3%	52.6%	35.1%	61.1%	58.3%	0	0	

从上表可知，在中介语语料库中，未出现表示时间义和状态义的介词结构"在 X 上"。为更加清楚地观察不同语义类型的正确率情况，我们将表 4-3 转化为图 4-1。

从图 4-1 可知，从整体上看，具体义的掌握情况最好，其次是来源义、条件义、方面义、范围义，活动义的掌握情况最差。下面我们来看具体到每个阶段，学习者对各种语义类型"在 X 上"的掌握情况。

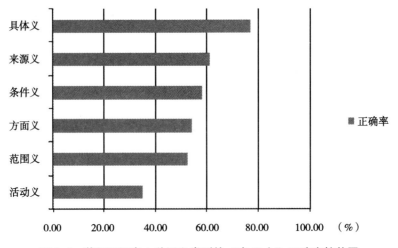

图 4-1　英语母语者六种语义类型的"在 X 上"正确率柱状图

表 4-4　　　各学习阶段六种语义类型的"在 X 上"正误用例统计

		具体义	方面义	范围义	活动义	来源义	条件义	合计
初级	正确用例	37	2	1	1	1	0	42
	错误用例	21	3	2	3	1	0	30
	合计	58	5	3	4	2	0	72
	正确率	63.8%	40%	33.3%	25%	50%	0	
中级	正确用例	103	32	15	5	5	7	167
	错误用例	20	42	15	13	4	6	100
	合计	123	74	30	18	9	13	267
	正确率	83.7%	43.2%	50%	27.8%	55.6%	53.8%	
高级	正确用例	64	41	14	7	5	7	138
	错误用例	10	18	10	8	2	4	52
	合计	74	59	24	15	7	11	190
	正确率	86.5%	69.5%	58.3%	46.7%	71.4%	63.6%	

　　为更加形象地观察在不同阶段六种语义类型的"在 X 上"正确率的变化情况，我们将表 4-4 转化为图 4-2。

　　下面我们根据以上数据和图表，从正确用例和偏误用例两个方面对英语母语者"在 X 上"介词结构的使用情况进行具体分析。

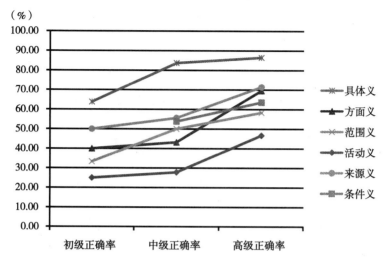

图 4-2 各学习阶段六种语义类型的"在 X 上"正确率变化趋势

(一)正确用例情况

从表 4-3 可知,除了时间义和状态义两种抽象义以外,具体义和其他四种抽象语义的"在 X 上"结构都出现了正确用例,但是各抽象语义在使用频率上的差异很大,使用频率最高的是方面义,其次是范围义,活动义、来源义、条件义使用较少。这五种语义的正确用例是 339 例,占所有正确用例的 64.1%。

从表 4-4 可知,在初级阶段,表示条件义的"在 X 上"结构未出现,除了表示具体义的结构以外,所有表示抽象义的"在 X 上"结构的正确率均未超过 50%,其正确率按高低排序依次为:具体义、来源义、方面义、范围义、活动义。

在中级阶段,六种语义类型"在 X 上"结构的正确率与初级阶段相比都有了提高,除表示具体义的结构以外,表示来源义和条件义的"在 X 上"结构的正确率均超过了 50%,其正确率按高低排序依次为:具体义、来源义、条件义、范围义、方面义、活动义,活动义依然是掌握最差的语义类型,其正确率不足 30%。

在高级阶段,六种语义类型"在 X 上"结构的正确率与初级阶段和中级阶段相比都有了明显提高,但是表示活动义的"在 X 上"结构的正确率仍未超过 50%,可见,表示活动义的"在 X 上"结构是学习者掌握的难点。正确率按高低排序依次为:具体义、来源义、方面义、条件义、范围义和活动义。

从图 4-2 各学习阶段六种语义类型的"在 X 上"正确率变化趋势图中可以看出，各语义类型的"在 X 上"结构的正确率是稳步提高的，但是呈现出不同的进步趋势：表示具体义的"在 X 上"结构在中高级阶段相对稳定，正确率都达到了 80% 以上；表示方面义的"在 X 上"结构在初、中级阶段掌握均较差，正确率都未达到 50%，但在高级阶段正确率发生了明显的变化，达到了 69.5%；表示范围义的"在 X 上"结构的准确率在初中高三各阶段一直呈现稳步上升的趋势；表示活动义的"在 X 上"结构的正确率在三阶段中一直是最低的，虽然在高级阶段有了较大的提升，但正确率还是未超过 50%；表示来源义的"在 X 上"结构在所有表示抽象语义的"在 X 上"结构当中正确率一直是最高的，而且在三个阶段中一直处于稳步上升的趋势；表示条件义的"在 X 上"结构在初级阶段未出现，但是在中高级阶段正确率稳步上升，中级阶段超过 50%，高级阶段达到 63.6%。

（二）偏误用例情况

偏误用例共 122 例，可以大致分为遗漏、冗余、误代、错序四种，其中每种偏误又包括一些具体的小类，比如遗漏又可分为方位词"上"的遗漏、"在"的遗漏、"在……上"框式结构的遗漏等。不同水平学习者偏误类型的分布情况如表 4-5 所示。

表 4-5　　　各学习阶段"在 X 上"介词结构偏误类型分布情况

偏误类型	偏误小类	初级	中级	高级	小计	总计（百分比）
遗漏	缺少"上"	11	28	12	51	58（47.5%）
	缺少"在"	1	1	2	4	
	中心词 X 残缺	0	3	0	3	
误代	"上/中"混淆	1	5	7	13	29（23.8%）
	"上/里"混淆	0	6	1	7	
	"上/下"混淆	1	2	3	6	
	"从/在"混淆	0	0	3	3	
冗余	"上"冗余	0	4	5	9	20（16.4%）
	"在……上"冗余	1	2	4	7	
	"在"冗余	3	1	0	4	
错序		6	8	1	15	15（12.3%）
总计		24	60	38	122	

从表 4-5 可知，四种偏误类型在中介语语料中所占比例由高到低依次为：遗漏（47.5%）>误代（23.8%）>冗余（16.4%）>错序（12.3%）。

下面按照偏误类型对偏误进行具体分析，从母语负迁移、目的语规则泛化等方面对偏误原因进行解释。

二 英语母语者"在 X 上"的偏误分析

我们将英语母语者"在 X 上"的偏误主要分为以下四类：遗漏、误代、冗余和错序，具体分析如下。

（一）遗漏

遗漏类偏误共 58 例，占所有偏误的 47.5%，所占比例最大，按遗漏成分的不同可以分为以下四种情况。

1. 缺少方位词"上"

此类偏误在所有偏误中所占比例最大，占偏误总数的 41.8%（51/122），造成此偏误的主要原因是母语负迁移。

(1) *在晚会，我看到了一个很帅的男孩子。
(2) *我在电脑看到的这个新闻。
(3) *有一家人住在一个很小的岛。

产生这种偏误的原因是"英语表达方所的介词数量很多，因为表达不同的方所关系要用不同的介词；汉语表达方所的介词没有几个，不同的方所主要靠不同的方位词来表达"[1]，例如在英语中 on、above、over 等词都可表示"在……上"，below、underneath、under 都可以表示"在……下"。英语介词本身就含有方位义，而汉语介词（主要是在、从、朝、到）没有方位义，要表达方位义时要在后面加上一个方位词，即英语"介词+名词"=汉语"介词+名词+方位词"（沈家煊，1984）。正是这种不同，造成了英语母语者在使用"在……上"时遗漏了方位词"上"。例如：在上面三个例子中，"在晚会上"在英语中的对应表达式是"at the party"，"在电脑上"在英语中的对应表达式是"on the computer"，"在一个很小的岛上"在英语中的对应表达式是"on a small island"。以上三个

① 沈家煊：《汉英对比语法论集·方所》，上海外语教育出版社 1999 年版，第 45 页。

例子英语分别用了介词 at 和 on 来表达，而汉语应该用 "在……上" 来表达，英语母语者没有意识到这一点，遗漏了方位词 "上"，从而造成了此类偏误。

2. 缺少介词 "在"

此类偏误主要是由目的语规则的泛化导致的。

(4) *这样我们才会成为一个社会上有用和成功的人！

(5) *他历史上对我国的贡献很大。

(6) *冰雪上可以做很多冬天的运动，可以滑雪、滑冰什么的。

介词 "在" 的遗漏主要是因为学生知道在某些情况下 "在" 可以省略，从而把这种规则类推泛化，导致偏误的产生，例如：

(7) （在）故乡的东山顶上，终年覆盖着皑皑白雪。

在例 (7) 中，介词 "在" 是可隐可现的。但是并不是所有的介词 "在" 都是可隐可现的，如果介词 "在" 处于句中，前面有其他成分，介词 "在" 一般不可以省略，例如：

(8) 小王在穿上可讲究了。

(9) 我们要在发展经济的基础上，逐步提高人民的生活水平。

由于学生把握不准框式结构 "在 X 上" 中介词 "在" 的隐现规律，从而造成了此类偏误。

3. 中心词 X 残缺

(10) *在美国妇女的家庭地位上，我举不出很好的例子。

(11) *我觉得在管教孩子上，要是你想选择最好的办法，你一定得先知道管教的目的到底是什么。

以上两个例子问题都出在中心词 X 上，例 (10) 中 "美国妇女的家庭地位" 是定语，例 (11) 中的 "管教孩子" 是定语，都缺少一个中心语"问题"。这主要是由母语负迁移造成的,例如在例(10)中,"在美国妇女家庭地位的问题上"在英语中的对应表达式是"on the family status of American wowen",英语表达式中并未出现"问题"的相应表达,英语母语者将母语的规则套用到汉语上,从而造成了偏误。

(二)误代

误代类偏误共 29 例,占所有偏误用例的 23.8%,大致可以分为以下四种情况。

1. 方位词"上""中"混淆

造成这类偏误的主要原因是母语负迁移和对目的语规则(方位词"上""中"的引申用法)了解有限导致的。

(12) *那天在美国的历史中是一个很重要的日子。

(13) *以前,妇女在社会中没有地位。

(14) *我在人民日报中看到了快乐家庭旅游公司的招聘启事。

以上三例,"在……中"应一律改成"在……上",因为例(12)和例(13)表示范围义,应该用"在历史上""在社会上",例(14)表示来源义,应该用"在人民日报上"。在英语中的对应表达式分别是"in American history""in society"或"socially""in People's Daily",可见,以上三例中的"在……上"都可对应于英语介词 in,英语母语者认为 in 和"在……中"在语义上是对等的,从而造成了偏误。

(15) *在社会观念和人生道德立场中,也是不可取的。

例(15)错误的原因是因为英语母语者不明白方位词"中""上"引申义的区别,在例(15)中要表达的意思是"在……方面","在……上"可以表示方面义,而"在……中"一般是指过程,没有方面义,所以应该用"上"而不是"中"。

2. 方位词"上""里"混淆

同上面方位词"上""中"混淆的原因一样,造成方位词"上""里"混淆的主要原因也是母语负迁移和对目的语规则(方位词"上""里"的本义和引申义)了解有限导致的。

（16）＊我这几天不舒服，在床里待了两天。

（17）＊最后，它们应该提高老师在美国社会里的地位。

（18）＊前天，我在《解放日报》里恰巧看到您公司的招聘启事，于是知道您在找两位广告设计师。

以上三例中的"在……里"也都应该改为"在……上"。"在床上""在社会上""在解放日报上"在英语中的对应表达式分别是"in bed"或"on bed""in society"或"socially""in Jiefang Daily"，可见，以上三例中的"在……上"也都可对应于英语介词 in，英语母语者认为 in 和"在……里"在语义上是对等的，从而造成了偏误。

3. 方位词"上""下"混淆

（19）＊在下山抬水这个每天必须得做的事情下，他们三个人的意见有了分歧。

（20）＊在这个基础下，帮助一个绝望的病人完成他最后的心愿，当然不应受到制裁。

造成此类偏误的原因是因为对方位词"上""下"引申义的不了解。"在……上"的抽象义主要包括表示方面、范围、活动、来源和条件，"在……下"的抽象义主要包括表示条件制约、情况和状态，二者表示条件时是有差别的，"在……上"表示条件时中心词是名词，例如"基础""实质""本质"等，"在……下"表示条件时绝大多数中心词是动词，例如"领导""帮助""指引"等。所以，在例（19）中，"在……下"应该改为"在……上"，因为要表达的是方面义，"在……上"可以表达方面义，"在……下"则没有这种语义功能；在例（20）中，要表达的是条件义，而且中心词"基础"是个名词，所以应该把"在……下"改为"在……上"。

4. "从""在"混淆

（21）＊但是，人类是不可能学习神的爱好、兴趣的，也无法看到神的行为、举止，所以在这个意义上看，神是不能成为孩子的第一任老师的。

（22）＊然而在法律的观点上看，每个人都没有权利把自己毁灭，也不可以去毁灭别人。

"从"和"在"都是时空类介词，造成混淆的可能性较大。根据《现代汉语八百词》（增订本），介词"从"主要有三种用法：表示起点，表示经过的路线、场所，表示凭借、依据。介词"在"主要有五种用法：表示时间，表示处所，表示范围，表示条件，表示行为的主体。对比介词"从"和"在"的几种用法，可知二者都可以表示处所，差异之一是"从"可以表示起点、凭借或依据，而介词"在"则没有这两种用法。

在例（21）中，要表示的是起点义，应该用介词"从"而不是"在"，所以应该改为"从这个意义上看"；在例（22）中，要表达的语义是"根据法律"，所以应该把"在法律的观点上"改为"从法律的观点上"。

（三）冗余

冗余类偏误共 20 例，占所有偏误用例的 16.4%，大致可以分为以下三种情况。

1. 方位词"上"冗余

导致这类偏误的主要原因是对目的语规则了解不够，以及目的语规则的泛化。

（23）＊在中国上，到处可以听到流行歌曲。

（24）＊在古代的社会上，有钱人的儿子总是要跟有钱人家的女儿结婚。

（25）＊在世界各地上，人们对"安乐死"的看法各有不同，各个国家的法律对"安乐死"的裁决也不一样。

在现代汉语中，有一些命名性处所词后面不能跟方位词"上"，大致有以下几类：第一类，行政单位类，例如，不能说"＊在中国上""＊在山东省上""＊在国防部上"；第二类，厂店类，例如，不能说"＊在服装厂上""＊在商店上"；第三类，寺庙类，例如，不能说"＊在华严寺上""＊在孔庙上"。

例（23）中，"中国"是行政单位，后面不能跟方位词"上"，所以应该改为"在中国"；例（24）中，如果单说"在社会上"是可以的，但是中心语"社会"前面不能加定语和助词"的",所以应该改为"在古代社会";例(25)中,"世界各地"类似于行政单位,后面不能跟方位词"上",可以改为"在世界各地"或者"在世界上"。

2. 介词"在"冗余

造成此类偏误的主要原因是母语负迁移以及对目的语规则的不了解。

(26)＊在街上有很多的车。

(27)＊我的房间有一张床,在床上是被子和毯子。

(28)＊因为美国是在世界上最发达的国家,所以很多人来美国学习。

汉语介词和英语介词在使用方面有很大不同,英语句子的表达往往借助于介词,而汉语常常省略介词或者不能用介词,所以出现英语大量用介词而汉语无需用介词的情况,这就导致了英语母语者出现此类偏误。沈家煊(1984)总结了英语用介词而汉语无需用介词的 4 种情况:一是汉语中"名词+方位词"可以做状语或定语(加"的")而不必用介词;二是汉语中有一种存现句,主语的位置上是一个处所词或时间词,往往前面不用介词;三是汉语中表示工具或方式的词语可不用介词;四是英语中表示关涉的介词短语在汉语中往往以句子主题的形式出现,可以不用介词。

沈家煊(1984)所说的"汉语中有一种存现句",其实指的就是存在句,张斌(2010)将存在句分为 7 小类,其中英语母语者经常使用并容易犯错的是前两类——"有"类和"是"类,即谓语动词是"有"或者"是"的存在句。例(26)是"有"类,其句法构成应该是"处所词语+有+人或物",例(27)是"是"类,其句法构成应该是"处所词语+是+人或物",表示什么地方存在什么人或事物,都不需要用介词"在",所以例(26)和例(27)中的介词"在"冗余,应该删去。

例(28)介词"在"冗余,是因为"世界上"做定语修饰"最发达的国家",无需用介词,这与英语母语者的母语负迁移有很大的关系,因为"美国是世界上最发达的国家"在英语中的对应形式是"America is the most developed country in the world",英语中用了介词"in",英语母语者可能将其套用在汉语上了,从而造成了偏误,例(26)和(27)也有同样的原因。

3. 介词性框式结构"在……上"冗余

造成此类偏误的原因是对目的语规则的不了解以及对不同语法结构的混淆。

　　（29）＊谈到乐趣，在汉语上学到一定程度，就可以跟中国朋友交谈了。

例（29）是想表达"乐趣之一是学汉语"，英语母语者认为"在……上"可以表示方面义，认为意义近似于"之一"，从而造成了偏误，所以例（29）可以改为：

　　（29'）谈到乐趣，其中之一是，汉语学到一定程度，就可以跟中国朋友交谈了。

（四）错序

产生此类偏误的主要原因是母语负迁移。

　　（30）＊我爸爸只好当乞丐要钱在马路上。
　　（31）＊我家也会贴一个倒着的红"春"字在门上。
　　（32）＊火车很舒服，因为我可以睡觉在火车上。

英汉介词最明显的区别之一表现在语序上。在现代汉语中，介词短语"在……上"即可以用在动词之前，也可以用在动词之后，比如"在黑板上写字"和"把字写在黑板上"。"在……上"做状语的情况多于做补语的情况，状语一般用于动词之前，补语一般用于动词之后。英语中的对应形式一般用在句尾。例如：

　　（33）<u>在车上</u>的时候你也要带着它。
　　Take it with you <u>in the car</u>.

戴浩一曾提出"时间顺序原则"，说明汉语的语序和时间具有极强的象似性。在第二语言教学中，可利用这条原则来区分汉语中状语和补语的差异。"由于状语要说明主语在某个事件中的意志、心态，是影响到行动的因素，所以必须出现在动词之前；而补语往往表示行动发生之后的结果，所以必须出现在动词之后。"①

　　结合以上分析，我们来看以上病句，从例（30）—（32）中可以看到明显的母语负迁移的痕迹，因为英语母语者将状语"在马路上""在门上""在火车上"全都放在了句尾，而汉语遵循时间顺序原则，这些状语是影响到行动的因素，应该放在动词之前，如例（30），是"我爸爸"先去了马路上，然后当乞丐要钱，所以按照时间顺序原则，应该改为：

　　（30'）我爸爸只好在马路上当乞丐要钱。

　　例（31）、（32）也犯了同样的错误，同理，应该改为：

　　（31'）我家也会在门上贴一个倒着的红"春"字。
　　（32'）火车很舒服，因为我可以在火车上睡觉。

　　以上分遗漏、误代、冗余和错序四种情况对英语母语者介词性框式结构"在……上"的偏误进行了分析和概括，但是还有一些偏误是以上几种偏误类型的混合，例如既犯了遗漏的错误，也犯了错序的错误，如：

　　（34）＊我小的时候，常常去游泳，玩儿在沙滩。
　　（35）＊我对中国地理感兴趣，我想去旅行，真希望能看见熊猫在荒地。

　　例（34）、（35）都遗漏了方位词"上"，并且"在"字短语错序，应该放在动词的前面，应该为：

　　（34'）我小的时候，常常去游泳，在沙滩上玩儿。
　　（35'）我对中国地理感兴趣，我想去旅行，真希望能在荒地上看见熊猫。

---

①　朱志平：《汉语第二语言教学理论概要》，北京大学出版社 2008 年版，第 234—235 页。

另外，还有一类错误是杂糅，句法混乱、语义不清，例如：

（36） *因为我们是学生，所以结婚在我们的经济情况上也许会有不好的影响。

这个病句是从英语的句子"Because we are students, marriage will bring bad effect on our economy"直译而来的，学习者采用直接对译的方式用汉语进行表达，造成了句法的混乱，应该改为：

（36'） 因为我们还是学生，所以结婚会给我们带来经济负担。
（36"） 因为我们还是学生，所以结婚会在经济上给我们带来负担。

造成语句杂糅的因素很多，除了母语负迁移、目的语规则类推和泛化的原因以外，还涉及学习者思维方式的差异、表达习惯的差异等其他因素，较难找出规律性的东西，加上我们所掌握的语句杂糅的用例不多，对其是偏误还是错误不敢妄加断言，所以没有将杂糅一项单独列出。

第三节 英语母语者"在 X 下"的习得考察和偏误分析

一 英语母语者"在 X 下"的习得考察

我们在中介语语料库中共检索到"在 X 下"结构用例 120 例，其中正确用例 74 例，错误用例 46 例。

我们分具体义和抽象义两类对语料中"在 X 下"的使用情况进行考察，总体分布情况如表 4-6。

表 4-6　　英语母语者使用"在 X 下"结构的总体分布情况

	具体义	抽象义				总计
		情况、状态义	条件义	社会关系义	抽象空间义	
正确用例	31	16	27	0	0	74

	具体义	抽象义				总计
		情况、状态义	条件义	社会关系义	抽象空间义	
错误用例	13	25	12	0	0	46
总计	44	41	39	0	0	120
正确率	70.5%	39.0%	69.2%			61.7%

从表 4-6 可知,在中介语语料库中,未出现表示社会关系义和抽象空间义的介词结构"在 X 下"。从整体上看,具体义的掌握情况最好,其次是条件义,正确率都超过 60%,情况、状态义的掌握情况最差,正确率只有 39.0%。下面我们来看具体到每个阶段,学习者对各种语义类型"在 X 下"的掌握情况。

表 4-7　　　各学习阶段三种语义类型的"在 X 下"正误用例统计

		具体义	情况、状态义	条件义	总计
初级	正确用例	2	0	0	2
	错误用例	4	0	0	4
	合计	6	0	0	6
	正确率	33.3%			
中级	正确用例	15	5	12	32
	错误用例	7	18	9	34
	合计	22	23	21	66
	正确率	68.2%	21.7%	57.1%	
高级	正确用例	14	11	15	40
	错误用例	2	7	3	12
	合计	16	18	18	52
	正确率	87.5%	61.1%	83.3%	

为更加形象地观察在不同阶段三种语义类型的"在 X 下"正确率的变化情况,我们将表 4-7 转化为图 4-3。

下面我们根据以上数据和图表,从正确用例和偏误用例两个方面对英语母语者"在 X 下"介词结构的使用情况进行具体分析。

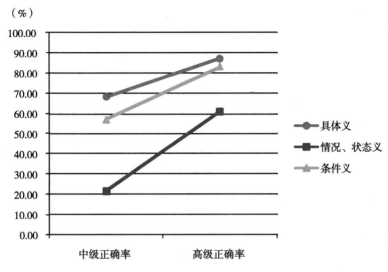

图 4-3　中高级阶段三种语义类型的"在 X 下"正确率变化趋势

（一）正确用例情况

从表 4-6 可知，除了社会关系义和抽象空间义两种抽象义以外，表示具体义，情况、状态义和条件义的"在 X 下"结构都出现了正确用例，这三种抽象语义在使用频率上差别不大。此外，这三种语义的正确用例是74 例，占所有用例的 61.7%。

从表 4-7 可知，在初级阶段，表示情况状态义和条件义的"在 X 下"结构均未出现，表示具体义的"在 X 下"结构掌握情况也较差，未超过 40%。

在中级阶段，表示情况、状态义和条件义的"在 X 下"结构都已出现，其正确率按高低排序依次为：具体义，条件义，情况、状态义，其中具体义的正确率达到 68.2%，条件义次之 57.1%，情况、状态义最差，正确率只有 21.7%。

在高级阶段，三种语义类型的正确率与中级阶段相比都有了明显提高，但是表示情况、状态义的"在 X 下"结构的正确率仍然最低，正确率为 61.1%，可见，表示情况、状态义的"在 X 下"结构是学习者掌握的难点。正确率按高低排序依次为：具体义，条件义和情况、状态义。

从图 4-3 中高级阶段三种语义类型的"在 X 下"正确率变化趋势图中可以看出，各语义类型的"在 X 下"结构的正确率都是稳步提高的，但是进步幅度有很大的不同：表示具体义的"在 X 下"结构在中高级阶段正确率都是最高的,从中级阶段的 68.2% 上升到高级阶段的 87.5%;表示条件义的"在 X 上"结构进步幅度也很大,从中级阶段的 57.1% 上升到高级阶段的 83.3%;表示情况、状态义的"在 X 上"结构进步幅度最大,从中级阶段的 21.7% 到高级阶段的 61.1%,尽管如此,其正确率依然是三种语义类型中最低的。

(二) 偏误用例情况

偏误用例共 27 例,可以大致分为遗漏、误代、错序、冗余四种,其中每种错误又包括一些具体的小类,比如遗漏又可分为方位词"下"的遗漏、"在"的遗漏、"在……下"框式结构的遗漏等。不同水平学习者偏误类型的分布情况如表 4-8。

表 4-8　　各学习阶段"在……下"介词结构偏误类型分布情况

偏误类型	偏误小类	初级	中级	高级	小计	总计 (百分比)
遗漏	缺少"在"	0	1	7	8	11 (40.7%)
	缺少"下"	0	2	1	3	
误代	"上/下"混淆	1	2	3	6	11 (40.7%)
	"中/下"混淆	0	1	2	3	
	"里/下"混淆	1	1	0	2	
错序		2	1	0	3	3 (11.1%)
冗余	"在…下"冗余	1	0	1	2	2 (7.5%)
总计		5	8	14	27	27 (100%)

从表 4-8 可知,四种偏误类型在中介语语料中所占比例由高到低依次为:遗漏 (40.7%) = 误代 (40.7%) > 错序 (11.1%) > 冗余 (7.5%)。

下面按照偏误类型对偏误进行具体分析,从母语负迁移、目的语规则泛化等方面对偏误原因进行解释。

二　英语母语者"在 X 下"的偏误分析

我们将英语母语者"在 X 下"的偏误主要分为以下四类:遗漏、误代、错序和冗余,具体分析如下。

(一) 遗漏

遗漏类偏误共 11 例,占所有偏误的 40.7%,按遗漏成分的不同可以分为以下两种情况。

1. 缺少介词"在"

此类偏误主要是由目的语规则的过度泛化导致的。

（37）＊我认为，这样的情况下才能保证我们的未来。

（38）＊这是因为人的性格和思维等个人特征是周围环境的影响下形成的。

（39）＊我个人认为可以执行安乐死，但是只能严格的条件下进行。

介词"在"的遗漏主要是因为学生知道在某些情况下"在"可以省略，从而把这种规则类推泛化，导致偏误，例如：

（40）（在）郁郁葱葱的大树下，坐着一群阳光快乐的少年。

在例（40）中，介词"在"是可隐可现的。但是并不是所有的介词"在"都是可隐可现的，如果介词"在"处于句中，前面有其他成分，介词"在"一般不可以省略，例如：

（41）我们要在这种残酷的环境下，学会适应学会生存。

（42）他在如此严苛的条件下，依然表现得可圈可点。

但是，也存在例外，例如：

（43）这种金属高温下也不易融化。①

此外，表示抽象语义的"在……下"位于句首时，介词"在"一般不可以省略，例如：

（44）在朋友的鼓励下，他报名参加了演讲比赛。

---

① 刘月华等：《实用现代汉语语法（增订本）》，商务印书馆 2001 年版，第 60 页。

（45）在村长的带领下，全镇人民科学种田，取得了大丰收。

由于学生把握不准介词结构"在……上"中介词"在"的隐现规律，从而造成了此类偏误。

2. 缺少方位词"下"

造成此类偏误的主要原因是母语负迁移。

（46）＊在美国现在的经济情况找到好工作，谈何容易。

（47）＊在这样的形势德国人和英国人想得不一样。

（48）＊在这种情况，不单病患者痛苦，家人所承受的精神压力、财政上的负担只会一天比一天大，对活着的家人，实在不太公平。

在前面分析英美学习者使用"在……上"介词结构遗漏方位词"上"时，我们分析了其原因，方位词"下"的遗漏也是同样的原因，即汉语表达方所的介词（主要是在、从、朝、到）没有方位义，后面往往要加上方位词，而英语中的介词具有方位义，因为英语母语者没有注意到英汉介词这方面的不同，所以在使用"在……下"时遗漏了方位词"下"。例如：在上面三个例子中，"在这种情况下"在英语中的对应表达式是"in this case"，"在这种形势下"在英语中的对应形式是"in this situation"，以上三个例子都用了介词 in，而汉语应该用"在……下"。

（二）误代

误代类偏误共 11 例，占所有偏误用例的 40.7%，大致可以分为以下三种情况。

1. 方位词"上""下"混淆

对介词结构"在……上"和"在……下"所表示的抽象语义混淆不清是造成此类偏误的主要原因。

（49）＊他家很穷，在这种情况上，他不能上学了。

（50）＊中国应该在保护环境的基础下发展经济。

"在……上"的抽象义主要包括表示方面、范围、活动、来源和条

件，"在……下"的抽象义主要包括表示条件制约、情况和状态。例
（49）中的"在……上"应该改为"在……下"，因为要表达的是情况
义，"在……下"可以表达情况义，而"在……上"则没有这种语义功
能。另外，虽然"在……上/下"都可以表示条件义，但是二者表示条件
时是有差别的，"在……上"表示条件时中心词是名词，例如"基础"
"实质""本质"等，"在……下"表示条件时中心词绝大多数是动词，
例如"领导""帮助""指引"等，所以，在例（50）中，要表达的是条
件义，而且中心词"基础"是个名词，所以应该把"在……下"改为
"在……上"。

2. 方位词"中""下"混淆

造成这类偏误的主要原因是母语负迁移和对目的语规则（方位词
"中""下"的引申用法）了解有限导致的。

（51）＊在这种情况中，父母只会责怪兄弟姐妹，说他们没有好
好地教导孩子。

（52）＊他没米没菜，在这样的条件中，他依然很快乐。

以上两例，"在……中"都应该改成"在……下"，因为例（51）和
例（52）都表示情况义，"在……下"可以表示情况义，而"在……中"
没有这个语义功能。"在这种情况下"在英语中的对应表达式之一是"in
this case"，"在这样的生活条件中"在英语中的对应表达式之一是"in
such condition"，可见，以上两例中的"在……下"都可对应于英语介词
in，英语母语者认为 in 和"在……下"在语义上是对等的，从而造成了
偏误。

3. 方位词"里""下"混淆

同上面方位词"中""下"混淆的原因一样，造成方位词"里"
"下"混淆的主要原因也是母语负迁移和对目的语规则（方位词"里"
"下"的本义和引申义）了解有限导致的。

（53）＊在这种教育制度里发生这样的事情就不奇怪了。

（54）＊我想要我的孩子在这样的教育制度里上学。

以上两例中的"在……里"也都应该改为"在……下"。"在这种教育制度下"在英语中的对应表达式是"in the kind of educational system"，可见，以上两例中的"在……下"对应于英语介词 in，英语母语者认为 in 和"在……里"在语义上是对等的，从而造成了此类偏误。

（三）冗余

冗余类偏误共 2 例，占所有偏误用例的 7.5%，在所收集到的偏误句中只有一种情况，即"在……下"框式结构的冗余，造成此类偏误的原因是对目的语规则的不了解。例如：

（55）＊在突然面对这种情况下，我不知道该怎么办。

"在……下"框式结构中的成分一般是"N（的）V"或者"A（的）N"，没有"VN"这种情况，所以可以改为：

（55'）突然面对这种情况，我不知道该怎么办。
（55"）在这种情况下，我不知道该怎么办。

再比如：

（56）＊我听说中国的高考，每个地方的分数线不一样，在这样的政策下不太公平。

此例错误的原因是缺少句子成分，"在这样的政策下"做状语，"不太公平"做谓语，句子缺少主语成分，可以改为：

（56'）我听说中国的高考，每个地方的分数线不一样，这样的政策不太公平。

（四）错序

错序类偏误共 3 例，占所有偏误用例的 11.1%，产生此类偏误的主要原因是母语负迁移，例如：

（57）＊一个人长大在那样的环境下，总是以为全世界都是为他而存在的。

（58）＊我家的房子有两层，我每天吃饭在楼下。

例（57）中，"一个人在那样的环境下长大"在英语中的对应形式是"one grows up in that environment"，在英语中介词短语"in that environment"是放在句尾的，用在动词后面，而汉语介词短语做状语一般要放在动词前面，由于英汉介词这方面的不同导致了偏误的产生，所以以上两例应改为：

（57'）一个人在那样的环境下长大，总是以为全世界都是为他而存在的。

（58'）我家的房子有两层，我每天在楼下吃饭。

因为介词结构"在……下"和"在……上"错序的原因相同，前面我们已经对"在……上"错序的原因做了具体分析，所以此处对"在……下"错序原因的具体分析从略。

第四节　本章小结

本章我们基于中介语语料库对英语母语者习得介词结构"在 X 上/下"的情况进行了考察，主要分为具体义和抽象义两大类进行考察。

首先考察了"在 X 上"的习得情况。从整体上看，具体义的掌握情况最好，其次是来源义、条件义、方面义、范围义，活动义的掌握情况最差；中介语语料中未出现表示时间义和状态义的介词结构"在 X 上"。通过各学习阶段正误用例的统计，我们发现六种语义类型的"在 X 上"结构的正确率是稳步提高的，但是呈现出不同的进步趋势：表示具体义的"在 X 上"结构在初中高三阶段正确率一直是最高的，正确率都达到了80%以上；表示方面义的"在 X 上"结构在初、中级阶段掌握较差，正确率均未达到50%，但是在高级阶段发生明显变化，正确率达到69.5%；表示范围义的"在 X 上"结构的正确率一直稳步提高，但是在高级阶段正确率还是未达到60%；表示来源义的"在 X 上"结构在所有表抽象义

的 "在 X 上" 结构中正确率一直是最高的；而表示活动义的 "在 X 上" 结构的正确率在三阶段中一直是最低的，三阶段正确率均未超过 50%。另外，我们将 "在 X 上" 结构的偏误分为四类：遗漏、误代、冗余和错序，其中遗漏又分为缺少 "上"、缺少 "在" 和中心词 X 残缺三小类，误代分为 "上/中" 混淆、"上/里" 混淆、"上/下" 混淆和 "从/在" 混淆四小类，冗余分为 "上" 冗余、"在" 冗余和 "在……上" 冗余三小类，四种偏误类型在中介语语料库中的比例由高到低依次为：遗漏、误代、冗余、错序。最后我们结合第二章 "在 X 上" 句法语义分析和第三章 "在 X 上" 与英语相应表达式对比分析的结果对英语母语者产生的偏误进行了解释。

其次我们考察了 "在 X 下" 的习得情况。从整体上看，具体义的掌握情况最好，其次是条件义，而情况和状态义的掌握情况最差；中介语语料中未出现表示社会关系义和抽象空间义的介词结构 "在 X 下"。通过各学习阶段正误用例的统计，我们发现在初级阶段，只出现了具体义的用法，抽象义的用法均未出现；在中高级阶段三种语义类型的 "在 X 下" 结构的正确率是稳步提高的，但是呈现出不同的进步趋势：表示具体义的 "在 X 下" 的正确率一直是最高的，其次是条件义，情况和状态义的掌握情况最差。我们也将 "在 X 下" 结构的偏误分为遗漏、误代、冗余和错序四种，并结合第二章和第三章分析的结论对偏误进行了解释。

基于中介语作文语料库对二语学习者的习得情况进行考察，有其独特的优点，因为中介语作文语料是自然语料，表达真实、取材广泛，是研究语言习得的好材料，但是也存在不足之处，即学生可能会回避使用某些表达方式，所以为了更加全面地考察英语母语者习得 "在 X 上/下" 抽象语义的情况，下一章我们将采用实验的方法进行研究。

第五章

中高级水平外国学生习得"在 X 上/下"抽象语义的实验研究

在汉语作为第二语言的习得研究中，未发现有利用实验研究的方法来考察外国学生"在 X 上/下"抽象语义的习得研究，所以，本章将分别对英语母语者习得"在 X 上/下"抽象语义的情况进行实验研究，为考察母语背景是否对抽象语义习得造成影响，我们在考察"在 X 上"抽象语义习得时增加了一组韩国被试。

第一节　中高级水平外国学生习得"在 X 上"抽象语义的实验研究

在第 2 章对介词结构"在 X 上"抽象意义的分析中，我们知道方面义、范围义、活动义、来源义和条件义是其主要的抽象语义类型，占"在 X 上"全部抽象语义语料的 99.62%[①]，所以本小节主要考察留学生对这五种语义类型的掌握情况，具体来说，本研究探讨的问题是以下几点。

1. "在 X 上"五种抽象语义类型的学习难度是否有差异？

2. 不同母语背景的学习者习得"在 X 上"五种抽象语义类型的难度是否有差异？

3. 不同汉语水平的学习者习得"在 X 上"五种抽象语义类型的难度是否有差异？

4. 学习者在习得"在 X 上"五种抽象语义类型的过程中受哪些因素影响？

---

① 参见第 55 页数据，5505/5526≈99.62%。

一　实验方法

本研究采用5×2×2 三因素混合实验设计,包括三个自变量:"在 X 上"的五种抽象语义类型为被试内因素,分为五个水平:表示方面、范围、活动、来源和条件;汉语水平为被试间因素,分为两个水平①:中级和高级;学生母语背景为被试间因素,分为两个水平:英语母语者和韩语母语者。

(一)　被试

共 69 名,北京师范大学中高级韩国学习者 35 名(中级 20 名,高级 15 名),英美学习者 34 名(中级 19 名,高级 15 名)。

(二)　实验任务

实验任务为句法判断和句法修改任务。句法判断任务是向被试呈现 40 个句子,有一半是有语法错误的,一半是正确的,要求被试判断它在语法上是否正确,并对判断为错的句子进行修改。

(三)　实验材料

实验材料包括 20 个语法错误的句子,每种语义类型 4 个错句,其中包括方位词错用 2 个,方位词缺失 2 个。另有 20 个包含其他句法结构的正确句子作为填充材料。

为保证被试对测试材料的理解,测试中的汉字和词汇均来自《汉语国际教育用音节汉字词汇等级划分》(2010)中的初级和中级水平大纲,超纲词汇配有英文翻译或韩语翻译,此外,还对句子的长度、语法点的难度进行了匹配,以尽量减少句中其他因素对测试结果的影响。

(四)　实验程序

1. 试测

为了保证测试的信度和效度,在进行正式测试以前,首先进行了试测。试测对象是北京师范大学韩国留学生 2 名(中、高级各 1 名),美国留学生 2 名(中、高级各 1 名)。问卷最后有一个建议栏,询问被试对此次测试的建议,根据被试的建议及被试作答情况对问卷进行了适当的修改。

2. 正式施测

本次测验采用随堂测试的方式。要求被试对每个句子进行正误判断,

---

① 不考察初级水平的原因是:初级阶段涉及"在……上"抽象语义的情况较少。

并对判断为错的句子进行修改。

(五) 计分标准

句法判断任务和句法修改任务分别计分。在句法判断任务中,判断正确得 1 分,共计 20 分;在句法修改任务中,修改正确得 1 分,共计 20 分。

二　实验结果

(一) 句法判断测试结果

本次实验句法判断成绩如表 5-1 所示。

表 5-1　　　　　"在 X 上"五种语义类型的句法判断测试成绩
(括号内为标准差 SD,下同)

	英美组		韩国组	
	中级 (N=19)	高级 (N=15)	中级 (N=20)	高级 (N=15)
表示方面	1.74 (0.73)	2.80 (0.94)	1.60 (1.05)	2.67 (1.05)
表示范围	2.00 (1.15)	2.40 (1.30)	1.75 (1.16)	2.40 (1.35)
表示活动	1.26 (0.99)	1.67 (0.90)	1.05 (0.89)	1.60 (10.6)
表示来源	2.37 (1.46)	3.13 (1.06)	1.95 (1.32)	2.60 (0.99)
表示条件	2.16 (1.50)	3.33 (0.82)	1.60 (1.35)	2.40 (1.24)
平均成绩	1.91 (1.24)	2.67 (1.15)	1.59 (1.18)	2.33 (1.18)

1. 语义类型、汉语水平、母语背景的主效应

重复测量方差分析表明,语义类型的主效应非常显著,$F(4, 260) = 12.093$,$p<0.0005$,说明语义类型对学习者"在 X 上"抽象语义的成绩影响显著。对语义类型使用 LSD 方法进行事后检验,结果显示,表示活动义与其他四种语义类型的成绩之间均存在显著差异,$p<0.0005$。其他四种语义类型的成绩之间不存在显著差异。

汉语水平的主效应非常显著,$F(1, 65) = 20.781$,$p<0.0005$,高级水平学习者五种语义类型的成绩 (M=2.50,SD=1.17) 显著高于中级水平学习者 (M=1.74,SD=1.22),说明学习者的汉语水平影响"在 X 上"两种抽象语义的习得。

母语背景的主效应不显著,$F(1, 65) = 3.861$,$p=0.054$,这说明英美学生和韩国学生对"在 X 上"五种抽象语义的习得不存在显著差异。

英美学生五种语义类型的平均成绩（M = 2.24，SD = 1.26）仅略高于韩国学生的平均成绩（M = 1.91，SD = 1.23）。

2. 交互作用

语义类型与汉语水平的交互作用不显著，F（4，260）= 1.139，p = 0.339。

语义类型与母语背景的交互作用不显著，F（4，260）= 1.248，p = 0.291，这说明不同母语背景的学习者在学习五种语义类型时不存在显著差异。

汉语水平与母语背景的交互作用不显著，F（1，65）= 0.003，p = 0.957，不同母语背景的学习者随着汉语水平的提高，五种抽象语义的成绩也随之提高，但是韩国学习者和英美学习者提高的幅度没有显著差异。

此外，语义类型、汉语水平和母语背景的三重交互作用不显著，F（4，260）= 0.238，p = 0.917。

（二）句法修改任务结果

本次实验句法修改成绩如表 5-2 所示。

表 5-2　　　　　　"在 X 上"五种语义类型的句法修改任务成绩

	英美组		韩国组	
	中级（N = 19）	高级（N = 15）	中级（N = 20）	高级（N = 15）
表示方面	0.74（0.93）	2.00（1.07）	0.95（1.00）	2.07（1.28）
表示范围	1.16（1.01）	1.53（1.06）	1.05（1.10）	1.40（1.24）
表示活动	0.53（0.77）	0.47（0.64）	0.05（0.22）	0.80（1.15）
表示来源	1.68（1.70）	1.87（0.83）	1.10（1.25）	1.53（1.13）
表示条件	0.95（1.39）	2.60（1.35）	0.80（1.06）	1.93（1.62）
平均成绩	1.01（1.25）	1.69（1.22）	0.79（1.05）	1.55（1.34）

1. 语义类型、汉语水平、母语背景的主效应

重复测量方差分析表明，语义类型的主效应非常显著，F（4，260）= 15.536，p < 0.0005，这说明语义类型影响留学生对"在 X 上"五种抽象语义的习得。对语义类型使用 LSD 方法进行事后检验，结果显示，表示活动义与其他四种语义类型的成绩之间均存在显著差异，p < 0.0005。其他四种语义类型的成绩之间不存在显著差异。

汉语水平的主效应非常显著，F（1，65）= 16.279，p < 0.0005，高

级水平学习者两种语义类型的成绩（M＝1.62，SD＝1.28）显著高于中级水平学习者（M＝0.90，SD＝1.15），这说明学习者的汉语水平影响"在 X 上"五种抽象语义的习得。

母语背景的主效应不显著，$F (1, 65) = 1.059$，$p = 0.307$，这说明英美学生和韩国学生对"在 X 上"五种抽象语义的习得不存在显著差异。英美学生五种语义类型的平均成绩（M＝1.31，SD＝1.28）仅略高于韩国学生的平均成绩（M＝1.11，SD＝1.24）。

2. 交互作用

语义类型和汉语水平的交互作用显著，$F (4, 260) = 5.084$，$p < 0.05$，这说明中级水平学习者和高级水平学习者对五种抽象语义的习得存在显著差异。我们对此进行简单效应检验，一是考察在不同语言水平条件下语义类型对学习者抽象语义习得的影响，结果表明：在中级水平阶段，五种抽象语义成绩差异显著，$F_{中级} (4, 268) = 6.93$，$p < 0.0005$；在高级水平阶段，五种抽象语义成绩差异也显著，$F_{高级} (4, 268) = 12.84$，$p < 0.0005$。二是考察在同一种抽象语义类型中，不同语言水平对学习者抽象语义习得的影响，结果表明：在表示方面义的语义类型中，中、高级成绩差异显著，$F (1, 67) = 21.63$，$p < 0.0005$；在表示范围义的语义类型中，中、高级成绩差异不显著，$F (1, 67) = 1.91$，$p = 0.172$；在表示活动义的语义类型中，中、高级成绩差异不显著，$F (1, 67) = 3.61$，$p = 0.062$；在表示来源义的语义类型中，中、高级成绩差异不显著，$F (1, 67) = 1.00$，$p = 0.322$；在表示条件义的语义类型中，中、高级成绩差异显著，$F (1, 67) = 18.08$，$p < 0.0005$。

语义类型和母语背景的交互作用不显著，$F (4, 260) = 1.129$，$p = 0.343$，这说明不同母语背景学习者在学习不同语义类型时不存在显著差异。

汉语水平和母语背景的交互作用不显著，$F (1, 65) = 0.043$，$p = 0.837$，不同母语背景的学习者随着汉语水平的提高，抽象语义的总体成绩也随之提高，但是韩国学习者和英美学习者提高的幅度没有显著差异。

此外，语义类型、汉语水平和母语背景的三重交互作用不显著，$F (4, 260) = 1.124$，$p = 0.346$。

（三）句法修改错误类型

为了更好地考察外国学生对"在 X 上"五种抽象语义的习得情况，

我们将句法修改的错误分成以下几类：

1. 误删方位词"上"，例如：将"这两本书在内容中差不多"修改为"这两本书在内容差不多"。

2. 错改句子其他成分，即修改除"在 X 上"以外句子的其他部分，例如：将"Michael Phelps 在奥运会表现得很好"修改为"Michael Phelps 在奥运会体现得很好"。

3. 方位词"上""里"混淆，例如：将"在课堂中大家都应该认真听课"改为"在课堂里大家都应该认真听课"。

4. 方位词"上""下"混淆，例如：将"他是个好学生，在学习态度中一点问题都没有"改为"他是个好学生，在学习态度下一点问题都没有"。

5. 方位词"中""上"混淆，例如：将"他不喜欢说话，在讨论会一直很安静"改为"他不喜欢说话，在讨论会中一直很安静"。

6. 误删介词框架，例如：将"我们应该在保护环境的基础中发展经济"改为"我们应该保护环境的基础发展经济"。

7. 误删介词，例如：将"Mariah Carey 在国际很有名"改为"Mariah Carey 国际很有名"。

8. 错序，例如：将"这次改革在实质没有什么大的变化"改为"在实质这次改革没有什么大的变化"。

9. 未修改，即只对句子做出正误判断，但是不知道如何修改。

句法修改错误类型具体分布如表 5-3 所示。

表 5-3　　　　　　　　　"在 X 上"句法修改错误类型分布

错误类型	中级数量（百分比）	高级数量（百分比）	总计
误删方位词	23（14.9%）	12（10.9%）	35
修改其他语言点	29（18.8%）	22（20.0%）	51
未修改	44（28.6%）	3（2.7%）	47
"上""下"混淆	6（4.0%）	5（4.6%）	11
"中""上"混淆	19（12.3%）	24（21.8%）	43
误删介词框架	5（3.2%）	1（0.9%）	6
误删介词	6（4.0%）	5（4.6%）	11
错序	11（7.1%）	1（0.9%）	12

续表

错误类型	中级数量（百分比）	高级数量（百分比）	总计
"上""里"混淆	11（7.1%）	37（33.6%）	48
合计	154（100%）	110（100%）	264

中高级汉语水平留学生句法修改各错误类型百分比变化趋势见图 5-1。句法修改的错误反应类型都以留学生判断正确为基础，即留学生判断正确，但修改错误，或不知道怎样修改。对不同错误类型百分比差异进行卡方检验，中级和高级汉语水平留学生在不同错误类型的百分比差异都非常显著（$\chi^2_{中级} = 80.117$，df = 8，p < 0.0005；$\chi^2_{高级} = 1.055$，df = 8，p < 0.0005）。从图 5-1 我们可以看出，与中级阶段相比，高级阶段学生的错误修改反应的类型有的发生了很大的变化，具体表现为以下几方面。

1. 错误类型比例明显加大的主要有两类：一是方位词"中""上"混淆的比例加大，从中级阶段的 12.3%上升到高级阶段的 21.8%；二是方位词"上""里"混淆的比例加大，从中级阶段的 7.1%上升到高级阶段的 33.6%。

2. 错误类型比例明显减小的主要有四类：一是误删方位词的比例减小，从中级阶段的 14.9%下降到高级阶段的 10.9%；二是未修改的比例减小，从中级阶段的 28.6%下降到高级阶段的 2.7%；三是误删介词框架的比例减小，从中级阶段的 3.2%下降到高级阶段的 0.9%；四是错序的比例减小，从中级阶段的 7.1%下降到高级阶段的 0.9%。

3. 错误类型比例相当的主要有三类：一是修改其他语法点，中级阶段所占比例是 18.8%，高级阶段所占比例是 20.0%；二是方位词"上""下"混淆，中级阶段所占比例是 4.0%，高级阶段所占比例是 4.6%；三是误删介词，中级阶段所占比例是 4.0%，高级阶段所占比例是 4.6%。

三　分析与讨论

（一）汉语水平和语义类型对"在 X 上"五种抽象语义习得的影响

从句法判断测试和句法修改测试的结果来看，汉语水平和语义类型的主效应都非常显著（p<0.0005），高级水平学习者两种语义类型的成绩显著高于中级水平学习者，方面义、范围义、来源义和条件义易于活动义的习得。下面分别分析中高级阶段学习者习得五种语义类型的特点。

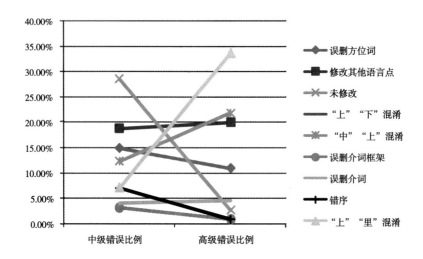

图 5-1　中高级汉语水平留学生"在 X 上"句法修改错误类型变化趋势

1. 中级水平阶段学习者的习得特点

首先来看"在 X 上"表示活动义的情况。句法判断测试的结果显示，英美组和韩国组表示活动义的题目正确率最低，均未超过 40%，其中英美学生的正确率是 31.5%（1.26/4），韩国学生的正确率是 26.3%（1.05/4）。句法修改任务的结果显示，英美组和韩国组表示活动义的题目正确率也最低，均未超过 20%，其中英美学生的正确率是 13.3%（0.53/4），韩国学生的正确率是 1.3%（0.05/4）。可见在中级阶段，两种母语背景的学习者对"在 X 上"表示活动的抽象语义掌握得最差，对他们来说难度最大。

在表示活动义的测试中，未正确判断或正确修改的主要原因是对框式结构"在……上"作为整体构式的意识不强，造成方位词"上"的遗漏，以及对方位词"中"和"上"的引申义不明确，造成方位词"中""上"的混淆，例如：

（1）＊Michael Phelps 在奥运会表现得很好。

在例（1）中，"在奥运会上"在英语中对应的表达式是 in/at Olympic Games 等，汉语的框式结构"在……上"对应于英语的介词 in 或者 at，英语介词不需要后置方位词，正是这种不同导致了偏误的产生。部分韩国学习者会将"在"也删去，只剩"奥运会"，这是因为他们按照SOV 的句法顺序来安排句子，造成了遗漏介词的错误。正是由于英语、韩语和汉语的这些不同，加上学生对"在……上"未作为一个整体的构式进行加工，导致掌握情况较差。

（2）＊他在会中发表了重要讲话。

造成类似例（2）这种偏误的原因是对方位词"中""上"的混淆，二者都可以表示活动义，但是在表示活动义时，二者有时不能互换，学习者不了解这一点，从而造成了偏误。

其次我们来看其他四种抽象语义的习得情况。句法判断测试和句法修改测试的结果都显示，语义类型的主效应非常显著（p<0.0005），对语义类型使用 LSD 方法进行事后检验，结果显示，活动义与其他四种语义类型的成绩之间均存在显著差异（p<0.0005），但其他四种语义类型的成绩之间不存在显著差异。方面义、范围义、来源义、条件义的平均成绩显著高于活动义的平均成绩。这四种语义类型主要的偏误也是方位词"上"的遗漏和方位词"中""上"的混淆，除此之外，介词结构的错序和方位词"上""里"的混淆也是造成偏误的重要原因，可见在中级阶段学习者对框式结构"在……上"作为整体构式的意识不强，并且对都可表示活动义的"在……上/中"的差异了解不够。

2. 高级水平阶段学习者的习得特点

首先来看"在 X 上"表示活动义的情况。句法判断测试的结果显示，英美组和韩国组表示活动义的题目正确率还是最低，均未超过 50%，其中英美学生的正确率是 41.8%（1.67/4），韩国学生的正确率是 40%（1.60/4）。句法修改任务的结果显示，英美组和韩国组表示活动义的题目正确率也是最低，均未超过 20%，其中英美学生的正确率是 11.8%（0.47/4），韩国学生的正确率是 20%（0.80/4）。可见在高级阶段，对两种母语背景的学习者来说，"在 X 上"表示活动的抽象语义仍然是难点，掌握得最差。

从句法修改错误类型变化趋势来看，相对于中级阶段，高级阶段误删方位词、未修改、误删介词框架、错序的比例有了明显下降，这说明高级阶段学习者有了将"在……上"作为一个整体的构式意识；能意识到句子的错误之处并能尝试进行改正；对汉语的句法顺序有了较为清楚的了解。但是，在高级阶段，某些偏误类型依然存在较大比例，甚至呈上升趋势，表现最明显的就是方位词"上"和"里"的混淆，例如：

　　（3）＊在课堂里，我们要认真听课。

　　（4）＊这种便宜的东西在市场里有很多。

　　"在……上/里"都可以表示活动义、范围义等，但是在表示这些意义的时候，二者存在着一些差异，学习者不明白这些差异从而造成了偏误的产生。此外，方位词"中""上"的混淆比例也呈上升趋势，在高级阶段形成"化石化"，仍旧是高级阶段的学习难点之一。

（二）母语背景对习得"在 X 上"五种抽象语义影响不显著的原因

　　通过句法判断任务和句法修改任务，我们可以看出英美学生和韩国学生习得"在 X 上"五种抽象语义的成绩没有显著差异。其中重要原因之一，是因为汉语的"在……上"结构在英语和韩语中的对应形式都不是框式结构。首先来看英语中的对应形式，我们通过对 674 万字词的英汉对比语料统计分析发现，"在……上"可以对应于英语中的 on、above、over、in 等介词，也可以对应于从句或其他词类，但是没有对应的框式结构，这是因为英语的介词本身就含有方位义，而汉语的介词不包含方位义，所以汉语的介词结构要表达方位义的时候，一般要在名词后加上方位词，再与前置词"在"连用，即英语的"介词+名词"=汉语"介词+名词+方位词"，在表达抽象义时也同样遵循这个规律。我们再来看韩语和汉语的不同，汉语"在……上"在韩语中的对应形式也不是框式结构，而是对应于方位词和格助词组成的后置结构，而且方位词和格助词黏附在一起，中间不能插入其他成分，这是因为韩语是 SOV 型语言，"在 SOV 结构框架中，所有的名词性成分前面都没有引介词语一起构成介词结构"①。正如刘丹青（2002）所论述，"框式介词在汉语中是一种重要的句法现象，构成了汉语的重要类型特征"，英语、韩语和汉语的这种类型特征有很大的差异，导致了偏误的产生。第二个重要原因是，汉语介词性框

---

① 崔希亮：《日朝韩学生汉语介词结构的中介语分析》，《中国语言学报》（第十一期）2003 年第 106 期。

式结构中方位词的分工很细，虽然有的可以表达同样的意义，但是出现的句法环境却不相同，例如"上"和"里"，"上"和"中"等，学习者体会不到方位词在本义和引申义上的细微差别，从而导致了偏误。

四　结论

通过实验研究，可得出以下结论：

1. "在 X 上"的活动义与方面义、范围义、来源义和条件义等四种语义类型的成绩之间均存在显著差异，后四种语义类型的成绩之间不存在显著差异。活动义难于其他四种语义的习得。

2. 英语母语背景的学习者和韩语母语背景的学习者习得"在 X 上"五种抽象语义类型的难度差异不显著。

3. 中级水平阶段和高级水平阶段的学习者习得"在 X 上"五种抽象语义类型的难度差异显著。各个阶段的特点如下：

在中级阶段，学习者把"在……上"介词结构作为一个整体构式的意识不强，在表达中经常忽视方位词"上"，此外，对"在 X 上/中/下/里"抽象语义的区别和使用条件不甚了解。

在高级阶段，学习者把"在……上"介词结构作为一个整体构式的意识明显增强，缺少方位词"上"的偏误减少，但是"在 X 上/中/下/里"的抽象语义仍然存在混淆，尤其是"在 X 上/里/中"的混淆呈现上升趋势，形成"化石化"。

4. 学习者在习得"在 X 上"五种抽象语义类型的过程中受语义类型和汉语水平的影响。从整体上看，高级水平阶段的留学生对"在 X 上"五种抽象语义的掌握好于中级水平阶段的留学生；中高级阶段留学生"在 X 上"表示方面义、范围义、来源义和条件义的掌握情况好于活动义。

第二节　中高级水平英语母语者习得"在 X 下"抽象语义的实验研究

在第二章对介词结构"在 X 下"抽象语义的分析中，我们知道情况义和条件义是其主要的抽象语义类型，占"在 X 下"全部抽象语义语料的 99.88%①，所以本小节主要考察英美学生对这两种语义类型的掌握情况，具体来说，本研究探讨的问题是以下几点。

1. 英语母语者对表抽象义的"在 X 下"整体习得情况如何？

2. 表示条件义和表示情况状态义的"在 X 下"的学习难度是否有差异？

3. 不同汉语水平的英语母语者习得这两种抽象义的"在 X 下"难度是否有差异？

一 实验方法

本研究采用 2×2 两因素混合实验设计，包括两个自变量："在 X 下"的两种抽象语义类型为被试内因素，分为两个水平：条件义、情况状态义；汉语水平为被试间因素，分为两个水平：中级和高级。

（一）被试

北京师范大学中高级英美学习者 60 名，中级和高级各 30 名。其中，北师大汉语文化学院学生 18 名，分级依据是根据被试的入学分班考试成绩以及识字量测试。由于英美学生数量有限，我们在暑期普北班和达慕思大学短期项目班招募了 42 名学生，根据识字量测试分为中、高水平。

（二）实验任务

实验任务为句法判断和句法修改。要求被试判断 24 个句子在语法上是否正确，并对判断为错的句子进行修改。

（三）实验材料

实验材料包括 12 个语法错误的句子，每种语义类型 6 个错句，其中包括方位词错用 3 个，方位词缺失 3 个。另有 12 个包含其他句法结构的正确句子作为填充材料。

为保证被试对测试材料的理解，测试中的汉字和词汇均来自《汉语国际教育用音节汉字词汇等级划分》（2010）中的初级和中级水平大纲，超纲词汇配有英文翻译，此外，还对句子的长度、语法点的难度进行了匹配，以尽量减少句中其他因素对测试结果的影响。

---

① 参见第 78 页数据，7475/7484≈99.88%。

（四）实验程序

1. 试测

为了保证测试的信度和效度，在进行正式测试以前，首先进行了试测。试测对象是北京师范大学美国留学生 2 名（中、高级各 1 名）。试卷最后有一个建议栏，询问被试对此次测试的建议，根据被试的建议及被试作答情况对试卷进行了适当的修改。

2. 正式施测

本次测验采用随堂测试的方式。要求被试对每个句子进行正误判断，并对判断为错的句子进行修改。

（五）计分标准

句法判断任务和句法修改任务分别计分。在句法判断任务中，判断正确得 1 分，共计 12 分；在句法修改任务中，修改正确得 1 分，共计 12 分。12 个作为填充材料的句子不计分。

二　实验结果

（一）句法判断测试结果

本次实验句法判断成绩如表 5-4 所示。

表 5-4　　　　"在 X 下"两种语义类型的句法判断测试成绩

	中级	高级	平均成绩
条件义	3.43（1.33）	4.90（1.21）	4.17（1.46）
情况状态义	1.27（1.08）	3.80（1.37）	2.53（1.77）
平均成绩	2.35（1.62）	4.35（1.40）	3.35（1.81）

从表 5-4 可以看出，无论是对于中级还是高级学习者而言，表抽象义的"在 X 下"掌握情况并不理想。其中中级学习者句法判断的正确率仅为 39.2%（2.35/6）；即使到了高级阶段，正确率也仅达到 72.5%（4.35/6），可见，整体而言，表抽象义的"在 X 下"对英语母语者具有较高难度。

1. 语义类型和汉语水平的主效应

重复测量方差分析表明，语义类型的主效应非常显著，$F_{(1,58)} = 99.97$，$p < 0.0005$，说明条件义和情况状态义成绩之间存在差异。

汉语水平的主效应也非常显著，F（1，58）= 51.064，p<0.0005，说明中级水平和高级水平英语母语者成绩之间存在差异。

2. 语义类型和汉语水平的交互作用

语义类型和汉语水平的交互作用显著，F（1，58）= 10.659，p<0.005，说明中级学习者和高级学习者对两种抽象语义类型的"在 X 下"的习得存在差异。

简单效应分析表明，在中级水平阶段，语义类型的简单效应非常显著，F（1，58）= 87.96，p<0.0005；在高级水平阶段，语义类型的简单效应也非常显著，F（1，58）= 22.67，p<0.0005。这些结果表明，语义类型效应（即表示情况状态义与表示条件义成绩之间的差异）受汉语水平的影响，但同高级阶段相比，中级阶段语义类型效应更大。

（二）句法修改任务结果

本次实验句法修改成绩如表 5-5 所示。

表 5-5   "在 X 下"两种语义类型的句法修改任务成绩

	中级	高级	平均成绩
条件义	3.07（1.86）	4.37（0.76）	3.72（1.55）
情况状态义	0.90（0.88）	3.07（0.69）	1.98（1.35）
平均成绩	1.98（1.81）	3.72（0.98）	2.85（1.68）

由表 5-5 的结果可知，对于中、高级学习者，两类表抽象义的"在 X 下"的平均修改正确率都比较低，仅分别为 33%（1.98/6）、62%（3.72/6），这进一步表明对英语母语者而言，表抽象义的"在 X 下"是一个习得难度较高的语法项目。下面我们分别对两类不同抽象义的测试成绩进行统计检验。

（1）语义类型和汉语水平的主效应

重复测量方差分析表明，语义类型的主效应非常显著，F（1,58）= 118.185，p<0.0005，说明条件义和情况状态义成绩之间存在差异。

汉语水平的主效应也非常显著，F（1，58）= 47.888，p<0.0005，说明中级和高级水平英语母语者成绩之间存在差异。

（2）语义类型和汉语水平的交互作用

语义类型和汉语水平的交互作用显著，F（1，58）= 7.387，p<0.05，说明中级学习者和高级学习者两种抽象语义类型的"在 X 下"句

法修改成绩之间均存在显著差异。

简单效应分析表明，在中级水平阶段，语义类型的简单效应非常显著，F（1，58）= 70.42，p<0.0005；在高级水平阶段，语义类型的简单效应也非常显著，F（1，58）= 25.35，p<0.0005。这些结果表明，语义类型效应（即表示情况状态义与表示条件义成绩之间的差异）受汉语水平的影响，同高级阶段相比，中级阶段语义类型效应更大。

以上我们通过句法判断和句法修改两种任务对英语母语者表示抽象语义"在 X 下"的习得情况进行了考察，两种任务得出的结果都显示语义类型和汉语水平的主效应非常显著，语义类型和汉语水平的交互作用也显著。

（三）句法修改错误类型

为更好地考察英语母语者对两种抽象语义"在 X 下"的习得情况，我们将句法修改的错误分成以下四类。

（1）误删

误删方位词"下"，例如：将"朋友生病了，在这种情况中，我一定要去医院看他"修改为"朋友生病了，在这种情况，我一定要去医院看他"。

误删介词框架，例如：将"他不会写汉字，在老师的指导中，他学会了写很多汉字"改为"他不会写汉字，老师的指导，他学会了写很多汉字"。

误删介词，例如：将"在老板的领导，公司越来越好了"改为"老板的领导，公司越来越好了"。

（2）方位词混淆

方位词"上"、"下"混淆，例如：将"他家里很穷，在这样的生活条件中，他更加努力学习"改为"他家里很穷，在这样的生活条件上，他更加努力学习"。

方位词"中"、"下"混淆，例如：将"如果你看见小孩掉进了水里，在这样的情况，你会怎么办"改为"如果你看见小孩掉进了水里，在这样的情况中，你会怎么办"。

（3）错改句子其他成分，即修改除介词框架以外句子的其他部分，例如：将"在同学的影响中，我喜欢跑步了"修改为"在同学的影响中，我喜欢跑步"。

（4）未修改，即只对句子做出正误判断，但是不知道如何修改。

句法修改错误类型具体分布见表 5-6。

表 5-6　　　　　　　　"在 X 下"句法修改错误类型分布　　　　　单位：例

错误类型		中级数量	高级数量	总计
误删	误删方位词	8	1	9
	误删介词框架	2	1	3
	误删介词	4	3	7
方位词混淆	"上""下"混淆	12	8	20
	"中""下"混淆	16	4	20
错改句子其他成分		37	20	57
未修改		17	7	24
合计		95	45	150

句法修改的错误反应都以学习者判断正确为基础，即学习者判断正确，但修改错误，或不知道怎样修改。对不同错误类型百分比进行卡方检验，中级和高级汉语水平英语母语者在不同错误类型上的百分比差异都非常显著（中级：$\chi^2 = 61.726$，df = 6，p<0.0005；高级：$\chi^2 = 39.467$，df = 6，p<0.0005）。从表 5-6 可知，与中级阶段相比，高级阶段学生各类错误修改的数量都有所减少，其中减少幅度最大的是"误删方位词"，其次是"中""下"混淆。

三　分析与讨论

从句法判断测试和句法修改测试的结果来看，汉语水平和语义类型的主效应都非常显著（p<0.0005），高级水平学习者两种语义类型的成绩显著高于中级水平学习者，条件义的习得易于情况状态义。下面就影响表抽象义"在 X 下"习得的因素分别进行讨论。

（一）学习者母语对习得的影响

从整体上看，英语母语者两种抽象语义"在 X 下"测试的综合平均得分率并不高，句法判断测试和句法修改测试的平均得分率分别为55.8%（3.35/6）和47.5%（2.85/6）。其中，表条件义"在 X 下"的习得情况好于情况状态义，表条件义"在 X 下"句法判断和句法修改测试的平均得分率分别为69.5%（4.17/6）和62%（3.72/6），表情况、状态义的平均得分率则分别为 42.2%（2.53/6）和 33%（1.98/6）。这与本研究基于中介语语料库的研究结果是基本一致的，即从整体上看，具体义的掌握情况最好，正确率为 70.5%；其次是条件义，正确率为 69.2%；情况状态义的掌握情况最差，正确率只有 39%。

通过句法修改测试我们发现，两种抽象语义条件下都经常出现的错误类型是误删方位词，例如：

（5）＊如果你看见小孩掉进了水里，在这样的情况，你会怎么办？

（6）＊在老板的领导，公司越来越好了。

我们认为这与该语法项目的语言对比难度等级较高有关。Eills（1985）将两种语言系统对应的难度等级分为 6 级，其中"母语中的某个语言项目在目的语中虽有相对应的项目，但在形式和分布上均存在差异"处于 4 级，是比较难掌握的项目类型。我们通过对 674 万字词的英汉对比语料统计分析发现，"在……下"可以对应于英语中的 in、with、under、below、beneath、underneath 等介词，也可以对应于从句或其他词类，但是没有对应的框式结构，这是因为英语的介词本身就含有方位义，而汉语的介词不包含方位义，所以汉语的介词结构要表达方位义的时候，一般要在名词后加上方位词，再与前置词"在"连用，即英语的"介词+名词"=汉语"介词+名词+方位词"（沈家煊，1984），在表达抽象义时也同样遵循这个规律。所以在例（5）中，"在这样的情况下"在英语中对应的表达式是 in/under this circumstance 等，汉语的框式结构"在……下"对应于英语的介词 in 或者 under，而英语介词不需要后置方位词。正是这种语言形式上的差异导致英语母语者在习得"在……下"结构时常常遗漏方位词。

我们认为标记性也是框式介词结构较难习得的另外一个原因。对于"标记性"的定义，学界众说纷纭，本研究采用 Ellis（1994）的定义，即"标记性是指某些在与其他更基本的特征相比时较为特殊的语言范畴或特点"。框式介词在汉语中是一种重要的句法现象，构成了汉语的重要类型特征（刘丹青，2002）。相对于英语来说，汉语中的框式结构是标记性较强的结构。当母语的语言规则是无标记而目标语是有标记时，迁移有可能发生（Greenberg，1976），对于英语母语者来说，汉语框式结构 "在 X 下" 中方位词的出现是有标记的，而相应的英语表达是无标记的。因此，英语母语者容易将英语介词的表现形式迁移到汉语介词上，从而造成了方位词的遗漏。

此外，从语言距离的角度来看，学习者母语和目标语之间的语言距离越小，学习者越容易产生母语向目标语的正迁移，而英语和汉语介词结构在语言上的实际差异程度较大，所以正确掌握此类结构需要更长的时间。

为凸显英语母语者的这一习得特点，我们选择韩语母语者与英语母语者 "在……下" 的习得情况进行对比。韩语和英语两种语言中 "在……下" 的对应形式并不相同，所以导致两国学生的偏误类型也有所差异。"在……下" 在韩语中的对应形式也不是框式结构，而是对应于方位词和格助词（或词尾）组成的后置结构，而且方位词和格助词（或词尾）黏附在一起，中间不能插入其他成分，这是因为韩语是 SOV 型语言，"在 SOV 结构框架中，所有的名词性成分前面都没有引介词语一起构成介词结构"（崔希亮，2003），韩国学生受母语的影响，往往先说出介词的宾语，同时由于大部分的韩国格助词和词尾在汉语中没有对应的词，在由韩国语转化为汉语的过程中，学生已经习惯省略格助词和词尾，从而造成介词遗漏的偏误（丁安琪、沈兰，2001）。另外，韩国学生也存在方位词遗漏的问题，但是与英语母语者遗漏的原因不同，因为韩语中也有方位词，而且韩语中的方位词具有较强的灵活性，在认知上不会造成混淆的情况下，方位词可用可不用，但是汉语中的方位词的使用具有强制性，在需要时必须出现（林齐倩，2011），韩国学生不了解韩、汉两种语言方位词的用法存在差异，从而造成方位词遗漏的偏误。可见，英语和韩语语言类型不同，导致学习者的偏误类型也有所差别。

另外，在表示情况状态义的测试中，方位词 "中" "下" 的混淆错误数量也很多，这与学习者母语负迁移也有很大的关系，例如：

（7）＊朋友生病了，在这种情况中，我一定要去医院看他。

我们对英汉对比语料库中表示情况状态义的 "在 X 下" 进行了统计分析，共有 "在 X 下" 的英汉对应语料 447 例，表示情况状态义的共 254

例,其中介词 in 表示情况状态义的数量居首(107 例,占 42.1%[①]),其次是介词 under(22 例,占 8.7%),可见英语中经常用"in+名词"表示情况状态义,而汉语中是"在 X 下",英美学生将 in 对应于汉语的"在 X 中",从而造成了偏误。

相反,在表示条件义的测试中,方位词混淆的错误很少。我们对英汉对比语料库中表示条件义的"在 X 下"进行了统计分析,表示条件义的总共有 86 例,其中介词 under 表示条件义的最多(22 例,占 25.6%),其次是介词 with(15 例,占 17.4%),可见英语中经常用"under+名词"表示条件义,在汉语中的对应形式之一是"在 X 下",学习者在使用时易产生正迁移,所以方位词"中"和"下"混淆的偏误不多,因此表条件义的"在 X 下"整体习得情况比表情况状态义要好一些。

可见,方位词的缺失是英语母语者习得两种抽象语义"在 X 下"的过程中都存在的错误类型。无标记成分具有认知上的显著性,它们最容易引起人的注意,在信息处理中最容易被储存和提取,在形成概念的过程中也最接近人的期望或预料;从无标记性成分到有标记性成分,显著度等级依次递减,习得难度逐渐增大(沈家煊 1997,许菊 2004)。

(二)学习者汉语水平对习得的影响

根据句法判断和句法修改测试的结果可知,中级学习者和高级学习者对两种抽象语义类型"在 X 下"的习得存在显著差异。

首先来看英语母语者习得表情况状态义"在 X 下"的情况,中级水平阶段的句法判断测试的结果显示,英语母语者的正确率是 21.2%(1.27/6);句法修改任务的结果显示,英语母语者的正确率是 15%(0.90/6),均未超过 25%,可见在中级阶段,英语母语者对表示情况状态义的"在 X 下"掌握得较差,对他们来说难度较高。高级水平阶段的句法判断测试的结果显示,英语母语者的正确率是 63.3%(3.80/6);句法修改任务的结果显示,英语母语者的正确率是 51.2%(3.07/6)。与中级水平阶段相比,高级水平阶段表示情况状态义的成绩和正确率有了明显的上升,缺少方位词"下"和方位词"中""下"混淆的偏误减少,这说明高级阶段学习者有了将"在 X 下"作为一个整体的构式意识,部分

---

① 此处百分比的计算是用介词 in 的数量除以"在 X 下"总的英语对应形式(包括介词、名词、副词、形容词等对应形式)的数量,下同。

学生对方位词"中""下"引申义的区别有了较为清楚的理解。

其次我们来看表示条件义"在X下"的习得情况。中级阶段和高级阶段句法判断测试和句法修改测试的结果均显示,表示条件义"在X下"的平均成绩显著高于表示情况状态义"在X下"的平均成绩。与中级水平阶段相比,高级水平阶段表示条件义的成绩和正确率也有了明显的上升,缺少方位词"下"的偏误减少,这进一步说明了高级阶段学习者将"在X下"作为一个整体构式的意识增强。

另外,从表5-6可以看出中高级水平阶段学习者句法修改错误类型的变化特点。句法修改错误减少幅度较大的依次是:误删方位词,方位词"中""下"的混淆,未修改。从中级到高级,"误删方位词"的错误急剧减少,这说明学习者的注意开始从前置介词转向框式介词结构,逐渐有了将"在X下"作为整体的构式意识;对"在X中/下"抽象语义的区别有了较为清晰的认识;能意识到句子的错误之处并能尝试进行修改。但是,在高级阶段某些偏误类型依然存在较大的比例,表现最明显的就是方位词"上"和"下"的混淆,在高级阶段有形成"化石化"的趋势,仍旧是高级阶段的学习难点之一。总体来看,随着汉语水平的提高,学习者的偏误类型逐渐从关注前置介词而忽视方位词转变为框式结构内部的错误。

以上偏误类型的变化可以用语言迁移理论做出解释。语言迁移理论认为,在二语学习的开始阶段,二语习得者的目的语知识有限,所以他们深受母语的影响。随着对目的语知识掌握的逐步深入,学习者对母语的依赖也逐渐减弱,逐步意识到母语和目的语在形式和意义上的差别,并不断调整自己的概念系统。可以说,学习一种语言意味着掌握一种新的概念系统,二语习得的基本过程就是对先前的母语概念表征系统进行重组(姜孟,2010)。具体到本研究所考察的语法结构而言,由于英语介词包含方位义,不使用方位词,因此在习得的初期,学习者很容易将英语的这个概念迁移到汉语中去,直接用单一介词代替框式介词结构,从而造成偏误。到了高级阶段,学习者逐渐意识到汉语与英语介词概念结构的差异,对概念表征进行重组,开始使用介词性框式结构,从而方位词遗漏的错误大大减少。另外,从语言距离角度来看,随着汉语水平的提高,学习者对语言距离的心理认知也发生了变化,逐渐接近汉语母语者。

(三) 语义类型的频度因素和汉语欧化现象对习得的影响

频度是影响第二语言习得的重要因素,更有学者(Ellis,2002,

2012）认为频度是二语习得的关键性决定因素。本研究支持这一观点。根据本研究的统计，我们知道汉语母语者使用表示条件义的"在 X 下"占语料总数的 54.81%，表示情况状态义的"在 X 下"占语料总数的 45.07%，可见，在汉语母语者的日常输出中，表示条件义的"在 X 下"可能多于表示情况状态义的"在 X 下"，英语母语者在语言输入过程中，表示条件义的"在 X 下"的输入多于情况状态义，可能是造成表示条件义的"在 X 下"比情况状态义习得好的原因之一。

汉语的欧化现象也是影响英语母语者习得的重要原因之一。贺阳（2004）的研究发现，"在 X 下"表示抽象义的用法是"五四"以来受英语等印欧语言影响产生的结果。相对于情况状态义而言，我们认为表条件义的"在 X 下"欧化程度更高。根据本研究的统计，表示条件义"在 X 下"在英语中的对应形式使用频率最高的是介词 under，占介词总对应形式的 44%②，其次是介词 with，占 30%。而表示情况状态义"在 X 下"在英语中的对应形式使用频率最高的是介词 in，占介词总对应形式的 56.6%，而 under 仅占 11.6%，例如 in this state（在这种状态下）。正因为表示条件义的"在 X 下"与介词 under 的对应频率最高，欧化程度较高，所以英语母语者掌握的情况较好，而表示情况状态义的"在 X 下"与英语介词 in 的对应频率最高，欧化程度较低，所以容易产生"在 X 下"和"在 X 中"混淆的偏误。

四　结论

通过实验研究，可得出以下结论：

1. 中高级英语母语者"在 X 下"的情况状态义和条件义的成绩之间存在显著差异，情况状态义难于条件义的习得。

2. 中级水平阶段和高级水平阶段的英语母语者习得两种抽象语义类型的"在 X 下"难度差异显著，高级水平阶段的英语母语者对两种抽象语义类型的"在 X 下"的掌握好于中级水平阶段，各个阶段的特点如下：

在中级阶段，学习者把"在 X 下"介词结构作为一个整体构式的意

---

②　此处百分比的计算使用介词 under 的数量除以"在 X 下"对应的英语介词形式的总数量（不包括名词、副词、形容词等对应形式），下同。

识不强，在表达中经常忽视方位词"下"，此外，对"在 X 上/中/下"抽象语义的区别和使用条件不甚了解。

在高级阶段，学习者把"在 X 下"介词结构作为一个整体构式的意识明显增强，缺少方位词"下"的偏误减少，对"在 X 上/中/下"抽象语义的区别和使用条件有了一定的了解，但是相关偏误仍然存在。

第三节　本章小结

本章我们基于实验研究，利用句法判断和句法修改任务考察了中高级水平英语母语者和韩语母语者习得"在 X 上"主要抽象语义的情况，也考察了英语母语者习得"在 X 下"主要抽象语义的情况，研究发现两种母语背景的学生"在 X 上"的活动义均难于方面义、范围义、来源义和条件义的习得，英语母语者习得"在 X 下"的情况义难于条件义；中级水平和高级水平的学习者习得"在 X 上"五种主要抽象语义和"在 X 下"两种主要抽象语义的难度差异均显著，并据此论证学习者在习得"在 X 上"五种主要抽象语义和"在 X 下"两种主要抽象语义的过程中受语义类型和汉语水平的影响。此外，研究还考察了不同水平阶段学习者"在 X 上"五种主要抽象语义和"在 X 下"两种主要抽象语义的习得特点，具体表现为在中级阶段，学习者把"在……上/下"介词结构作为一个整体构式的意识不强，在表达中经常忽视方位词"上""下"，此外，对"在 X 上/中/里/下"抽象语义的区别和使用条件不甚了解。在高级阶段，学习者把"在……上/下"介词结构作为一个整体构式的意识明显增强，缺少方位词"上""下"的偏误减少，对"在 X 上/中/里/下"抽象语义的区别和使用条件有了一定的了解，但是相关偏误仍然存在。

以上两个实验结果给予我们的启示是：

首先，在中级阶段，要加强学生的框式结构意识，使学生将"在……上"或"在……下"作为一个整体构式存储在心理词库中，对整体进行认知和加工；不论是中级阶段，还是高级阶段，都要加强对"在 X 上/中/下/里"四种结构抽象语义和使用条件的讲解和辨析，对于不同的语义类型根据学生水平做不同的处理和安排；在对"在 X 上"抽象语义

的教学中，要着重加强活动义的教学和训练；在对"在 X 下"抽象语义
的教学中，要着重加强情况义的教学和训练。

　　其次，要加强汉外对比的研究，对汉语"在……上/下"介词性框式
结构和学生目的语中的对应表达式做细致的对比，找出二者的共性和差
异，减小母语负迁移的影响，帮助学生更好地掌握这类框式结构。

第六章

结　语

　　本研究对介词性框式结构"在 X 上/下"的研究主要分为两大部分，一是本体研究，二是习得研究。本体研究主要考察介词性框式结构"在 X 上/下"的句法语义特点和功能，对"在 X 上/下"与英语中的相应表达式进行对比，寻找二者在句法、语义方面的差异以及造成差异的动因。习得研究主要是采用基于中介语语料库和实验的研究方法，考察英语母语者习得介词性框式结构"在 X 上/下"的情况，并结合本体对比研究的结果对学习者的偏误进行分析和解释。

　　国内目前对"在"字介词性框式结构的研究，大都是基于小规模语料库的研究或者举例性的说明，对框式结构内部中心词的语义类型并不十分清楚，哪些词类和具有哪些属性的词可以进入框式结构也不十分清楚。鉴于此，我们利用国家语委现代汉语语料库（已公开使用的 2000 万字）进行分析和归类，同时结合苏新春（2013）五层级语义分类体系对"在 X 上/下"中 X 的中心成分按照语义和使用频率进行了归类和排序，并制作了 X 中心成分的语义类型频率表，这在很大程度上可以回答外国学生经常问到的问题，即哪些词可以进入"在 X 上/下"结构。此外，我们还通过大规模语料对"在 X 上/下"介词结构的整体构式义进行了分析，总结出这两种结构的抽象语义类型，即"在 X 上"主要包括七种抽象语义类型——表示方面、范围、来源、活动、时间、状态和条件，"在 X 下"主要包括四种抽象语义类型——表示条件、情况或状态、抽象空间和社会关系，并根据语料总结出各语义类型所占的比例，发现"在 X 上"最主要的抽象语义类型是方面义和范围义，"在 X 下"最主要的抽象语义类型是条件义、情况或状态义。

　　在对"在 X 上/下"句法语义研究的基础上，我们通过英汉对比语料库对其在英语中的对应表达式进行了穷尽性的检索，并依照使用频率进行排序，研究发现"在 X 上"在英语中的对应表达形式主要有五种：附加式合成词、介词+X、其他词类或短语（如名词或名词短语、副词、形容词、动词或动词短语）、从句以及其他形式（如意译和汉语增译）。"在……上"在英语中使用频率最高的对应表达式是介词 on 和 in，"在……下"在英语中使用频率最高的对应表达式是介词 in 和 under。为更好地对"在……上/下"介词结构和介词 on、in 和 under 进行对比分析，我们先对介词 on、in 和 under 的句法和语义特点进行了分析。从句法功能来看，"在……上/下"与相应的英语介词都可以做状语、定语和补语，但是"在……上/下"没有做表语的功能。从句中位置来看，都可以做状语，也都可以用于谓语动词之后；"在……上/下"还可以用于主语之后、谓语动词之前，而相应的英语介词没有这种用法；此外，"在……上/下"在动词之后做补语时，对动词有一定的要求，即动词一般是单音节的。在语义对比方面，我们主要是从具体义和抽象义两方面进行对比，考察二者之间的共性和差异。on 包含"在……上"的所有义项，原型场景相同，但是我们发现当二者共享［+包含］［+接触］或［+内嵌/内含］［+不遮挡］语义特征时，二者的空间语义不对等；当表示方面义和条件义时，"在 X 上"中的 X 可以是形容词，但是 on 后却不能跟形容词。in 包含"在……上"的所有义项，但是二者的原型义项不同，从而导致通过隐喻得到的抽象语义也有很多不同之处。under 包含"在……下"的所有义项，原型场景相同，但是在表示条件义时，"在 X 下"中的 X 绝大多数是动词，而 under 后面不能跟动词，必须是名词；在表示情况、状态义时，"在 X 下"中的 X 可以是形容词，而 under 后面不能是形容词，必须是名词。

　　在前面研究的基础上，我们通过中介语语料库和实验研究两种方式对英语母语者习得"在 X 上/下"的情况进行了考察。基于中介语语料库的习得研究是目前国内汉语作为二语习得研究的主要研究范式，它的优点在于语料是自然语料，从大样本的作文语料中可以发现外国学习者在使用汉语时会出现哪些类型的偏误，对不同水平的学习者的习得状况有个大致的了解，并可以从中发现哪些内容容易造成"化石化"，针对这些难点寻找相应的解决策略。通过对中介语语料库中英语母语者作文的考察，我们发现"在 X 上"的习得情况表现为：表示具体义的掌握情况最好，其次是来源义、条件义、方面义、范围义，活动义的掌握情况最差；中介语料中未出现表示时间义和状态义的介词结构"在 X 上"；通过各学习阶段正误用例的统计，我们发现六种语义类型的"在 X 上"结构的正确率是稳步提高的，但是呈现出不同的进步趋势。"在 X 下"的习得情况表现为：具体义的掌握情况最好，其次是条件义，而情况和状态义的掌握情况最差；中介语语料中未出现表示社会关系义和抽象空间义的介词结构"在 X 下"。此外，我们将"在 X 上/下"的偏误主要分为遗漏、误代、冗余和错序四类，并根据英汉对比研究的结论对相关偏误进行了解释。

基于中介语语料库的习得研究固然有其优点，但是也存在一些不足之处，一是学生回避使用的语言项目无从考察，二是某些语言项目的语言材料出现的太少。实验研究通过精密的实验设计和数理统计在一定程度上可以解决这些问题。例如我们想考察英语母语者使用"在 X 上/下"抽象语义的情况，哪些抽象语义是习得难点，中介语语料库中有些抽象语义类型根本未出现，有的即使出现数量也不多，我们利用第二语言习得研究中的句法判断任务和句法修改任务对外国学生习得"在 X 上/下"抽象语义的情况进行了考察，发现在学习"在 X 上"时，方面义、范围义、来源义和条件义易于活动义的习得；在学习"在 X 下"时，条件义易于情况义的习得；语义类型和汉语水平均影响"在 X 上/下"抽象语义的习得。可见，通过实验研究可以发现"在 X 上"的活动义和"在 X 下"的情况义是英语母语者习得"在 X 上/下"抽象语义的难点。此外，通过实验还发现，中级阶段学习者的整体构式意识不强，经常遗漏方位词"上/下"，到了高级阶段学习者的整体构式意识明显增强。目前国内外习得研究领域通过实验研究考察二语学习者构式意识发展的研究还非常少，本研究通过实验得出以上结论也是一次尝试。

尽管论文已经完成，但是由于本人学识的欠缺，论文还存在一些不足之处，有些问题并未进行探讨，主要体现在以下几个方面。

1. 在对"在 X 上/下"进行句法语义分析时，有些问题没有进行深挖，如还可以从"格"和"论元角色"等方面进行探讨。

2. 本研究对能进入到"在 X 上/下"框式结构的成分的语法和语义特征进行了分析，但是对该框式结构前后部分的关联性质没有进行考察。

3. 由于在本研究中偏误分析是基于中介语语料库进行的，所以我们对英语母语者"在 X 上/下"偏误原因的探讨主要是从母语负迁移和目的语规则泛化两方面进行解释的，教学误导、交际策略的运用、语言普遍性因素也是偏误的重要来源，论文对这三种偏误来源未涉及，最理想的研究是能结合教学实际考察这五种偏误来源的影响程度。

4. 影响学习者习得的因素很多，在实验设计时虽然对年龄、性别等无关因素进行了控制，但是还有一些无关因素没有控制，如学习风格和学习策略等，最好的办法是将可能影响习得的因素全部纳入回归方程，考察各影响因素的贡献大小，从而确定哪些因素影响习得以及影响程度如何。

这些问题的解决需要更扎实的语言学理论知识、更精良的实验设计和更先进的统计方法，笔者会进一步夯实语言学理论基础、扩展理论视野、掌握更精良的实验设计和更先进的统计方法，对以上问题进行深入思考和研究。

附　　录

附录表1　表示方面义的"在 X 上"中 X 中心成分的语义类型频率

X	词性	频次	语义类型
政治	名词	128	抽象事物—政治—行政—政治理论
经济	名词	116	抽象事物—经济—价值—经济
关系	名词	62	抽象事物—社会—身份—关系
法律	名词	49	抽象事物—政治—法制—法纪
生活	动词	49	生物活动—生活、工作—生活—营生
思想	名词	47	抽象事物—意识—思想—思想
生产	动词	41	社会活动—生产—建造—出产
内容	名词	40	抽象事物—科教—内容、体例—文意
技术	名词	38	抽象事物—属性—德才—才艺、技术
时间	名词	38	时空—时间—时期—时期
形式	名词	35	抽象事物—属性—景状—状态、款式
实践	动词	33	运动与变化—事态变化—进行—实行
方法	名词	32	抽象事物—事情—规律、方法、思路—方法
数量	名词	28	抽象事物—数量单位—数量—数目
层次	名词	27	抽象事物—属性—范畴—序列
理论	名词	26	抽象事物—科教—文化、知识、学说—学说
工作	名词	26	抽象事物—社会—工作—职业、工作
精神	名词	26	抽象事物—意识—思想—思想
发展	动词	26	生物活动—际遇—进退—发展
结构	名词	25	抽象事物—属性—范畴—系统
方式	名词	22	抽象事物—事情—规律、方法、思路—方法
创作	动词	22	社会活动—文教—写作—写作

X	词性	频次	语义类型
管理	动词	21	社会活动—管理—管理—管理
文化	名词	20	抽象事物—科教—文化、知识、学说—文化
工作	动词	20	生物活动—生活、工作—就业—务工
学习	动词	19	社会活动—文教—学习—学习
感情	名词	17	抽象事物—意识—感觉、感情—感情
心理	名词	17	抽象事物—意识—思想—思想
经营	动词	17	社会活动—管理—处理—经营
……论（方法论6、认识论6、理想论2、人性论1、信息论1）	名词	16	抽象事物—科教—文化、知识、学说—学说
形态	名词	16	抽象事物—属性—景状—形状
分配	动词	16	社会活动—管理—调动—派调
研究	动词	16	社会活动—文教—研究—研究
方向	名词	16	时空—空间—方位—方位、席位
科学	名词	15	抽象事物—科教—文化、知识、学说—科学、知识
处理	动词	15	社会活动—管理—处理—处理
军事	名词	14	抽象事物—事情—事情—军事
制度	名词	14	抽象事物—政治—法制—制度
风格	名词	13	抽象事物—科教—体例—风格
艺术	名词	13	抽象事物—事情—规律、方法、思路—方法
体制	名词	13	抽象事物—政治—政体制度—体制
教育	动词	13	社会活动—文教—教学—传授
表演	动词	13	社会活动—文教—演出—演出
认识	名词	13	生物活动—心理活动—了解—相识
对象	名词	12	抽象事物—事情—过程—目标、路线、角度、立场
行动	名词	11	抽象事物—社会—活动—行为
质量	名词	11	抽象事物—属性—标准—质地、水平
安排	动词	11	社会活动—管理—部署—安置
创造	动词	11	社会活动—管理—建立—创造
价格	名词	10	抽象事物—经济—价格—价格
效果	名词	10	抽象事物—事情—情势—效应
运用	动词	10	生物活动—生活、工作—使用—使用

续表

X	词性	频次	语义类型
行为	名词	9	抽象事物—社会—活动—行为
量	名词	9	抽象事物—数量单位—数量—数目
情感	名词	9	抽象事物—意识—感觉、感情—感情
意识	名词	9	抽象事物—意识—思想—思想
态度	名词	9	抽象事物—属性—仪容—神情
空间	名词	9	时空—空间—方位—方位、席位
速度	名词	8	抽象事物—数量单位—度量—速度
手法	名词	8	抽象事物—意识—想法—伎俩
要求	名词	8	抽象事物—意识—愿望—需求
组织	名词	8	抽象事物—政治—行政—政府机构
质	名词	8	抽象事物—属性—标准—质地、水平
道德	名词	8	抽象事物—属性—德才—品行
组织	动词	8	社会活动—管理—部署—安置
动作	名词	7	抽象事物—社会—活动—行为
权（使用权2、所有权2、分配权1、管辖权1、专有权1）	名词	7	抽象事物—政治—权责—权利
品种	名词	7	抽象事物—属性—范畴—类别
造型	名词	7	抽象事物—属性—景状—形状
构图	动词	7	社会活动—文教—绘画—描绘
活动	名词	6	抽象事物—社会—活动—行为
生理	名词	6	抽象事物—事情—规律、方法、思路—道理
爱情	名词	6	抽象事物—意识—感觉、感情—感情
观念	名词	6	抽象事物—意识—思想—思想
政策	名词	6	抽象事物—政治—法制—制度
技法	名词	6	抽象事物—属性—德才—才艺、技术
利益	名词	6	抽象事物—属性—性质—利弊
……性（戏剧性1、现实性1、真实性1、知识性1、艺术性1、自觉性1）	名词	6	抽象事物—属性—性质—性质
色彩	名词	6	具体物—自然物—自然物质—颜色
供应	动词	6	社会活动—帮助—取予—供给
教学	动词	6	社会活动—文教—教学—讲课

续表

X	词性	频次	语义类型
选择	动词	6	生物活动—生活、工作—使用—挑选
理解	动词	6	生物活动—心理活动—了解—知晓
利益	名词	6	抽象事物—属性—性质—利弊
价值	名词	5	抽象事物—经济—价值—价值
事业	名词	5	抽象事物—社会—工作—事业、工程
目标	名词	5	抽象事物—事情—过程—目标、路线、角度、立场
目的	名词	5	抽象事物—事情—过程—目标、路线、角度、立场
性能	名词	5	抽象事物—事情—情势—效应
作用	名词	5	抽象事物—事情—情势—效应
舞蹈	名词	5	抽象事物—文体卫生—歌舞—舞蹈
战略	名词	5	抽象事物—意识—想法—计策
看法	名词	5	抽象事物—意识—想法—见解
水平	名词	5	抽象事物—属性—标准—质地、水平
技巧	名词	5	抽象事物—属性—德才—才艺、技术
人格	名词	5	抽象事物—属性—德才—品行
规模	名词	5	抽象事物—属性—范畴—范围、行业、圈子
外表	名词	5	抽象事物—属性—因素—表象
商品	名词	5	具体物—概称—用品—商品
化妆	动词	5	生物活动—生活、工作—起居—打扮
使用	动词	5	生物活动—生活、工作—使用—使用
消费	动词	5	运动与变化—数量变化—减少—削减
题材	名词	4	抽象事物—科教—内容、体例—体例
字面	名词	4	抽象事物—科教—语言文字—字
业务	名词	4	抽象事物—社会—工作—职业、工作
路线	名词	4	抽象事物—事情—过程—目标、路线、角度、立场
功能	名词	4	抽象事物—事情—情势—效应
效益	名词	4	抽象事物—事情—情势—效应
记忆	名词	4	抽象事物—事情—人生—经验
级（四级、五级）	名词	4	抽象事物—数量单位—单位—物量单位
作风	名词	4	抽象事物—意识—德才—作风
思维	名词	4	抽象事物—意识—思想—思想

续表

X	词性	频次	语义类型
观点	名词	4	抽象事物—意识—想法—见解
权力	名词	4	抽象事物—政治—权责—权利
原则	名词	4	抽象事物—属性—标准—标准
性格	名词	4	抽象事物—属性—德才—性格
气质	名词	4	抽象事物—属性—仪容—仪态
舞姿	名词	4	抽象事物—属性—仪容—姿势
物质	名词	4	具体物—概称—物体—物什
处理……关系	动词短语	4	社会活动—管理—处理—处理
领导	动词	4	社会活动—管理—指挥 统治—指挥
布局	动词	4	社会活动—文教—写作—写作
分析	动词	4	社会活动—文教—研究—分析
斗争	动词	4	社会活动—战争—斗争—斗争
设计	动词	4	生物活动—心理活动—计划—策划
适用	形容词	4	性质与状态—性质—利、弊—有用
构成	名词	4	运动与变化—方位改变—结合—结合
表现	动词	4	运动与变化—判断—显示—体现
反映生活	动词短语	4	运动与变化—判断—显示—体现
提高	动词	4	运动与变化—数量变化—增加—上升
费用	名词	3	抽象事物—经济—报酬、费用—费用
税收	名词	3	抽象事物—经济—利税—赋税
资金	名词	3	抽象事物—经济—资产—资本
专业	名词	3	抽象事物—科教—教育—学科
词语色彩	名词短语	3	抽象事物—科教—内容、体例—体例
词句	名词	3	抽象事物—科教—语言文字—词、语
习惯	名词	3	抽象事物—社会—风俗—习俗
对外贸易	名词	3	抽象事物—社会—工作—行业、产业
概念	名词	3	抽象事物—事情—规律、方法、思路—道理
含义（涵义）	名词	3	抽象事物—事情—规律、方法、思路—道理
逻辑	名词	3	抽象事物—事情—规律、方法、思路—道理
意思	名词	3	抽象事物—事情—规律、方法、思路—道理

X	词性	频次	语义类型
步骤	名词	3	抽象事物—事情—规律、方法、思路—方法
用法	名词	3	抽象事物—事情—规律、方法、思路—方法
规律	名词	3	抽象事物—事情—规律、方法、思路—规律
经验	名词	3	抽象事物—事情—人生—经验
饮食	名词	3	抽象事物—事情—人生—生计、生活
财政	名词	3	抽象事物—事情—事情—事情
细节	名词	3	抽象事物—事情—事情—事情
高度	名词	3	抽象事物—数量单位—度量—高度
唱腔	名词	3	抽象事物—文体卫生—影剧—戏曲、曲艺、杂耍
距离感	名词	3	抽象事物—意识—感觉、感情—感觉
情分	名词	3	抽象事物—意识—感觉、感情—感情
技艺	名词	3	抽象事物—属性—德才—才艺、技术
理智	名词	3	抽象事物—属性—德才—才艺、技术
能力	名词	3	抽象事物—属性—德才—能力
素质	名词	3	抽象事物—属性—德才—品行
程序	名词	3	抽象事物—属性—范畴—序列
形象	名词	3	抽象事物—属性—景状—形状
口头	名词	3	抽象事物—属性—景状—状态、款式
外貌	名词	3	抽象事物—属性—仪容—容貌
外延	名词	3	抽象事物—属性—因素—实质
拍子（强拍、弱拍）	名词	3	具体物—自然物—自然物质—声音
改革	动词	3	社会活动—管理—改革—改革
建设	动词	3	社会活动—管理—建立—组建
描写	动词	3	社会活动—社交—表达—论述、描写
塑造	动词	3	社会活动—社交—表达—论述、描写
塑造……形象	动词短语	3	社会活动—社交—表达—论述、描写
开发	动词	3	社会活动—生产—耕作—垦荒
改造	动词	3	社会活动—生产—建造—修建
写作	动词	3	社会活动—文教—写作—写作
概括	动词	3	社会活动—文教—研究—分析

续表

X	词性	频次	语义类型
观察	动词	3	生物活动—生活、工作—使用—观察
运用政策、法律	动词短语	3	生物活动—生活、工作—使用—使用
取材	动词	3	生物活动—生活、工作—使用—挑选
认定事实	动词短语	3	生物活动—心理活动—犹豫、决意—决意
肉体	名词	3	生物—生物部分—躯体部分—身体
形体	名词	3	生物—生物部分—躯体部分—身体
实用	形容词	3	性质与状态—性质—利、弊—有用
分布	动词	3	运动与变化—方位改变—存放—布置
解决……问题	动词短语	3	运动与变化—数量变化—消除—解决
收支	名词	2	抽象事物—经济—账目、款项—款项
军备	名词	2	抽象事物—军事—战争—战备
战术	名词	2	抽象事物—军事—战争—战法
体裁	名词	2	抽象事物—科教—内容、体例—体例
图案	名词	2	抽象事物—科教—图式—图、表
知识	名词	2	抽象事物—科教—文化、知识、学说—科学、知识
学术	名词	2	抽象事物—科教—文化、知识、学说—学说
舆论	名词	2	抽象事物—科教—文章—评论、结论
论点	名词	2	抽象事物—科教—文章—文章
文字	名词	2	抽象事物—科教—文章—文章
词类	名词	2	抽象事物—科教—语言文字—词、语
句法	名词	2	抽象事物—科教—语言文字—句、段
调（曲调）	名词	2	抽象事物—科教—语言文字—语音、语调
传统	名词	2	抽象事物—社会—风俗—习俗
产业	名词	2	抽象事物—社会—工作—行业、产业
工业	名词	2	抽象事物—社会—工作—行业、产业
贸易	名词	2	抽象事物—社会——工作—行业、产业
农事	名词	2	抽象事物—社会—工作—职业、工作
举止	名词	2	抽象事物—社会—活动—行为
身份	名词	2	抽象事物—社会—身份—出身、辈分
友谊	名词	2	抽象事物—社会—身份—友谊

X	词性	频次	语义类型
措施	名词	2	抽象事物—事情—规律、方法、思路—方法
情势	名词	2	抽象事物—事情—情势—形势
内政	名词	2	抽象事物—事情—事情—事情
矛盾	名词	2	抽象事物—事情—遭际—恩仇
命运	名词	2	抽象事物—事情—遭际—命运
距离	名词	2	抽象事物—数量单位—度量—长度
深度	名词	2	抽象事物—数量单位—度量—高度
广度	名词	2	抽象事物—数量单位—度量—角度
强度	名词	2	抽象事物—数量单位—度量—强度
效率	名词	2	抽象事物—数量单位—数量—概数、倍数、比率
人数	名词	2	抽象事物—数量单位—数量—数目
资料	名词	2	抽象事物—文教—文章—文书
节奏	名词	2	抽象事物—文体卫生—歌舞—音乐
感觉	名词	2	抽象事物—意识—感觉、感情—感觉
美感	名词	2	抽象事物—意识—感觉、感情—感觉
计划	名词	2	抽象事物—意识—想法—计策
谋略	名词	2	抽象事物—意识—想法—计策
手段	名词	2	抽象事物—意识—想法—伎俩
需求	名词	2	抽象事物—意识—愿望—需求
韵味	名词	2	抽象事物—意识—志趣—情趣
意志	名词	2	抽象事物—意识—志趣—志气
法制	名词	2	抽象事物—政治—法制—法纪
任务	名词	2	抽象事物—政治—权责—责任
名誉	名词	2	抽象事物—属性—德才—品行
个性	名词	2	抽象事物—属性—德才—性格
方面	名词	2	抽象事物—属性—范畴—方面
构造	名词	2	抽象事物—属性—范畴—系统
外观	名词	2	抽象事物—属性—景状—景象
外形	名词	2	抽象事物—属性—景状—形状
财力	名词	2	抽象事物—属性—力量—力量

X	词性	频次	语义类型
力度	名词	2	抽象事物—属性—力量—力量
体力	名词	2	抽象事物—属性—力量—力量
能量	名词	2	抽象事物—属性—力量—能量
名称	名词	2	抽象事物—属性—名号—名称
名字	名词	2	抽象事物—属性—名号—姓名、属相
得失	名词	2	抽象事物—属性—性质—利弊
差异	名词	2	抽象事物—属性—性质—特征
特点	名词	2	抽象事物—属性—性质—特征
思想性	名词	2	抽象事物—属性—性质—性质
音色	名词	2	抽象事物—属性—性质—性质
音质	名词	2	抽象事物—属性—性质—性质
仪表	名词	2	抽象事物—属性—仪容—仪态
姿态	名词	2	抽象事物—属性—仪容—姿势
表面	名词	2	抽象事物—属性—因素—表象
基点	名词	2	抽象事物—属性—因素—关键
重点	名词	2	抽象事物—属性—因素—关键
因素	名词	2	抽象事物—属性—因素—要素
物力	名词	2	具体物—概称—物资—生产资料
住房	名词	2	具体物—建筑物—房屋—房屋
配器	名词	2	具体物—器具—机具—机件
声音	名词	2	具体物—自然物—自然物质—声音
协调	动词	2	社会活动—帮助—协商—调解
部署	动词	2	社会活动—管理—部署—部署、整编
配置	动词	2	社会活动—管理—部署—部署、整编
调节	动词	2	社会活动—管理—调动—派、调
设置	动词	2	社会活动—管理—建立—创设
立法	动词	2	社会活动—管理—建立—组建
用人	动词	2	社会活动—管理—任免—录用
掌握	动词	2	社会活动—管理—掌控—控制
支配	动词	2	社会活动—管理—掌控—控制

续表

X	词性	频次	语义类型
花钱	动词	2	社会活动—经贸—出纳—支付
买卖	动词词组	2	社会活动—经贸—买卖—买卖
投资	动词	2	社会活动—经贸—投资—投资
立论	动词	2	社会活动—社交—表达—表达
抒情	动词	2	社会活动—社交—表达—表达
表达主题	动词短语	2	社会活动—社交—表达—表达
刻划	动词	2	社会活动—社交—表达—论述、描写
描述	动词	2	社会活动—社交—表达—论述、描写
制作	动词	2	社会活动—生产—建造—制造
测验	动词	2	社会活动—文教—教学—考试
解释	动词	2	社会活动—文教—研究—解释
诊断	动词	2	社会活动—文教—医治—诊断
防守	动词	2	社会活动—战争—守卫—防守
追求	动词	2	生活活动—心理活动—希望—追求
发展……事业	动词短语	2	生物活动—际遇—进退—发展
发展生产	动词短语	2	生物活动—际遇—进退—发展
实施	动词	2	生物活动—生活、工作—参与—做
劳动	动词	2	生物活动—生活、工作—就业—务工
继承……舞蹈	动词短语	2	生物活动—生活、工作—生活—承继、守节
应用	动词	2	生物活动—生活、工作—使用—使用
用水	动词	2	生物活动—生活、工作—使用—使用
采访	动词	2	生物活动—生活、工作—使用—收集
讲求效益	动词短语	2	生物活动—心理活动—关注—重视
构思	动词	2	生物活动—心理活动—思考—思考
内省	动词	2	生物活动—心理活动—醒悟—反省
觉悟	名词	2	生物活动—心理活动—醒悟—醒悟
时空	名词	2	时空—时间—时期—时代、朝代
用心	动词	2	性质与状态—才品—勤、怠—勤奋
准	形容词	2	性质与状态—性质—对、错—正确
快	形容词	2	性质与状态—性状—快、慢—快

X	词性	频次	语义类型
组合	动词	2	运动与变化—方为改变—结合—结合
平等（不平等）	形容词	2	运动与变化—判断—相同—相同
流传……科学、文艺	动词短语	2	运动与变化—事态变化—传播—流传
实现……解放	动词短语	2	运动与变化—事态变化—结束—完成
实行	动词	2	运动与变化—事态变化—进行—实行
执行	动词	2	运动与变化—事态变化—进行—实行
减少……消耗	动词短语	2	运动与变化—数量变化—减少—削减
扩大	动词	2	运动与变化—数量变化—增加—扩大
提高质量	动词短语	2	运动与变化—数量变化—增加—上升
多样化	动词	2	运动与变化—物态变化—变化—化为
优化结构	动词短语	2	运动与变化—物态变化—好转—改进
差异	名词	2	抽象事物—属性—性质—特征
报酬	名词	1	抽象事物—经济—报酬、费用—薪金、福利
待遇	名词	1	抽象事物—经济—报酬、费用—薪金、福利
货币	名词	1	抽象事物—经济—货币—货币
产值	名词	1	抽象事物—经济—价值—产值
价钱	名词	1	抽象事物—经济—价值—价格
收入	名词	1	抽象事物—经济—账目、款项—款项
公债	名词	1	抽象事物—经济—账目、款项—账目、债务
财产	名词	1	抽象事物—经济—资产—钱财
金钱	名词	1	抽象事物—经济—资产—钱财
钱	名词	1	抽象事物—经济—资产—钱财
成本	名词	1	抽象事物—经济—资产—资本
训育	动词	1	抽象事物—科教—教育—教育
功课	名词	1	抽象事物—科教—教育—课程、习题、考试
作业	名词	1	抽象事物—科教—教育—课程、习题、考试
地理	名词	1	抽象事物—科教—教育—学科
地学	名词	1	抽象事物—科教—教育—学科
佛学	名词	1	抽象事物—科教—教育—学科
版面	名词	1	抽象事物—科教—内容、体例—版面

X	词性	频次	语义类型
节目	名词	1	抽象事物—科教—内容、体例—目录
格调	名词	1	抽象事物—科教—内容、体例—体例
格局	名词	1	抽象事物—科教—内容、体例—体例
基调	名词	1	抽象事物—科教—内容、体例—体例
文笔	名词	1	抽象事物—科教—内容、体例—体例
主题	名词	1	抽象事物—科教—内容、体例—体例
专题	名词	1	抽象事物—科教—内容、体例—体例
题目	名词	1	抽象事物—科教—内容、体例—体例
字义	名词	1	抽象事物—科教—内容、体例—文意
要点	名词	1	抽象事物—科教—内容、体例—文意
语气	名词	1	抽象事物—科教—内容、体例—文意
常识	名词	1	抽象事物—科教—文化、知识、学说—科学、知识
目的论	名词	1	抽象事物—科教—文化、知识、学说—学说
经验论	名词	1	抽象事物—科教—文化、知识、学说—学说
变质说	名词	1	抽象事物—科教—文化、知识、学说—学说
政治学说	名词	1	抽象事物—科教—文化、知识、学说—学说
文艺	名词	1	抽象事物—科教—文学—文学
提法	名词	1	抽象事物—科教—文章—评论、结论
图书	名词	1	抽象事物—科教—文章—书籍
素材	名词	1	抽象事物—科教—文章—文书
词尾	名词	1	抽象事物—科教—语言文字—词、语
词义	名词	1	抽象事物—科教—语言文字—词、语
日常用语	名词	1	抽象事物—科教—语言文字—词、语
汉语拼音	名词	1	抽象事物—科教—语言文字—符号、编号
构词法	名词	1	抽象事物—科教—语言文字—句段
誓词	名词	1	抽象事物—科教—语言文字—言辞
谈吐	名词	1	抽象事物—科教—语言文字—言辞
写法	名词	1	抽象事物—科教—语言文字—字
字形	名词	1	抽象事物—科教—语言文字—字
名分	名词	1	抽象事物—社会—地位—地位

续表

X	词性	频次	语义类型
名位	名词	1	抽象事物—社会—地位—地位
位置	名词	1	抽象事物—社会—地位—地位
礼貌	名词	1	抽象事物—社会—风俗—礼仪
习俗	名词	1	抽象事物—社会—风俗—习俗
工程	名词	1	抽象事物—社会—工作—事业、工程
水利	名词	1	抽象事物—社会—工作—事业、工程
交通	名词	1	抽象事物—社会—工作—行业、产业
银行信贷	名词	1	抽象事物—社会—工作—行业、产业
活路	名词	1	抽象事物—社会—工作—职业、工作
美工	名词	1	抽象事物—社会—工作—职业、工作
游戏	名词	1	抽象事物—社会—活动—文体活动
娱乐	名词	1	抽象事物—社会—活动—文体活动
举动	名词	1	抽象事物—社会—活动—行为
举止	名词	1	抽象事物—社会—活动—行为
一招一式	名词短语	1	抽象事物—社会—活动—行为
集体	名词	1	抽象事物—社会—群体—团体、组织
辈分	名词	1	抽象事物—社会—身份—出身、辈分
资格	名词	1	抽象事物—社会—身份—出身、辈分
血统	名词	1	抽象事物—社会—身份—关系
血缘	名词	1	抽象事物—社会—身份—关系
情谊	名词	1	抽象事物—社会—身份—友谊
成果	名词	1	抽象事物—事情—功过—成就
过失	名词	1	抽象事物—事情—功过—过失
道理	名词	1	抽象事物—事情—规律、方法、思路—道理
定义	名词	1	抽象事物—事情—规律、方法、思路—道理
教义	名词	1	抽象事物—事情—规律、方法、思路—道理
伦理	名词	1	抽象事物—事情—规律、方法、思路—道理
辩证法	名词	1	抽象事物—事情—规律、方法、思路—方法
唱法	名词	1	抽象事物—事情—规律、方法、思路—方法
画法	名词	1	抽象事物—事情—规律、方法、思路—方法

X	词性	频次	语义类型
手续	名词	1	抽象事物—事情—规律、方法、思路—方法
作法	名词	1	抽象事物—事情—规律、方法、思路—方法
做法	名词	1	抽象事物—事情—规律、方法、思路—方法
产物	名词	1	抽象事物—事情—过程—结果
结果	名词	1	抽象事物—事情—过程—结果
角度	名词	1	抽象事物—事情—过程—目标、路线、角度、立场
渠道	名词	1	抽象事物—事情—过程—途径
来源	名词	1	抽象事物—事情—过程—原因、依据、源头
说法	名词	1	抽象事物—事情—过程—原因、依据、源头
形迹	名词	1	抽象事物—事情—情势—现象
影响	动词	1	抽象事物—事情—情势—效应
功用	名词	1	抽象事物—事情—情势—效应
效应	名词	1	抽象事物—事情—情势—效应
用途	名词	1	抽象事物—事情—情势—效应
职能	名词	1	抽象事物—事情—情势—效应
高潮	名词	1	抽象事物—事情—情势—形势
趋势	名词	1	抽象事物—事情—情势—形势
情况	名词	1	抽象事物—事情—情势—状况
状态	名词	1	抽象事物—事情—情势—状况
故事轮廓	名词短语	1	抽象事物—事情—情势—状况
体验	动词	1	抽象事物—事情—人生—经验
吃穿	动词	1	抽象事物—事情—人生—生计、生活
伙食	名词	1	抽象事物—事情—人生—生计、生活
日子	名词	1	抽象事物—事情—人生—生计、生活
案件	名词	1	抽象事物—事情—事情—案件
大势	名词	1	抽象事物—事情—事情—情势
惯例	名词	1	抽象事物—事情—事情—事例
规范用例	名词词组	1	抽象事物—事情—事情—事例
财务	名词	1	抽象事物—事情—事情—事情
家务	名词	1	抽象事物—事情—事情—事情

X	词性	频次	语义类型
外交	名词	1	抽象事物—事情—事情—事情
缓急	形容词	1	抽象事物—事情—事情—事情
商务	名词	1	抽象事物—事情—事情—事情
政务	名词	1	抽象事物—事情—事情—事情
小便宜	名词	1	抽象事物—事情—遭际—恩仇
痛苦	形容词	1	抽象事物—事情—遭际—苦难
命	名词	1	抽象事物—事情—遭际—命运
冲突	名词	1	抽象事物—事情—遭遇—恩仇
尺寸	名词	1	抽象事物—数量单位—度量—长度
深度	名词	1	抽象事物—数量单位—度量—高度
幅度	名词	1	抽象事物—数量单位—度量—宽度
成熟度	名词	1	抽象事物—数量单位—度量—强度
重量	名词	1	抽象事物—数量单位—度量—重量
比重	名词	1	抽象事物—数量单位—数量—概数、倍数、比率
名额	名词	1	抽象事物—数量单位—数量—数额、数值
生产量	名词	1	抽象事物—数量单位—数量—数额、数值
数目	名词	1	抽象事物—数量单位—数量—数目
乐舞（舞蹈）	名词	1	抽象事物—文体卫生—歌舞—舞蹈
旋律	名词	1	抽象事物—文体卫生—歌舞—音乐
肖像	名词	1	抽象事物—文体卫生—美术—照片
手术	名词	1	抽象事物—文体卫生—医疗—卫生保健、疗法
机能	名词	1	抽象事物—意识—德才—能力
听觉	名词	1	抽象事物—意识—感觉、感情—感觉
味道	名词	1	抽象事物—意识—感觉、感情—感觉
真实感	名词	1	抽象事物—意识—感觉、感情—感觉
分寸感	名词	1	抽象事物—意识—感觉、感情—感觉
情义	名词	1	抽象事物—意识—感觉、感情—感情
情绪	名词	1	抽象事物—意识—感觉、感情—心绪
人情物理	名词短语	1	抽象事物—意识—感觉、感情—心绪
良心	名词	1	抽象事物—意识—思想—良心、真心

X	词性	频次	语义类型
心地	名词	1	抽象事物—意识—思想—内心
灵魂	名词	1	抽象事物—意识—思想—思想
思潮	名词	1	抽象事物—意识—思想—思想
心思	名词	1	抽象事物—意识—思想—思想
策略	名词	1	抽象事物—意识—想法—计策
宏伟蓝图	名词	1	抽象事物—意识—想法—计策
道德论	名词	1	抽象事物—意识—想法—见解
想法	名词	1	抽象事物—意识—想法—见解
艺术观	名词	1	抽象事物—意识—想法—见解
意见	名词	1	抽象事物—意识—想法—见解
意念	名词	1	抽象事物—意识—想法—见解
主张	名词	1	抽象事物—意识—想法—见解
价值观	名词	1	抽象事物—意识—想法—见解
历史观	名词	1	抽象事物—意识—想法—见解
美学观	名词	1	抽象事物—意识—想法—见解
自然观	名词	1	抽象事物—意识—想法—见解
需要	名词	1	抽象事物—意识—愿望—需求
欲望	名词	1	抽象事物—意识—愿望—欲念
意图	名词	1	抽象事物—意识—愿望—愿望
意愿	名词	1	抽象事物—意识—愿望—愿望
兴趣	名词	1	抽象事物—意识—志趣—兴趣
信仰	名词	1	抽象事物—意识—志趣—志气
法规	名词	1	抽象事物—政治—法制—法纪
纪律	名词	1	抽象事物—政治—法制—法纪
规章	名词	1	抽象事物—政治—法制—规约
权利	名词	1	抽象事物—政治—权责—权利
职权	名词	1	抽象事物—政治—权责—权利
经营权	名词	1	抽象事物—政治—权责—权利
负担	名词	1	抽象事物—政治—权责—责任
所有制	名词	1	抽象事物—政治—行政—政体制度

X	词性	频次	语义类型
标准	名词	1	抽象事物—属性—标准—标准
规格	名词	1	抽象事物—属性—标准—标准
大小	名词	1	抽象事物—属性—标准—界线
高低	形容词	1	抽象事物—属性—标准—界线
轻重	形容词	1	抽象事物—属性—标准—界限
成色	名词	1	抽象事物—属性—标准—质地、水平
水平	名词	1	抽象事物—属性—标准—质地、水平
才能	名词	1	抽象事物—属性—德才—才艺、技术
工艺	名词	1	抽象事物—属性—德才—才艺、技术
技能	名词	1	抽象事物—属性—德才—才艺、技术
科技	名词	1	抽象事物—属性—德才—才艺、技术
技法	名词	1	抽象事物—属性—德才—才艺、技术
品德	名词	1	抽象事物—属性—德才—品行
情操	名词	1	抽象事物—属性—德才—品行
性灵	名词	1	抽象事物—属性—德才—性格
层面	名词	1	抽象事物—属性—范畴—范围、行业、圈子
物种	名词	1	抽象事物—属性—范畴—类别
项目	名词	1	抽象事物—属性—范畴—类别
环节	名词	1	抽象事物—属性—范畴—系统
机制	名词	1	抽象事物—属性—范畴—系统
体系	名词	1	抽象事物—属性—范畴—系统
系统	名词	1	抽象事物—属性—范畴—系统
队形	名词	1	抽象事物—属性—范畴—序列
时序	名词	1	抽象事物—属性—范畴—序列
顺序	名词	1	抽象事物—属性—范畴—序列
序列	名词	1	抽象事物—属性—范畴—序列
风景	名词	1	抽象事物—属性—景状—景象
面貌	名词	1	抽象事物—属性—景状—景象
造型	动词	1	抽象事物—属性—景状—形状
地形	名词	1	抽象事物—属性—景状—形状

续表

X	词性	频次	语义类型
形状	名词	1	抽象事物—属性—景状—形状
装帧	动词	1	抽象事物—属性—景状—状态、款式
包装	名词	1	抽象事物—属性—景状—状态、款式
式样	名词	1	抽象事物—属性—景状—状态、款式
装潢	名词	1	抽象事物—属性—景状—状态、款式
动量	名词	1	抽象事物—属性—力量—力量
精力	名词	1	抽象事物—属性—力量—力量
气力	名词	1	抽象事物—属性—力量—力量
人力	名词	1	抽象事物—属性—力量—力量
生产力	名词	1	抽象事物—属性—力量—力量
实力	名词	1	抽象事物—属性—力量—力量
标题	名词	1	抽象事物—属性—名号—名称
称呼	名词	1	抽象事物—属性—名号—名称
称谓	名词	1	抽象事物—属性—名号—名称
特征	名词	1	抽象事物—属性—性质—特征
多样性	名词	1	抽象事物—属性—性质—性质
概括性	名词	1	抽象事物—属性—性质—性质
继承性	名词	1	抽象事物—属性—性质—性质
目的性	名词	1	抽象事物—属性—性质—性质
趣味性	名词	1	抽象事物—属性—性质—性质
扮相	名词	1	抽象事物—属性—仪容—扮相
相貌	名词	1	抽象事物—属性—仪容—容貌
脸色	名词	1	抽象事物—属性—仪容—神情
神态	名词	1	抽象事物—属性—仪容—神情
风度	名词	1	抽象事物—属性—仪容—仪态
步法	名词	1	抽象事物—属性—仪容—姿势
姿势	名词	1	抽象事物—属性—仪容—姿势
本体	名词	1	抽象事物—属性—因素—关键
机遇	名词	1	抽象事物—属性—因素—关键
客体	名词	1	抽象事物—属性—因素—关键

续表

X	词性	频次	语义类型
内涵	名词	1	抽象事物—属性—因素—实质
成份	名词	1	抽象事物—属性—因素—要素
东西	名词	1	具体物—概称—物体—物什
材料	名词	1	具体物—概称—物资—生产资料
物资	名词	1	具体物—概称—物资—生产资料
废物	名词	1	具体物—概称—用品—废弃物
产品	名词	1	具体物—概称—用品—工业品
彩礼	名词	1	具体物—概称—用品—礼物
道具	名词	1	具体物—概称—用品—日用品
设施	名词	1	具体物—概称—用品—日用品
装备	名词	1	具体物—概称—用品—日用品
服饰	名词	1	具体物—生活用品—布料、服饰—衣服
服装	名词	1	具体物—生活用品—布料、服饰—衣服
债券	名词	1	具体物—文化用品—办公用品—票券、表单
背景	名词	1	具体物—文化用品—文艺用品—布景、屏幕
布景	名词	1	具体物—文化用品—文艺用品—布景、屏幕
地质	名词	1	具体物—自然物—天体—地球
灯光	名词	1	具体物—自然物—自然物质—光影
节拍	名词	1	具体物—自然物—自然物质—声音
音	名词	1	具体物—自然物—自然物质—声音
字音	名词	1	具体物—自然物—自然物质—声音
线纹	名词	1	具体物—自然物—自然物质—纹痕、印迹
颜色	名词	1	具体物—自然物—自然物质—颜色
扶贫	动词	1	社会活动—帮助—帮助—救济
支援	动词	1	社会活动—帮助—帮助—支持
交公粮	动词短语	1	社会活动—帮助—取、予—交、送
提供……技术	动词短语	1	社会活动—帮助—取予—供给
疏通……关系	动词短语	1	社会活动—帮助—协商—调解
接受	动词	1	社会活动—帮助—协商—接受
接受……方法	动词短语	1	社会活动—帮助—协商—接受

X	词性	频次	语义类型
遵守纪律	动词词组	1	社会活动—帮助—协商—遵从
抚养	动词	1	社会活动—帮助—养育—养育
送礼	动词	1	社会活动—帮助—赠送—赠送
安排生产	动词短语	1	社会活动—管理—部署—安置
调度	名词	1	社会活动—管理—部署—部署、整编
治理	动词	1	社会活动—管理—处理—兴邦
自治	动词	1	社会活动—管理—处理—兴邦
检查	动词	1	社会活动—管理—调查、考评—查、审
评价	动词	1	社会活动—管理—调查、考评—考评
评论	动词	1	社会活动—管理—调查、考评—考评
开风气	动词短语	1	社会活动—管理—建立—创设
开拓	动词	1	社会活动—管理—建立—创设
建立……的事业	动词短语	1	社会活动—管理—建立—组建
建立国家	动词短语	1	社会活动—管理—建立—组建
豁免	动词	1	社会活动—管理—禁止—解除
记分	动词	1	社会活动—管理—批准—登记、呈报
退位	动词	1	社会活动—管理—任免—撤免
任用	动词	1	社会活动—管理—任免—录用
选用官吏	动词词组	1	社会活动—管理—任免—录用
发表意见	动词短语	1	社会活动—管理—宣布—公布
揭示……特点	动词短语	1	社会活动—管理—宣布—揭示
号召	动词	1	社会活动—管理—宣传—提倡
鼓吹	动词	1	社会活动—管理—宣传—宣传
宣传	动词	1	社会活动—管理—宣传—宣传
对外宣传	名词	1	社会活动—管理—宣传—宣传
讨论	动词	1	社会活动—管理—议决—建议
决策	动词	1	社会活动—管理—议决—决定
确认	动词	1	社会活动—管理—议决—决定
摆布	动词	1	社会活动—管理—掌控—控制
制导	动词	1	社会活动—管理—掌控—控制

X	词性	频次	语义类型
掌握……制度	动词词组	1	社会活动—管理—掌控—控制
把握……个性	动词短语	1	社会活动—管理—掌控—控制
把握方式	动词短语	1	社会活动—管理—掌控—控制
掌握……分寸	动词短语	1	社会活动—管理—掌控—控制
掌握……立场、观点和方法	动词短语	1	社会活动—管理—掌控—控制
返回	动词	1	社会活动—交通—经抵—返回
出发	动词	1	社会活动—交通—经抵—启程
积累	动词	1	社会活动—经贸—积累—积累
节约	动词	1	社会活动—经贸—积累—节支
平衡	动词	1	社会活动—经贸—积累—盈亏
借贷	动词	1	社会活动—经贸—借贷—借贷
购并	名词	1	社会活动—经贸—买卖—买卖
购买	动词	1	社会活动—经贸—买卖—买卖
宏观调控	动词	1	社会活动—经贸—买卖—要价
还价	动词	1	社会活动—经贸—买卖—要价
作价	动词	1	社会活动—经贸—买卖—要价
出口额	名词	1	社会活动—经贸—贸易—进出口
表达	动词	1	社会活动—社交—表达—表达
论述	动词	1	社会活动—社交—表达—论述、描写
描绘	动词	1	社会活动—社交—表达—论述、描写
刻画……性格	动词短语	1	社会活动—社交—表达—论述、描写
塑造……性格	动词短语	1	社会活动—社交—表达—论述、描写
交际	动词	1	社会活动—社交—交际—交际
交游	动词	1	社会活动—社交—交际—交际
往来	动词	1	社会活动—社交—交际—交际
嫖赌吃喝	动词词组	1	社会活动—社交—交际—交际
对待道德	动词词组	1	社会活动—社交—介绍—对待
对待……的改编	动词短语	1	社会活动—社交—介绍—对待
对待……婚姻问题	动词短语	1	社会活动—社交—介绍—对待
对待两航飞机案	动词短语	1	社会活动—社交—介绍—对待
对付……同族	动词短语	1	社会活动—社交—介绍—对待

X	词性	频次	语义类型
引进技术	动词短语	1	社会活动—社交—介绍—推举
介绍	动词	1	社会活动—社交—介绍—引见
应付……会议	动词短语	1	社会活动—社交—介绍—应付
呼吁	动词	1	社会活动—社交—请求—请求
美化	动词	1	社会活动—社交—说话—巧言
谈话	动词	1	社会活动—社交—说话—说话
慰藉	动词	1	社会活动—社交—赞赏、祝贺、劝慰—安慰、犒赏
纺织	动词	1	社会活动—生产—纺织、漂染—纺、织、编
植树造林	动词短语	1	社会活动—生产—耕作—种植
加工	动词	1	社会活动—生产—加工—加工
改造旧区	动词短语	1	社会活动—生产—建造—修建
改造盐碱地	动词短语	1	社会活动—生产—建造—修建
围建……工地	动词短语	1	社会活动—生产—建造—修建
打制……器皿	动词短语	1	社会活动—生产—建造—制造
检修	动词	1	社会活动—生产—维修、养护—修理
维修	动词	1	社会活动—生产—维修、养护—修理
修理仪器仪表	动词短语	1	社会活动—生产—维修、养护—修理
提炼主题	动词短语	1	社会活动—生产—冶炼、提纯—提纯
冤杀自己同志	动词短语	1	社会活动—司法—惩办—处决
抢劫	动词	1	社会活动—司法—违法—盗抢
竞争	动词	1	社会活动—文教—比赛—比赛
琢磨	动词	1	社会活动—文教—绘画—雕刻
着色	动词	1	社会活动—文教—绘画—描绘
描绘图画	动词短语	1	社会活动—文教—绘画—描绘
教化	动词	1	社会活动—文教—教学—传授
培养	动词	1	社会活动—文教—教学—传授
栽培	动词	1	社会活动—文教—教学—传授
培养……后继人	动词词组	1	社会活动—文教—教学—传授
培养学生	动词词组	1	社会活动—文教—教学—传授
教育下一代	动词短语	1	社会活动—文教—教学—传授
培养……国手	动词短语	1	社会活动—文教—教学—传授
培养……精神	动词短语	1	社会活动—文教—教学—传授

X	词性	频次	语义类型
培养干部	动词短语	1	社会活动—文教—教学—传授
教养	动词	1	社会活动—文教—教学—管教
教授徒弟	动词短语	1	社会活动—文教—教学—讲课
引导	动词	1	社会活动—文教—教学—启发
指导	动词	1	社会活动—文教—教学—启发
导演	动词	1	社会活动—文教—教学—启发
启发广大劳动人民为粉碎旧的国家和法律制度	小句	1	社会活动—文教—教学—启发
剪裁	动词	1	社会活动—文教—写作—编、校
记载	动词	1	社会活动—文教—写作—书、写、记
板书	名词	1	社会活动—文教—写作—书、写、记
翻译	动词	1	社会活动—文教—写作—写作
作曲	名词	1	社会活动—文教—写作—写作
学翻译	动词短语	1	社会活动—文教—学习—学习
学好中央文件	动词短语	1	社会活动—文教—学习—学习
学习借鉴欧洲芭蕾舞	动词短语	1	社会活动—文教—学习—学习
学习梅派	动词短语	1	社会活动—文教—学习—学习
训练	动词	1	社会活动—文教—学习—训练
分析历史	动词短语	1	社会活动—文教—研究—分析
阐释	动词	1	社会活动—文教—研究—解释
说明	动词	1	社会活动—文教—研究—解释
探索……语言和……方法	动词短语	1	社会活动—文教—研究—研究
钻研功课	动词短语	1	社会活动—文教—研究—研究
演唱	动词	1	社会活动—文教—演出—唱歌
排演	动词	1	社会活动—文教—演出—演出
演出	动词	1	社会活动—文教—演出—演出
解剖	动词	1	社会活动—文教—医治—治疗
看小说	动词短语	1	社会活动—文教—阅读—阅览
变革	动词	1	社会活动—战争—斗争—革命
革命	动词	1	社会活动—战争—斗争—革命
镇压……斗争	动词短语	1	社会活动—战争—攻占—平定

续表

X	词性	频次	语义类型
作战	动词	1	社会活动—战争—进攻—进攻
侦察	动词	1	社会活动—战争—进攻—侦察
限制	动词	1	社会活动—争斗—纠缠—限制
约束	动词	1	社会活动—争斗—纠缠—限制
复仇	动词	1	社会活动—争斗—决裂—报仇
遣返	动词	1	社会活动—争斗—侵害—逼迫
发展……舞蹈	动词短语	1	生物活动—际遇—进退—发展
耸肩缩背	动词词组	1	生物活动—全身动作—翻、滚—颤抖
参与	动词	1	生物活动—生活、工作—参与—参加
参加军事干校	动词短语	1	生物活动—生活、工作—参与—参加
服务	名词	1	生物活动—生活、工作—参与—效劳
配合	动词	1	生物活动—生活、工作—参与—做
实验	动词	1	生物活动—生活、工作—参与—做
搞好综合平衡	动词短语	1	生物活动—生活、工作—参与—做
恋爱	动词	1	生物活动—生活、工作—婚恋—恋爱
调整	动词	1	生物活动—生活、工作—起居—整理
整理	动词	1	生物活动—生活、工作—起居—整理
调整……关系	动词短语	1	生物活动—生活、工作—起居—整理
祭祀	动词	1	生物活动—生活、工作—丧葬—祭扫
挖潜	动词	1	生物活动—生活、工作—生活—涉世
保存……科学、文艺	动词短语	1	生物活动—生活、工作—使用—储存
保存……资料	动词短语	1	生物活动—生活、工作—使用—储存
观察……事物	动词短语	1	生物活动—生活、工作—使用—观察
分割	动词	1	生物活动—生活、工作—使用—划分
划分	动词	1	生物活动—生活、工作—使用—划分
计算	动词	1	生物活动—生活、工作—使用—计算
定向	动词	1	生物活动—生活、工作—使用—判断
论断	动词	1	生物活动—生活、工作—使用—判断
判断	动词	1	生物活动—生活、工作—使用—判断
借鉴	动词	1	生物活动—生活、工作—使用—使用
利用	动词	1	生物活动—生活、工作—使用—使用
使用洪水	动词短语	1	生物活动—生活、工作—使用—使用

X	词性	频次	语义类型
运用语言	动词短语	1	生物活动—生活、工作—使用—使用
搜集	动词	1	生物活动—生活、工作—使用—收集
搜集画谱	动词短语	1	生物活动—生活、工作—使用—收集
取舍	动词	1	生物活动—生活、工作—使用—挑选
选材	动词	1	生物活动—生活、工作—使用—挑选
选择剧本	动词短语	1	生物活动—生活、工作—使用—挑选
请客	动词	1	生物活动—生活、工作—饮食—宴请
赌博	动词	1	生物活动—生活、工作—娱乐—消遣
发泄	动词	1	生物活动—生活、工作—娱乐—消遣
排遣	动词	1	生物活动—生活、工作—娱乐—消遣
耍钱	动词	1	生物活动—生活、工作—娱乐—消遣
欣赏	动词	1	生物活动—生活、工作—娱乐—欣赏
审美	名词	1	生物活动—生活、工作—娱乐—欣赏
打牌	动词短语	1	生物活动—生活、工作—娱乐—游戏
跟踪	动词	1	生物活动—生活、工作—走动—跟踪
进退	动词	1	生物活动—生活、工作—走动—进、退
找食物	动词短语	1	生物活动—生活、工作—走动—寻觅
生存	动词	1	生物活动—生理活动—生长—活
发育	动词	1	生物活动—生理活动—生长—生长
爱	动词	1	生物活动—心理活动—爱护—爱护
崇敬	动词	1	生物活动—心理活动—反对、赞成—尊敬
生闷气	动词短语	1	生物活动—心理活动—愤怒—气愤
关心……的学习和思想进步	动词短语	1	生物活动—心理活动—关注—重视
关心……生活	动词短语	1	生物活动—心理活动—关注—重视
思乡	动词	1	生物活动—心理活动—回忆—怀念
规划	动词	1	生物活动—心理活动—计划—策划
谋划……机遇	动词短语	1	生物活动—心理活动—计划—策划
认知	动词	1	生物活动—心理活动—了解—体会
理解女人	动词短语	1	生物活动—心理活动—了解—知晓
考虑	动词	1	生物活动—心理活动—思考—思考
思考	动词	1	生物活动—心理活动—思考—思考

续表

X	词性	频次	语义类型
立意	动词	1	生物活动—心理活动—犹豫、决意—决意
认定	动词	1	生物活动—心理活动—犹豫、决意—决意
两相情愿	成语	1	生物活动—心理活动—愿意—愿意
打破……镣铐	动词短语	1	生物活动—肢体动作—触、按—打、叩、捶、拍
打破……体制	动词短语	1	生物活动—肢体动作—触、按—打、叩、捶、拍
打开喉头	动词短语	1	生物活动—肢体动作—触、按—开、关
穿戴服装	动词短语	1	生物活动—肢体动作—穿、脱—穿、戴
开掘	动词	1	生物活动—肢体动作—切、割—挖、掘
跳跃	动词	1	生物活动—肢体动作—跳、跃—蹦、跳
人才	名词	1	生物—人—才识—才能突出者
劳工	名词	1	生物—人—职业—工人、工匠、小生产者
角色	名词	1	生物—人—职业—演职人员
身体	名词	1	生物—生物部分—躯体部分—身体
谷物	名词	1	生物—植物—粮食—五谷
地点	名词	1	时空—空间—地点—地点
活动线路	名词短语	1	时空—空间—地方—道路、路线
地区	名词	1	时空—空间—地方—地区
利落	形容词	1	性质与状态—才品—巧、拙—灵巧
凶狠	形容词	1	性质与状态—才品—善、恶—恶
孤立	形容词	1	性质与状态—情状—闹、静—孤单
杂乱	形容词	1	性质与状态—情状—齐、乱—杂乱
不平衡	形容词	1	性质与状态—情状—齐乱—整齐
大小	形容词	1	性质与状态—形貌—大、小—大
复杂	形容词	1	性质与状态—性质—纯杂—繁复
群体的结构是否合理	小句	1	性质与状态—性质—对、错—合理
便宜	形容词	1	性质与状态—性质—贵贱—便宜
软弱	形容词	1	性质与状态—性质—强、弱—弱小
巩固国防	动词短语	1	性质与状态—性质—强、弱—稳固
矫健	形容词	1	性质与状态—性质—强、弱—雄健
抽象	形容词	1	性质与状态—性质—详略虚实—空泛
丰富	形容词	1	性质与状态—性状—多、少—丰富
玲珑	形容词	1	性质与状态—性状—精、简—精巧

X	词性	频次	语义类型
快速	形容词	1	性质与状态—性状—快、慢—快
精神美	名词	1	性质与状态—性状—美、丑—美丽
形态美	名词	1	性质与状态—性状—美、丑—美丽
形式美	名词	1	性质与状态—性状—美、丑—美丽
清秀	形容词	1	性质与状态—性状—美、丑—美丽
部分	名词	1	性质与状态—性状—整、缺—部分
杂色	名词	1	性质与状态—知觉—浓淡艳素—鲜艳
结合	动词	1	运动与变化—方为改变—结合—结合
排列	动词	1	运动与变化—方位改变—存放—陈列
统一	动词	1	运动与变化—方位改变—结合—合并、联合
流通	动词	1	运动与变化—方位改变—流动、浸泡—流
突出……特色	动词短语	1	运动与变化—方位改变—翘起—凸起
延长	动词	1	运动与变化—方位改变—伸缩—伸
缩短	动词	1	运动与变化—方位改变—伸缩—缩
熏陶	动词	1	运动与变化—判断—导致—熏染
归属	动词	1	运动与变化—判断—归属—归属
表现自然	动词词组	1	运动与变化—判断—显示—体现
表现……时代风貌	动词短语	1	运动与变化—判断—显示—体现
表现创作主旨	动词短语	1	运动与变化—判断—显示—体现
表现对象	动词短语	1	运动与变化—判断—显示—体现
表现激情	动词短语	1	运动与变化—判断—显示—体现
表现情态	动词短语	1	运动与变化—判断—显示—体现
表现人	动词短语	1	运动与变化—判断—显示—体现
表现物体与空间	动词短语	1	运动与变化—判断—显示—体现
体现……关系	动词短语	1	运动与变化—判断—显示—体现
体现……意图	动词短语	1	运动与变化—判断—显示—体现
八仙过海各显其能	谚语	1	运动与变化—判断—显示—显示
关联	动词	1	运动与变化—判断—相关—涉及
相关	动词	1	运动与变化—判断—相关—相关
渲染情节气氛	动词短语	1	运动与变化—判断—相配—陪衬
搭配	动词	1	运动与变化—判断—相配—相配
需要生活	动词短语	1	运动与变化—判断—需要—需要

X	词性	频次	语义类型
维持	动词	1	运动与变化—判断—有无—保持
保持……面积	动词短语	1	运动与变化—判断—有无—保持
保持……态度	动词短语	1	运动与变化—判断—有无—保持
保持……特色	动词短语	1	运动与变化—判断—有无—保持
维持……的事业	动词短语	1	运动与变化—判断—有无—保持
维持……生活	动词短语	1	运动与变化—判断—有无—保持
拥有	动词	1	运动与变化—判断—有无—有
有什么	动词词组	1	运动与变化—判断—有无—有
占有	动词	1	运动与变化—判断—有无—占有
揭露敌人	动词短语	1	运动与变化—事态变化—出现—揭露
形成	动词	1	运动与变化—事态变化—出现—显现
形成……不相同	动词短语	1	运动与变化—事态变化—出现—显现
争取建立……制度	动词短语	1	运动与变化—事态变化—结束—取得
争取新观众	动词短语	1	运动与变化—事态变化—结束—取得
完成……任务 和……工作	动词短语	1	运动与变化—事态变化—结束—完成
实行……改造	动词短语	1	运动与变化—事态变化—进行—实行
刺激	动词	1	运动与变化—事态变化—进行—推动、进行
进行	动词	1	运动与变化—事态变化—进行—推动、进行
展开	动词	1	运动与变化—事态变化—进行—推动、进行
进行……活动	动词短语	1	运动与变化—事态变化—进行—推动、进行
进行……建设	动词短语	1	运动与变化—事态变化—进行—推动、进行
开展……竞赛	动词短语	1	运动与变化—事态变化—进行—推动、进行
降低……成本	动词词组	1	运动与变化—数量变化—减少—下降
降低……率	动词短语	1	运动与变化—数量变化—减少—下降
压缩……发行	动词短语	1	运动与变化—数量变化—减少—削减
除恶	动词	1	运动与变化—数量变化—消除—消除
扩建	动词	1	运动与变化—数量变化—增加—扩大
提高生产	动词词组	1	运动与变化—数量变化—增加—上升
提高……素质	动词短语	1	运动与变化—数量变化—增加—上升
提高……效益	动词短语	1	运动与变化—数量变化—增加—上升
增产	动词	1	运动与变化—数量变化—增加—增长

续表

X	词性	频次	语义类型
深化主题	动词短语	1	运动与变化—数量变化—增加—增强
加强……管理	动词词组	1	运动与变化—数量变化—增强—加强
突变	动词	1	运动与变化—物态变化—变化—变化
转移	动词	1	运动与变化—物态变化—变化—变化
变动	动词	1	运动与变化—物态变化—变化—改变
改变……形势	动词短语	1	运动与变化—物态变化—变化—改变
改变……状况	动词短语	1	运动与变化—物态变化—变化—改变
转换	动词	1	运动与变化—物态变化—变化—改换
改善	动词	1	运动与变化—物态变化—好转—好转
改善……格局	动词短语	1	运动与变化—物态变化—好转—好转

附录表 2　　表示范围义的"在 X 上"中 X 中心成分的语义类型频率

X	词性	频次	语义类型
问题	名词	208	抽象事物—属性—因素—关键
市场	名词	105	抽象事物—经济—厂店—商铺、店馆
世界	名词	62	抽象事物—社会—群体—世界、社会
这点（这一点、这两点、那一点、那一项）	名词	57	抽象事物—属性—范畴—范围、行业、圈子
艺术	名词	55	抽象事物—事情—规律、方法、思路—方法
社会	名词	52	抽象事物—社会—群体—世界、社会
岗位	名词	46	抽象事物—社会—地位—地位
立场	名词	37	抽象事物—事情—过程—目标、路线、角度、立场
战线	名词	37	抽象事物—社会—群体—团体、组织
事业	名词	27	抽象事物—社会—工作—事业、工程
历史	名词	27	抽象事物—事情—事情—事情
阶段	名词	25	抽象事物—事情—过程—过程
地位	名词	18	抽象事物—社会—地位—地位
班	名词	15	抽象事物—属性—范畴—序列
学术	名词	12	抽象事物—科教—文化、知识、学说—学说
范围	名词	12	抽象事物—属性—范畴—范围、行业、圈子
发展史	名词	11	抽象事物—事情—事情—事情

X	词性	频次	语义类型
字	名词	10	抽象事物—科教—语言文字—字
心灵	名词	10	抽象事物—意识—思想—内心
哲学	名词	9	抽象事物—科教—教育—学科
绘画	名词	9	抽象事物—文体卫生—美术—书画
音乐	名词	8	抽象事物—文体卫生—歌舞—音乐
规模	名词	8	抽象事物—属性—范畴—范围、行业、圈子
心理学	名词	7	抽象事物—科教—教育—学科
美术史	名词	7	抽象事物—事情—事情—事情
美术	名词	7	抽象事物—文体卫生—美术—书画
项目	名词	7	抽象事物—属性—范畴—类别
面积	名词	6	抽象事物—科教—图式—点、线、面、体、场
总体	名词	6	抽象事物—事情—过程—目标、路线、角度、立场
外交	名词	6	抽象事物—事情—事情—事情
总量	名词	6	抽象事物—数量单位—数量—数额、数值
国际	名词	6	抽象事物—政治—行政—国家、政权、联盟
医学	名词	5	抽象事物—科教—教育—学科
科学史	名词	5	抽象事物—事情—事情—事情
哲学史	名词	5	抽象事物—事情—事情—事情
厂	名词	4	抽象事物—经济—厂店—工厂、作坊
部队	名词	4	抽象事物—军事—军队—武装力量
学业	名词	4	抽象事物—科教—教育—课程、习题、考试
语法	名词	4	抽象事物—科教—语言文字—句、段
业务	名词	4	抽象事物—社会—工作—职业、工作
面子（面）	名词	4	抽象事物—属性—德才—品行
环节	名词	4	抽象事物—属性—范畴—系统
科研	名词	3	抽象事物—科教—文化、知识、学说—学说
记录（纪录）	名词	3	抽象事物—科教—文学—散文
文艺	名词	3	抽象事物—科教—文学—文学
语言	名词	3	抽象事物—科教—语言文字—语言
岗位	名词	3	抽象事物—社会—地位—地位
农业	名词	3	抽象事物—社会—工作—行业、产业

续表

X	词性	频次	语义类型
个体	名词	3	抽象事物—社会—群体—团体、组织
建筑史	名词	3	抽象事物—事情—事情—事情
教育（学）史	名词	3	抽象事物—事情—事情—事情
文学史	名词	3	抽象事物—事情—事情—事情
戏剧	名词	3	抽象事物—文体卫生—影剧—戏曲、曲艺、杂耍
宗教	名词	3	抽象事物—意识—信仰—教派
文坛	名词	3	抽象事物—属性—范畴—范围、行业、圈子
太平洋	名词	3	具体物—自然物—地貌—海洋
造句	名词	3	社会活动—文教—研究—研究
常委会	名词	3	抽象事物—政治—行政—政府机构
商场	名词	2	抽象事物—经济—厂店—商铺、店馆
书摊	名词	2	抽象事物—经济—厂店—商铺、店馆
连	名词	2	抽象事物—军事—军队—军队编制单位
地理	名词	2	抽象事物—科教—教育—学科
史学	名词	2	抽象事物—科教—教育—学科
数学	名词	2	抽象事物—科教—教育—学科
算学	名词	2	抽象事物—科教—教育—学科
物理学	名词	2	抽象事物—科教—教育—学科
会计学	名词	2	抽象事物—科教—教育—学科
科学	名词	2	抽象事物—科教—文化、知识、学说—科学、知识
文学创作	名词	2	抽象事物—科教—文章—作品
职务	名词	2	抽象事物—社会—工作—职业、工作
战线	名词	2	抽象事物—社会—群体—团体、组织
过程	名词	2	抽象事物—事情—过程—过程
角度	名词	2	抽象事物—事情—过程—目标、路线、角度、立场
气象	名词	2	抽象事物—事情—情势—现象
现象	名词	2	抽象事物—事情—情势—现象
电话	名词	2	抽象事物—事情—人生—消息
斗争史	名词	2	抽象事物—事情—事情—事情
革命史	名词	2	抽象事物—事情—事情—事情

续表

X	词性	频次	语义类型
航海史	名词	2	抽象事物—事情—事情—事情
绘画史	名词	2	抽象事物—事情—事情—事情
认识史	名词	2	抽象事物—事情—事情—事情
世界史	名词	2	抽象事物—事情—事情—事情
思想史	名词	2	抽象事物—事情—事情—事情
舞蹈史	名词	2	抽象事物—事情—事情—事情
戏曲史	名词	2	抽象事物—事情—事情—事情
现实	名词	2	抽象事物—事情—事情—事情
医学史	名词	2	抽象事物—事情—事情—事情
艺术史	名词	2	抽象事物—事情—事情—事情
育种史	名词	2	抽象事物—事情—事情—事情
运动史	名词	2	抽象事物—事情—事情—事情
心坎	名词	2	抽象事物—意识—思想—内心
画坛	名词	2	抽象事物—属性—范畴—范围、行业、圈子
乐坛	名词	2	抽象事物—属性—范畴—范围、行业、圈子
点	名词	2	抽象事物—属性—范畴—范围、行业、圈子
队	名词	2	抽象事物—属性—范畴—序列
书面	名词	2	抽象事物—属性—景状—状态、款式
事物	名词	2	具体物—概称—物体—物什
整体	名词	2	具体物—概称—物体—物体
这类鱼（大鱼）	名词	2	生物—动物—水生动物—鱼
版图	名词	2	时空—空间—地方—领地
江湖	名词	2	时空—空间—方位—各处
委员会	名词	2	抽象事物—政治—行政—政府机构
门面	名词	1	抽象事物—经济—厂店—商铺、店馆
摊子	名词	1	抽象事物—经济—厂店—商铺、店馆
行情	名词	1	抽象事物—经济—价值—价格
军队	名词	1	抽象事物—军事—军队—武装力量
语文课	名词	1	抽象事物—科教—教育—课程、习题、考试
分类学	名词	1	抽象事物—科教—教育—学科
古文字学	名词	1	抽象事物—科教—教育—学科
解剖学	名词	1	抽象事物—科教—教育—学科

X	词性	频次	语义类型
命相学	名词	1	抽象事物—科教—教育—学科
天文学	名词	1	抽象事物—科教—教育—学科
文学	名词	1	抽象事物—科教—教育—学科
细胞学	名词	1	抽象事物—科教—教育—学科
学科	名词	1	抽象事物—科教—教育—学科
政治学	名词	1	抽象事物—科教—教育—学科
植物学	名词	1	抽象事物—科教—教育—学科
地学	名词	1	抽象事物—科教—教育—学科
佛学	名词	1	抽象事物—科教—教育—学科
劳动资料	名词	1	抽象事物—科教—文章—文书
词性	名词	1	抽象事物—科教—语言文字—词、语
句子	名词	1	抽象事物—科教—语言文字—句、段
外语	名词	1	抽象事物—科教—语言文字—外语
两句话	名词	1	抽象事物—科教—语言文字—言辞
英语	名词	1	抽象事物—科教—语言文字—语言
语音	名词	1	抽象事物—科教—语言文字—语音、语调
两个字	名词	1	抽象事物—科教—语言文字—字
十号（数字）	名词	1	抽象事物—科教—语言文字—字
职位	名词	1	抽象事物—社会—地位—地位
商业	名词	1	抽象事物—社会—工作—行业、产业
贸易	名词	1	抽象事物—社会—工作—行业、产业
进程	名词	1	抽象事物—事情—过程—过程
生命历程	名词	1	抽象事物—事情—过程—过程
前景	名词	1	抽象事物—事情—过程—结果
总路线	名词	1	抽象事物—事情—过程—目标、路线、角度、立场
背景	名词	1	抽象事物—事情—情势—状况
环境	名词	1	抽象事物—事情—情势—状况
生命	名词	1	抽象事物—事情—人生—生命
财政史	名词	1	抽象事物—事情—事情—事情
地质学史	名词	1	抽象事物—事情—事情—事情
电影史	名词	1	抽象事物—事情—事情—事情

X	词性	频次	语义类型
工运史	名词	1	抽象事物—事情—事情—事情
关系史	名词	1	抽象事物—事情—事情—事情
画史	名词	1	抽象事物—事情—事情—事情
近代史	名词	1	抽象事物—事情—事情—事情
抗战史	名词	1	抽象事物—事情—事情—事情
历法史	名词	1	抽象事物—事情—事情—事情
恋爱史	名词	1	抽象事物—事情—事情—事情
美术教育史	名词	1	抽象事物—事情—事情—事情
目录学史	名词	1	抽象事物—事情—事情—事情
拍摄史	名词	1	抽象事物—事情—事情—事情
迁移史	名词	1	抽象事物—事情—事情—事情
曲论史	名词	1	抽象事物—事情—事情—事情
社会学史	名词	1	抽象事物—事情—事情—事情
生活史	名词	1	抽象事物—事情—事情—事情
诗歌史	名词	1	抽象事物—事情—事情—事情
外交史	名词	1	抽象事物—事情—事情—事情
文化史	名词	1	抽象事物—事情—事情—事情
文学批评史	名词	1	抽象事物—事情—事情—事情
武装斗争史	名词	1	抽象事物—事情—事情—事情
戏剧史	名词	1	抽象事物—事情—事情—事情
现代雕塑史	名词	1	抽象事物—事情—事情—事情
校史	名词	1	抽象事物—事情—事情—事情
演奏史	名词	1	抽象事物—事情—事情—事情
音乐史	名词	1	抽象事物—事情—事情—事情
造船史	名词	1	抽象事物—事情—事情—事情
中国京剧史	名词	1	抽象事物—事情—事情—事情
仲裁史	名词	1	抽象事物—事情—事情—事情
野史	名词	1	抽象事物—事情—事情—事情
某一项	名词	1	抽象事物—数量单位—单位—物量单位
频道	名词	1	抽象事物—数量单位—度量—频度
频段	名词	1	抽象事物—数量单位—度量—频度
频率	名词	1	抽象事物—数量单位—度量—频度

X	词性	频次	语义类型
压缩系数	名词	1	抽象事物—数量单位—数量—数
短跑	名词	1	抽象事物—文体卫生—体育—体育项目
游艺场	名词	1	抽象事物—文体卫生—体育—文体场馆
病	名词	1	抽象事物—文体卫生—医疗—疾病
歌剧	名词	1	抽象事物—文体卫生—影剧—戏曲、曲艺、杂耍
话剧	名词	1	抽象事物—文体卫生—影剧—戏曲、曲艺、杂耍
心境	名词	1	抽象事物—意识—感觉、感情—心绪
心头	名词	1	抽象事物—意识—思想—内心
观点	名词	1	抽象事物—意识—想法—见解
村	名词	1	抽象事物—政治—行政—行政区划
界限	名词	1	抽象事物—属性—标准—界限
水平	名词	1	抽象事物—属性—标准—质地、水平
毽坛	名词	1	抽象事物—属性—范畴—范围、行业、圈子
奖坛	名词	1	抽象事物—属性—范畴—范围、行业、圈子
屏坛	名词	1	抽象事物—属性—范畴—范围、行业、圈子
拳坛	名词	1	抽象事物—属性—范畴—范围、行业、圈子
食坛	名词	1	抽象事物—属性—范畴—范围、行业、圈子
体坛	名词	1	抽象事物—属性—范畴—范围、行业、圈子
文学界	名词	1	抽象事物—属性—范畴—范围、行业、圈子
舞坛	名词	1	抽象事物—属性—范畴—范围、行业、圈子
层面	名词	1	抽象事物—属性—范畴—范围、行业、圈子
根本点	名词	1	抽象事物—属性—范畴—范围、行业、圈子
关节点	名词	1	抽象事物—属性—范畴—范围、行业、圈子
某一点	名词	1	抽象事物—属性—范畴—范围、行业、圈子
男子气枪	名词	1	抽象事物—属性—范畴—类别
谱系	名词	1	抽象事物—属性—范畴—系统
系统	名词	1	抽象事物—属性—范畴—系统
语序	名词	1	抽象事物—属性—范畴—序列
焦点	名词	1	抽象事物—属性—因素—关键
工艺品	名词	1	具体物—概称—用品—宝物、艺术品
产品	名词	1	具体物—概称—用品—工业品

续表

X	词性	频次	语义类型
房子	名词	1	具体物—建筑物—房屋—房屋
工作面	名词	1	具体物—建筑物—工用建筑—矿井、坑、窑
元器件	名词	1	具体物—器具—机具—机件
火柴	名词	1	具体物—生活用品—日用品—灯
因果链条	名词	1	具体物—生活用品—日用品—小用品
茶叶	名词	1	具体物—食用品—食品—饮品
生产	名词	1	社会活动—生产—建造—出产
总承包	名词	1	生物活动—生活、工作—参与—担负
珠算	名词	1	生物活动—生活、工作—使用—计算
迷信	名词	1	生物活动—心理活动—相信、怀疑—相信
以为	动词	1	生物活动—心理活动—主张—认为
嘴巴	名词	1	生物—生物部分—躯体部分—五官
乳房	名词	1	生物—生物部分—躯体部分—胸、背
心窝	名词	1	生物—生物部分—躯体部分—脏腑
花朵	名词	1	生物—生物部分—植物部分—花朵
作物	名词	1	生物—植物—粮食—五谷
高起点	名词	1	时空—空间—地点—地点
制高点	名词	1	时空—空间—地点—地点
人生道路	名词	1	时空—空间—地方—道路、路线
地方	名词	1	时空—空间—地方—地区
被告席	名词	1	时空—空间—方位—方位、席位
年	名词	1	时空—时间—年、月、日—年
年纪	名词	1	时空—时间—年纪—年龄
青年会	名词	1	抽象事物—社会—群体—团体、组织
学会	名词	1	抽象事物—社会—群体—团体、组织
特委会	名词	1	抽象事物—政治—行政—政府机构

附录表 3　　表示活动义的"在 X 上"中 X 中心成分的语义类型频率

X	词性	频次	语义类型
大会（会、会议）	名词	240	抽象事物—社会—活动—会议
战场	名词	47	时空—空间—地方—战区

X	词性	频次	语义类型
座谈会	名词	39	抽象事物—社会—活动—会议
事（事情、事件、小事、正事、琐事）	名词	20	抽象事物—事情—事情—事情
锦标赛	名词	14	抽象事物—文体卫生—体育—赛事
奥运会	名词	11	抽象事物—社会—活动—文体活动
宴会	名词	10	抽象事物—社会—活动—宴会
法庭	名词	10	抽象事物—政治—法制—公、检、法
展览会	名词	8	抽象事物—社会—活动—博览会
音乐会	名词	8	抽象事物—社会—活动—文体活动
发布会	名词	8	抽象事物—社会—活动—会议
典礼	名词	7	抽象事物—社会—风俗—礼仪
集会	名词	7	抽象事物—社会—活动—会议
招待会	名词	7	抽象事物—社会—活动—会议
仪式	名词	6	抽象事物—社会—风俗—礼仪
博览会	名词	6	抽象事物—社会—活动—博览会
广交会	名词	6	抽象事物—社会—活动—博览会
饭桌（餐桌）	名词	6	具体物—生活用品—家具、家电—桌、椅
赌场	名词	5	抽象事物—经济—厂店—商铺、店馆
亚运会	名词	5	抽象事物—社会—活动—文体活动
世界杯	名词	5	抽象事物—文体卫生—体育—赛事
赛场	名词	5	抽象事物—文体卫生—体育—文体场馆
讲堂	名词	5	具体物—建筑物—房屋—房间
火线	名词	5	时空—空间—地方—战区
纪念周	名词	4	抽象事物—社会—活动—会议
联欢会	名词	4	抽象事物—社会—活动—文体活动
晚会	名词	4	抽象事物—社会—活动—文体活动
支委会	名词	4	抽象事物—社会—活动—会议
位置（位子）	名词	4	时空—空间—方位—方位、席位
战役、战争	名词	3	抽象事物—军事—战争—战争
报告	名词	3	抽象事物—科教—文章—文书
筵席	名词	3	抽象事物—社会—活动—宴会
运动	名词	3	抽象事物—社会—活动—行为

续表

X	词性	频次	语义类型
课堂	名词	3	具体物—建筑物—房屋—房间
会场	名词	3	时空—空间—地方—场地
考场	名词	3	时空—空间—地方—场地
庙会	名词	2	抽象事物—经济—厂店—商铺、店馆
战斗	名词	2	抽象事物—军事—战争—战斗
开幕式	名词	2	抽象事物—社会—风俗—礼仪
邮展	名词	2	抽象事物—社会—活动—博览会
研讨会	名词	2	抽象事物—社会—活动—会议
全运会	名词	2	抽象事物—社会—活动—文体活动
舞会	名词	2	抽象事物—社会—活动—文体活动
运动会	名词	2	抽象事物—社会—活动—文体活动
午餐、晚餐	名词	2	抽象事物—事情—人生—生计、生活
邀请赛	名词	2	抽象事物—文体卫生—体育—赛事
班会（班务会）	名词	2	抽象事物—社会—活动—会议
家长会	名词	2	抽象事物—社会—活动—会议
酒会	名词	2	抽象事物—社会—活动—宴会
公堂	名词	2	抽象事物—政治—法制—公、检、法
靶场	名词	2	时空—空间—地方—场地
花柳场	名词	1	抽象事物—经济—厂店—商铺、店馆
地理课	名词	1	抽象事物—科教—教育—课程、习题、考试
科举	名词	1	抽象事物—科教—教育—课程、习题、考试
升学考试	名词	1	抽象事物—科教—教育—课程、习题、考试
婚礼	名词	1	抽象事物—社会—风俗—礼仪
祭典	名词	1	抽象事物—社会—风俗—礼仪
开国大典	名词	1	抽象事物—社会—风俗—礼仪
庆典	名词	1	抽象事物—社会—风俗—礼仪
首映式	名词	1	抽象事物—社会—风俗—礼仪
展销会	名词	1	抽象事物—社会—活动—博览会
八大	名词	1	抽象事物—社会—活动—会议
批斗会	名词	1	抽象事物—社会—活动—会议

X	词性	频次	语义类型
批判会	名词	1	抽象事物—社会—活动—会议
评估会	名词	1	抽象事物—社会—活动—会议
评奖会	名词	1	抽象事物—社会—活动—会议
洽谈会	名词	1	抽象事物—社会—活动—会议
庆功会	名词	1	抽象事物—社会—活动—会议
群英会	名词	1	抽象事物—社会—活动—会议
集会	名词	1	抽象事物—社会—活动—会议
人代会	名词	1	抽象事物—社会—活动—会议
讨论会	名词	1	抽象事物—社会—活动—会议
追悼会	名词	1	抽象事物—社会—活动—会议
总结会	名词	1	抽象事物—社会—活动—会议
茶话会	名词	1	抽象事物—社会—活动—文体活动
游园会	名词	1	抽象事物—社会—活动—文体活动
宴席	名词	1	抽象事物—社会—活动—宴会
祝寿酒宴	名词	1	抽象事物—社会—活动—宴会
场合	名词	1	抽象事物—事情—情势—状况
场面	名词	1	抽象事物—事情—情势—状况
便宴	名词	1	抽象事物—社会—活动—宴会
新运动	名词	1	抽象事物—事情—事情—社会运动
仕途	名词	1	抽象事物—事情—遭际—经历
比赛	名词	1	抽象事物—文体卫生—体育—赛事
决赛	名词	1	抽象事物—文体卫生—体育—赛事
快棋赛	名词	1	抽象事物—文体卫生—体育—赛事
热身赛	名词	1	抽象事物—文体卫生—体育—赛事
射击赛	名词	1	抽象事物—文体卫生—体育—赛事
体育大赛	名词	1	抽象事物—文体卫生—体育—赛事
田径赛	名词	1	抽象事物—文体卫生—体育—赛事
选拔赛	名词	1	抽象事物—文体卫生—体育—赛事
预赛	名词	1	抽象事物—文体卫生—体育—赛事
资格赛	名词	1	抽象事物—文体卫生—体育—赛事
会审堂	名词	1	抽象事物—政治—法制—公、检、法
刑庭	名词	1	抽象事物—政治—法制—公、检、法

X	词性	频次	语义类型
电脑展	名词	1	抽象事物—社会—活动—博览会
画展	名词	1	抽象事物—社会—活动—博览会
订货会	名词	1	抽象事物—社会—活动—会议
防治会	名词	1	抽象事物—社会—活动—会议
纪念会	名词	1	抽象事物—社会—活动—会议
交流会	名词	1	抽象事物—社会—活动—会议
酒席	名词	1	抽象事物—社会—活动—宴会
酒宴	名词	1	抽象事物—社会—活动—宴会
家宴	名词	1	抽象事物—社会—活动—宴会
午宴	名词	1	抽象事物—社会—活动—宴会
文艺会演	名词	1	社会活动—文教—演出—演出
斗争	名词	1	社会活动—战争—斗争—斗争
电影节	名词	1	时空—时间—季节—节假日
合唱节	名词	1	时空—时间—季节—节假日
节日	名词	1	时空—时间—季节—节假日
艺术节	名词	1	时空—时间—季节—节假日

附录表 4　　表示来源义的"在 X 上"中 X 中心成分的语义类型频率

X	词性	频次	语义类型
报纸（报、报道、报刊、杂志、刊物、党刊）	名词	153	抽象事物—科教—社会传媒—报刊
荧光屏、荧屏、屏幕、银幕、荧幕	名词	54	具体物—文化用品—文艺用品—布景、屏幕
画（画面、宣传画、油画）	名词	27	抽象事物—文体卫生—美术—书画
宪法	名词	9	抽象事物—政治—法制—法纪
地图	名词	8	抽象事物—科教—图式—图、表
帐	名词	5	抽象事物—经济—账目、款项—账目、债务
杂志	名词	5	抽象事物—科教—社会传媒—报刊
日记	名词	5	抽象事物—科教—文章—文章
作品	名词	5	抽象事物—科教—文章—作品
方针	名词	5	抽象事物—事情—过程—目标、路线、角度、立场

X	词性	频次	语义类型
雕塑	名词	5	抽象事物—文体卫生—美术—雕塑
政策	名词	5	抽象事物—政治—法制—制度
壁画	名词	4	抽象事物—文体卫生—美术—书画
照片	名词	4	抽象事物—文体卫生—美术—照片
磁带	名词	4	具体物—文化用品—办公用品—办公电器
资料	名词	3	抽象事物—科教—文章—文书
显示屏	名词	3	具体物—文化用品—文艺用品—布景、屏幕
电视	名词	2	抽象事物—科教—社会传媒—广播、电视
小说	名词	2	抽象事物—科教—文学—小说
书籍	名词	2	抽象事物—科教—文章—书籍
文件	名词	2	抽象事物—科教—文章—文书
电影	名词	2	抽象事物—文体卫生—影剧—影视
法律条文	名词	2	抽象事物—政治—法制—法纪
刑法（刑法条文）	名词	2	抽象事物—政治—法制—法纪
条约	名词	2	抽象事物—政治—法制—规约
作业	名词	1	抽象事物—科教—教育—课程、习题、考试
序文	名词	1	抽象事物—科教—内容、体例—序跋
《茶经》	名词	1	抽象事物—科教—文章—书籍
《过秦论》	名词	1	抽象事物—科教—文章—书籍
《梁书》	名词	1	抽象事物—科教—文章—书籍
《诗刊》	名词	1	抽象事物—科教—文章—书籍
《宪兵学》	名词	1	抽象事物—科教—文章—书籍
《招贤榜》	名词	1	抽象事物—科教—文章—书籍
古书	名词	1	抽象事物—科教—文章—书籍
经文	名词	1	抽象事物—科教—文章—书籍
课本	名词	1	抽象事物—科教—文章—书籍
诗刊	名词	1	抽象事物—科教—文章—书籍
史册	名词	1	抽象事物—科教—文章—书籍
手册	名词	1	抽象事物—科教—文章—书籍
画册	名词	1	抽象事物—科教—文章—书籍
历史文献	名词	1	抽象事物—科教—文章—书籍
电讯稿	名词	1	抽象事物—科教—文章—文书

X	词性	频次	语义类型
调查表	名词	1	抽象事物—科教—文章—文书
检查表	名词	1	抽象事物—科教—文章—文书
履历表	名词	1	抽象事物—科教—文章—文书
契约	名词	1	抽象事物—科教—文章—文书
说明	名词	1	抽象事物—科教—文章—文书
文献	名词	1	抽象事物—科教—文章—文书
志愿表	名词	1	抽象事物—科教—文章—文书
资产负债表	名词	1	抽象事物—科教—文章—文书
打印件	名词	1	抽象事物—科教—文章—文书
文章	名词	1	抽象事物—科教—文章—文章
文字	名词	1	抽象事物—科教—文章—文章
遗嘱	名词	1	抽象事物—科教—文章—信函
传说	名词	1	抽象事物—事情—人生—消息
协奏曲	名词	1	抽象事物—文体卫生—歌舞—乐曲
要求	名词	1	抽象事物—意识—愿望—需求
国际法	名词	1	抽象事物—政治—法制—法纪
国内法	名词	1	抽象事物—政治—法制—法纪
条款	名词	1	抽象事物—政治—法制—规约
条例	名词	1	抽象事物—政治—法制—规约
布告栏	名词	1	具体物—建筑物—建筑部分—走廊、楼梯、阳台
监视器	名词	1	具体物—器具—机具—机器
指示器	名词	1	具体物—器具—机具—机器
电线	名词	1	具体物—器具—仪表器械—电线
存折	名词	1	具体物—文化用品—办公用品—簿、册、贴、卡
笔记本	名词	1	具体物—文化用品—办公用品—簿、册、铁、卡
登记簿	名词	1	具体物—文化用品—办公用品—簿、册、铁、卡
身份证	名词	1	具体物—文化用品—办公用品—凭单、证书
胶片	名词	1	具体物—文化用品—文艺用品—相机
历史录像带	名词	1	具体物—文化用品—文艺用品—音像制品

附录表 5   表示条件义的"在 X 上"中 X 中心成分的语义类型频率

X	词性	频次	语义类型
程度	名词	205	抽象事物—属性—标准—质地、水平
意义	名词	96	抽象事物—事情—情势—效应
基础	名词	92	抽象事物—属性—因素—实质
性质	名词	37	抽象事物—属性—性质—性质
水平	名词	25	抽象事物—属性—标准—质地、水平
事实	名词	14	抽象事物—事情—情势—状况
本质	名词	12	抽象事物—属性—因素—实质
客观	形容词	7	抽象事物—事情—过程—目标、路线、角度、立场
……性（戏剧性 1、现实性 1、真实性 1、知识性 1、艺术性 1、自觉性 1）	名词	6	抽象事物—属性—性质—性质
条件	名词	6	抽象事物—属性—标准—标准
实际	名词	5	抽象事物—事情—情势—状况
广度	名词	4	抽象事物—数量单位—度量—角度
根本	名词	3	抽象事物—属性—因素—实质
特质	名词	3	抽象事物—属性—性质—性质
深度	名词	3	抽象事物—数量单位—度量—高度
基本	名词	2	抽象事物—属性—因素—实质
实质	名词	2	抽象事物—属性—因素—实质
思想性	名词	2	抽象事物—属性—性质—性质
特征	名词	2	抽象事物—属性—性质—特征
特点	名词	2	抽象事物—属性—性质—特征
本性	名词	2	抽象事物—属性—德才—性格
宏观	形容词	2	抽象事物—事情—过程—目标、路线、角度、立场
微观	形容词	2	抽象事物—事情—过程—目标、路线、角度、立场
内涵	名词	1	抽象事物—属性—因素—实质
属性	名词	1	抽象事物—属性—性质—性质
多样性	名词	1	抽象事物—属性—性质—性质
概括性	名词	1	抽象事物—属性—性质—性质
继承性	名词	1	抽象事物—属性—性质—性质
目的性	名词	1	抽象事物—属性—性质—性质
趣味性	名词	1	抽象事物—属性—性质—性质

X	词性	频次	语义类型
特性	名词	1	抽象事物—属性—性质—特征
名义	名词	1	抽象事物—属性—名号—名称
水准	名词	1	抽象事物—属性—标准—质地、水平
前提	名词	1	抽象事物—属性—标准—标准

附录表6　　表示时间义的"在 X 上"中 X 中心成分的语义类型频率

X	词性	频次	语义类型
节骨眼	名词	12	抽象事物—属性—因素—关键
工夫	名词	1	时空—时间—时期—时期
十九岁	名词	1	时空—时间—年纪—年龄
十三岁	名词	1	时空—时间—年纪—年龄
时候	名词	1	时空—时间—时候—时候

附录表7　　表示状态义的"在 X 上"中 X 中心成分的语义类型频率

X	词性	频次	语义类型
气头	名词	3	抽象事物—意识—感觉、感情—心绪
精神状态	名词	1	抽象事物—事情—情势—状况
瘾头	名词	1	抽象事物—意识—志趣—兴趣

附录表8　　表示条件义的"在 X 下"中 X 中心成分的语义类型频率

X	词性	频次	语义类型
条件	名词	1399	抽象事物—属性—标准—标准
领导	动词	451	社会活动—管理—指挥、统治—指挥
指导	动词	249	社会活动—文教—教学—启发
前提	名词	241	抽象事物—属性—标准—标准
支持	动词	118	社会活动—帮助—帮助—支持
帮助	动词	107	社会活动—帮助—帮助—帮助
推动	动词	64	运动与变化—事态变化—进行—推动、进行
指引	动词	53	社会活动—文教—教学—启发

续表

X	词性	频次	语义类型
照射	动词	44	运动与变化—自然现象变化—照射、发光—照射
统治	动词	44	社会活动—管理—指挥、统治—统治
照耀	动词	39	运动与变化—自然现象变化—照射、发光—照射
指挥	动词	38	社会活动—管理—指挥、统治—指挥
关怀	动词	35	社会活动—帮助—照顾—照料
控制	动词	30	社会活动—管理—掌控—控制
教育	动词	29	社会活动—文教—教学—传授
支配	动词	26	社会活动—管理—掌控—控制
配合	动词	26	生物活动—生活、工作—参与—做
主持	动词	25	社会活动—管理—掌控—主持
鼓舞	动词	25	社会活动—社交—赞赏、祝贺、劝慰—鼓励、规劝
带动	动词	25	运动与变化—判断—导致—带动
带领	动词	24	社会活动—管理—指挥、统治—指挥
打击	动词	24	社会活动—战争—进攻—进攻
压迫	动词	23	社会活动—争斗—侵害—逼迫
陪同	动词	22	社会活动—社交—交际—会见、做伴
率领	动词	22	社会活动—管理—指挥、统治—指挥
努力	动词	21	生物活动—生活、工作—生活—涉世
协助	动词	20	社会活动—帮助—帮助—帮助
掩护	动词	19	社会活动—战争—进攻—掩护
冲击	动词	18	运动与变化—方位改变—接触—冲、撞
支援	动词	17	社会活动—帮助—帮助—支持
驱使	动词	16	社会活动—争斗—侵害—逼迫
启发	动词	16	社会活动—文教—教学—启发
鼓励	动词	16	社会活动—社交—赞赏、祝贺、劝慰—鼓励、规劝
刺激	动词	15	运动与变化—事态变化—进行—推动、进行
参与	动词	14	生物活动—生活、工作—参与—参加
保护	动词	13	社会活动—帮助—照顾—保护
号召	动词	12	社会活动—管理—宣传—提倡
组织	动词	11	社会活动—管理—建立—组建

X	词性	频次	语义类型
要求	动词	11	生物活动—心理活动—希望—要求
伴奏	动词	11	社会活动—文教—演出—演奏
引导	动词	10	社会活动—文教—教学—启发
监督	动词	10	社会活动—管理—调查、考评—监督
管理	动词	9	社会活动—管理—管理—管理
制约	动词	8	社会活动—争斗—纠缠—限制
威胁	动词	8	社会活动—争斗—侵害—逼迫
培养	动词	8	社会活动—文教—教学—传授
策划	动词	8	生物活动—心理活动—计划—策划
安排	动词	8	社会活动—管理—部署—安置
映照	动词	7	运动与变化—自然现象变化—照射、发光—照射
压榨	动词	7	社会活动—争斗—侵害—剥削
教导	动词	7	社会活动—文教—教学—传授
激励	动词	7	社会活动—社交—赞赏、祝贺、劝慰—鼓励、规劝
规划	动词	7	生物活动—心理活动—计划—策划
衬托	动词	7	运动与变化—判断—相配—陪衬
倡议	动词	7	社会活动—管理—宣传—提倡
倡导	动词	7	社会活动—管理—宣传—提倡
剥削	动词	7	社会活动—争斗—侵害—剥削
指点	动词	6	社会活动—文教—教学—启发
掩盖	动词	6	社会活动—争斗—欺负、瞒骗—瞒骗
催促	动词	6	社会活动—社交—表达—嘱咐、催促
资助	动词	5	社会活动—帮助—帮助—救济
追问	动词	5	社会活动—社交—表达—问答
专政	动词	5	社会活动—管理—指挥、统治—统治
指使	动词	5	社会活动—争斗—侵害—怂恿、引诱
赞助	动词	5	社会活动—帮助—帮助—支持
熏陶	动词	5	运动与变化—判断—导致—熏染
胁迫	动词	5	社会活动—争斗—侵害—逼迫
饲养	动词	5	社会活动—生产—畜牧—养殖
授意	动词	5	社会活动—社交—表达—表达

X	词性	频次	语义类型
进攻	动词	5	社会活动—战争—进攻—进攻
解释	动词	5	社会活动—文教—研究—解释
辉映	动词	5	运动与变化—自然现象变化—照射、发光—照射
操纵	动词	5	社会活动—管理—掌控—控制
参加	动词	5	生物活动—生活、工作—参与—参加
哺育	动词	5	社会活动—生产—畜牧—养殖
伴随	动词	5	社会活动—社交—交际—会见、做伴
照料	动词	4	社会活动—帮助—照顾—照料
约束	动词	4	社会活动—争斗—纠缠—限制
限制	动词	4	社会活动—争斗—纠缠—限制
怂恿	动词	4	社会活动—争斗—侵害—怂恿、引诱
劝说	动词	4	社会活动—帮助—协商—调解
侵袭	动词	4	社会活动—战争—进攻—进攻
侵略	动词	4	社会活动—战争—攻占—夺取
培育	动词	4	社会活动—文教—教学—传授
激发	动词	4	运动与变化—事态变化—进行—推动、进行
轰击	动词	4	社会活动—战争—火力攻击—射击
扶植	动词	4	社会活动—帮助—帮助—支持
扶持	动词	4	社会活动—帮助—帮助—支持
督促	动词	4	社会活动—管理—调查、考评—监督
指示	动词	4	社会活动—管理—指挥、统治—指挥
吹拂	动词	4	运动与变化—自然现象变化—天气变化—刮风
变化	动词	4	物态变化—变化—变化—变化
逼迫	动词	4	社会活动—争斗—侵害—逼迫
治疗	动词	3	社会活动—文教—医治—医治
针麻	动词	3	社会活动—文教—医治—治疗
援助	动词	3	社会活动—帮助—帮助—支持
压制	动词	3	社会活动—争斗—纠缠—限制
协同	动词	3	生物活动—生活、工作—参与—做
协作	动词	3	生物活动—生活、工作—参与—做
协调	动词	3	社会活动—帮助—协商—调解

X	词性	频次	语义类型
袭击	动词	3	社会活动—战争—进攻—进攻
围攻	动词	3	社会活动—战争—进攻—进攻
束缚	动词	3	社会活动—争斗—纠缠—阻碍
煽动	动词	3	社会活动—争斗—侵害—怂恿、引诱
请求	动词	3	社会活动—社交—请求—请求
启迪	动词	3	社会活动—文教—教学—启发
陪伴	动词	3	社会活动—社交—交际—会见、做伴
盘剥	动词	3	社会活动—争斗—侵害—剥削
抗击	动词	3	社会活动—战争—抵抗—抵抗
局麻	动词	3	社会活动—文教—医治—治疗
经营	动词	3	社会活动—管理—处理—经营
监视	动词	3	社会活动—管理—调查、考评—监督
夹击	动词	3	社会活动—战争—进攻—进攻
加压	动词	3	运动与变化—数量变化—增加—增强
护卫	动词	3	社会活动—战争—守卫—防守
合作	动词	3	生物活动—生活、工作—参与—做
干扰	动词	3	社会活动—争斗—纠缠—搅扰
分工	动词	3	生物活动—生活、工作—参与—做
敦促	动词	3	社会活动—社交—表达—嘱咐、催促
斗争	动词	3	社会活动—战争—斗争—斗争
调解	动词	3	社会活动—帮助—协商—调解
调节	动词	3	社会活动—管理—调动—派、调
存在	动词	3	运动与变化—判断—有无—存在
策动	动词	3	社会活动—管理—宣传—宣传
庇荫	动词	3	社会活动—争斗—结伙—袒护
庇护	动词	3	社会活动—争斗—结伙—袒护
包围	动词	3	社会活动—战争—进攻—进攻
纵容	动词	2	社会活动—争斗—结伙—袒护
注视	动词	2	生物活动—头部动作—看、听、嗅—看
助力	动词	2	社会活动—帮助—帮助—帮助
主张	动词	2	生物活动—心理活动—主张—主张
主使	动词	2	社会活动—争斗—侵害—怂恿、引诱

X	词性	频次	语义类型
重视	动词	2	生物活动—心理活动—关注—重视
镇压	动词	2	社会活动—战争—攻占—平定
折磨	动词	2	生物活动—际遇—不顺—折磨
占领	动词	2	社会活动—战争—攻占—夺取
诱降	动词	2	社会活动—战争—攻占—擒敌
诱导	动词	2	社会活动—文教—教学—启发
拥戴	动词	2	生物活动—心理活动—反对、赞成—拥护
映衬	动词	2	运动与变化—判断—相配—陪衬
养育	动词	2	社会活动—帮助—养育—养育
押送	动词	2	社会活动—司法—逮捕—捕拿
宣传	动词	2	社会活动—管理—宣传—宣传
许可	动词	2	社会活动—管理—批准—批准
推荐	动词	2	社会活动—社交—介绍—推举
统辖	动词	2	社会活动—管理—掌控—执掌
统帅	动词	2	社会活动—管理—掌控—执掌
同意	动词	2	社会活动—帮助—协商—推辞、应允、谦让
提议	动词	2	社会活动—管理—议决—建议
唆使	动词	2	社会活动—争斗—侵害—怂恿、引诱
示意	动词	2	社会活动—社交—表达—表达
强迫	动词	2	社会活动—争斗—侵害—逼迫
曝晒	动词	2	生物活动—生活、工作—起居—晒、熨
迫使	动词	2	社会活动—争斗—侵害—逼迫
麻醉	动词	2	社会活动—文教—医治—治疗
笼罩	动词	2	运动与变化—方位改变—垂、陷、落、塌—遮盖
绞杀	动词	2	社会活动—司法—违法—凶杀
激荡	动词	2	运动与变化—事态变化—进行—推动、进行
护理	动词	2	社会活动—帮助—照顾—看顾
管辖	动词	2	社会活动—管理—掌控—执掌
关心	动词	2	社会活动—帮助—照顾—照料
勾结	动词	2	社会活动—争斗—结伙—串通
攻击	动词	2	社会活动—战争—进攻—进攻

X	词性	频次	语义类型
感染	动词	2	运动与变化—判断—导致—熏染
干预	动词	2	社会活动—社交—表达—打探
腐蚀	动词	2	社会活动—争斗—侵害—侵害
抚育	动词	2	社会活动—帮助—养育—养育
抚养	动词	2	社会活动—帮助—养育—养育
抚慰	动词	2	社会活动—社交—赞赏、祝贺、劝慰—安慰、犒赏
扶助	动词	2	社会活动—帮助—帮助—帮助
抵制	动词	2	社会活动—争斗—违背—违抗
导演	动词	2	社会活动—文教—演出—演出
撮合	动词	2	社会活动—社交—介绍—引见
催化	动词	2	运动与变化—判断—导致—催使
促使	动词	2	运动与变化—事态变化—进行—推动、进行
触发	动词	2	运动与变化—判断—导致—触动
搀扶	动词	2	生物活动—肢体动作—拿、掀—搀、扶
变换	动词	2	物态变化—变化—变化—改换
鞭打	动词	2	生物活动—肢体动作—触、按—打、叩、捶、拍
暴晒	动词	2	生物活动—生活、工作—起居—晒、熨
保证	动词	2	生物活动—生活、工作—参与—担负
组合	动词	1	运动与变化—方位改变—结合—合并、联合
组成	动词	1	运动与变化—方位改变—结合—结合
阻击	动词	1	社会活动—战争—进攻—进攻
滋润	动词	1	生物活动—生活、工作—起居—疗养
追击	动词	1	社会活动—战争—进攻—进攻
追赶	动词	1	社会活动—战争—进攻—进攻
装点	动词	1	运动与变化—判断—相配—陪衬
瞩目	动词	1	生物活动—头部动作—看、听、嗅—看
主导	动词	1	社会活动—管理—指挥、统治—统治
重用	动词	1	社会活动—管理—任免—录用
重围	动词	1	社会活动—战争—进攻—进攻
重磨	动词	1	社会活动—文教—学习—训练
窒息	动词	1	生物活动—生理活动—患病—昏晕、痫癫

X	词性	频次	语义类型
指派	动词	1	社会活动—管理—调动—派、调
指教	动词	1	社会活动—社交—问候—请教
直视	动词	1	生物活动—头部动作—看、听、嗅—看
支使	动词	1	社会活动—管理—调动—派、调
支撑	动词	1	运动与变化—判断—有无—保持
震慑	动词	1	社会活动—争斗—侵害—恐吓
震撼	动词	1	运动与变化—判断—导致—触动
震荡	动词	1	运动与变化—方位改变—颤动—颤动
遮掩	动词	1	社会活动—争斗—欺负、瞒骗—瞒骗
照顾	动词	1	社会活动—帮助—照顾—照料
掌握	动词	1	社会活动—管理—掌控—执掌
涨落	动词	1	运动与变化—数量变化—增加—升降
栽培	动词	1	社会活动—文教—教学—传授
运算	动词	1	生物活动—生活、工作—使用—计算
允许	动词	1	社会活动—帮助—协商—推辞、应允、谦让
诱发	动词	1	运动与变化—判断—导致—引起
诱逼	动词	1	社会活动—争斗—侵害—逼迫
拥立	动词	1	生物活动—心理活动—反对、赞成—拥护
拥护	动词	1	生物活动—心理活动—反对、赞成—拥护
隐避	动词	1	运动与变化—事态变化—未然—避免
引诱	动词	1	社会活动—争斗—侵害—怂恿、引诱
引进	动词	1	社会活动—社交—介绍—推举
引见	动词	1	社会活动—社交—介绍—引见
荫庇	动词	1	社会活动—信仰—保佑—保佑
摇晃	动词	1	运动与变化—方位改变—移动—摇晃
邀请	动词	1	社会活动—社交—交际—约定
掩映	动词	1	运动与变化—判断—相配—陪衬
掩饰	动词	1	社会活动—争斗—欺负、瞒骗—瞒骗
掩蔽	动词	1	生物活动—生活、工作—走动—逃匿
押解	动词	1	社会活动—司法—逮捕—捕拿
压抑	动词	1	生物活动—心理活动—隐忍—克制
压挤	动词	1	生物活动—肢体动作—触、按—压、碾

续表

X	词性	频次	语义类型
训练	动词	1	社会活动—文教—学习—训练
携带	动词	1	生物活动—生活、工作—走动—携带
挟持	动词	1	社会活动—争斗—侵害—恐吓
消耗	动词	1	运动与变化—数量变化—减少—削减
向导	动词	1	社会活动—交通—出行—指引
嬉戏	动词	1	生物活动—生活、工作—娱乐—游戏
斡旋	动词	1	社会活动—帮助—协商—调解
喂养	动词	1	社会活动—生产—畜牧—养殖
委托	动词	1	社会活动—社交—请求—请托
围拢	动词	1	运动与变化—方位改变—集中—聚集
围困	动词	1	社会活动—战争—进攻—进攻
围剿	动词	1	社会活动—战争—攻占—击败
围观	动词	1	生物活动—生活、工作—使用—观察
挽留	动词	1	社会活动—社交—介绍—对待
退却	动词	1	生物活动—生活、工作—走动—进、退
推行	动词	1	运动与变化—事态变化—进行—实行
痛击	动词	1	社会活动—战争—进攻—进攻
统制	动词	1	社会活动—管理—掌控—执掌
提醒	动词	1	社会活动—文教—教学—启发
提示	动词	1	社会活动—社交—表达—告诉
提拔	动词	1	社会活动—文教—教学—启发
疼爱	动词	1	生物活动—心理活动—喜欢—喜爱
陶冶	动词	1	社会活动—文教—学习—陶冶
损耗	动词	1	运动与变化—数量变化—减少—削减
说服	动词	1	社会活动—争斗—辩说—说服
疏导	动词	1	社会活动—生产—治水、治污—治水
手术	动词	1	社会活动—文教—医治—治疗
收获	动词	1	社会活动—生产—耕作—收获
实现	动词	1	运动与变化—事态变化—结束—完成
射击	动词	1	社会活动—战争—火力攻击—射击
设想	动词	1	生物活动—心理活动—思考—思考
设计	动词	1	生物活动—心理活动—计划—策划

X	词性	频次	语义类型
闪光	动词	1	运动与变化—自然现象变化—照射、发光—发光
扫荡	动词	1	社会活动—战争—攻占—平定
骚扰	动词	1	社会活动—战争—攻占—夺取
劝解	动词	1	社会活动—帮助—协商—调解
劝告	动词	1	社会活动—社交—赞赏、祝贺、劝慰—鼓励、规劝
驱赶	动词	1	社会活动—战争—进攻—进攻
驱动	动词	1	运动与变化—事态变化—进行—推动、进行
抢救	动词	1	社会活动—帮助—帮助—救助
强化	动词	1	运动与变化—数量变化—增加—增强
牵引	动词	1	生物活动—肢体动作—拉、扯、推、拉
欺骗	动词	1	社会活动—争斗—欺负、瞒骗—瞒骗
破坏	动词	1	社会活动—争斗—侵害—破坏
迫害	动词	1	社会活动—争斗—侵害—侵害
配置	动词	1	社会活动—管理—部署—部署、整编
排挤	动词	1	社会活动—争斗—决裂—排挤
奴役	动词	1	生物活动—生活、工作—使用—使用
凝视	动词	1	生物活动—头部动作—看、听、嗅—看
默许	动词	1	社会活动—帮助—协商—推辞、应允、谦让
描述	动词	1	社会活动—社交—表达—论述、描写
蒙蔽	动词	1	社会活动—争斗—欺负、瞒骗—瞒骗
掠夺	动词	1	社会活动—司法—违法—盗抢
连通	动词	1	运动与变化—方位改变—结合—连通
利诱	动词	1	社会活动—争斗—侵害—怂恿、引诱
利用	动词	1	生物活动—生活、工作—使用—使用
力劝	动词	1	社会活动—社交—赞赏、祝贺、劝慰—鼓励、规劝
恐吓	动词	1	社会活动—争斗—侵害—恐吓
考验	动词	1	社会活动—管理—调查、考评—查、审
考虑	动词	1	生物活动—心理活动—思考—思考
开导	动词	1	社会活动—文教—教学—启发
禁止	动词	1	社会活动—管理—禁止—禁止
浸润	动词	1	运动与变化—物态变化—晾干—沾湿

X	词性	频次	语义类型
结合	动词	1	运动与变化—方位改变—结合—结合
降温	动词	1	运动与变化—自然现象变化—冷凝、消融—冷冻
降低……耗费	动词	1	运动与变化—数量变化—减少—下降
坚持	动词	1	生物活动—心理活动—主张—主张
夹攻	动词	1	社会活动—战争—进攻—进攻
加热	动词	1	运动与变化—数量变化—增加—增强
激活	动词	1	运动与变化—事态变化—进行—推动、进行
还击	动词	1	社会活动—战争—抵抗—反击
欢迎	动词	1	社会活动—社交—交际—会见、做伴
护送	动词	1	社会活动—帮助—照顾—保护
呼吁	动词	1	社会活动—社交—请求—请求
宏观调控	动词	1	社会活动—经贸—买卖—要价
烘托	动词	1	运动与变化—判断—相配—陪衬
横征暴敛	动词	1	社会活动—争斗—侵害—剥削
喝令	动词	1	社会活动—管理—宣布—下令
过问	动词	1	社会活动—社交—表达—打探
灌注	动词	1	生物活动—肢体动作—洗、擦、浇、汲—浇
管制	动词	1	社会活动—管理—管理—管理
管教	动词	1	社会活动—文教—教学—管教
关照	动词	1	社会活动—帮助—照顾—照料
鼓噪	动词	1	生物活动—头部动作—叫喊—叫
购销	动词	1	社会活动—经贸—买卖—买卖
干涉	动词	1	社会活动—社交—表达—打探
概括	动词	1	社会活动—文教—研究—分析
覆盖	动词	1	运动与变化—方位改变—垂、陷、落、塌—遮盖
附议	动词	1	社会活动—帮助—协商—推辞、应允、谦让
辅导	动词	1	社会活动—文教—教学—启发
抚摩	动词	1	生物活动—肢体动作—触、按—摸、挠
拂动	动词	1	生物活动—肢体动作—摆弄—摆动
封锁	动词	1	社会活动—争斗—纠缠—阻碍
分配	动词	1	社会活动—管理—调动—派、调
分割	动词	1	生物活动—生活、工作—使用—划分

续表

X	词性	频次	语义类型
放牧	动词	1	社会活动—生产—畜牧—养殖
反扑	动词	1	社会活动—战争—抵抗—反击
反击	动词	1	社会活动—战争—抵抗—反击
反对	动词	1	生物活动—心理活动—反对、赞成—反对
反衬	动词	1	运动与变化—判断—相配—陪衬
讹诈	动词	1	社会活动—司法—违法—诈骗
毒害	动词	1	社会活动—争斗—侵害—侵害
督导	动词	1	社会活动—文教—教学—启发
逗引	动词	1	社会活动—争斗—欺负、瞒骗—戏弄
调整	动词	1	生物活动—生活、工作—起居—整理
点缀	动词	1	运动与变化—判断—相配—陪衬
倒腾	动词	1	社会活动—经贸—买卖—买卖
带头	动词	1	生物活动—际遇—进、退—占先
搭救	动词	1	社会活动—帮助—帮助—救助
摧残	动词	1	运动与变化—判断—有害—有害
催逼	动词	1	社会活动—争斗—侵害—逼迫
撺掇	动词	1	社会活动—争斗—侵害—怂恿、引诱
簇拥	动词	1	运动与变化—方位改变—靠近、相隔—围绕
促进	动词	1	运动与变化—事态变化—进行—推动、进行
吹动	动词	1	生物活动—头部动作—呼吸—呼
处理	动词	1	社会活动—管理—处理—处理
撑腰	动词	1	社会活动—帮助—帮助—支持
撑持	动词	1	运动与变化—判断—有无—保持
插手	动词	1	生物活动—生活、工作—参与—参加
策应	动词	1	社会活动—战争—进攻—掩护
侧击	动词	1	社会活动—战争—进攻—进攻
部署	动词	1	社会活动—管理—部署—部署、整编
布置	动词	1	运动与变化—方位改变—存放—布置
擘画	动词	1	生物活动—心理活动—计划—策划
表演	动词	1	社会活动—文教—演出—演出
比照	动词	1	生物活动—生活、工作—使用—对比
奔走	动词	1	生物活动—生活、工作—生活—涉世

续表

X	词性	频次	语义类型
保卫	动词	1	社会活动—战争—守卫—防守
包庇	动词	1	社会活动—争斗—结伙—袒护
包办	动词	1	社会活动—管理—处理—办理
帮扶	动词	1	社会活动—帮助—帮助—帮助
帮凑	动词	1	社会活动—帮助—帮助—救济
伴送	动词	1	社会活动—社交—交际—会见、做伴
把持	动词	1	社会活动—管理—掌控—把持
安慰	动词	1	社会活动—社交—赞赏、祝贺、劝慰—安慰、犒赏

附录表9　表示情况义的"在 X 下"中 X 中心成分的语义类型频率

X	词性	频次	语义类型
情况	名词	1643	抽象事物—事情—情势—状况
作用	名词	276	抽象事物—事情—情势—效应
制度	名词	214	抽象事物—政治—法制—制度
影响	名词	165	抽象事物—事情—情势—效应
温度：恒温	名词	106	抽象事物—数量单位—度量—温度
形势	名词	105	抽象事物—事情—情势—形势
状况	名词	65	抽象事物—事情—情势—状况
环境	名词	56	抽象事物—事情—情势—状况
高温	名词	51	抽象事物—数量单位—度量—温度
情形	名词	48	抽象事物—事情—情势—状况
场合	名词	42	抽象事物—事情—情势—状况
常温	名词	40	抽象事物—数量单位—度量—温度
压力	名词	36	抽象事物—属性—力量—自然力
背景	名词	34	抽象事物—事情—情势—状况
原则	名词	33	抽象事物—属性—标准—标准
体制	名词	32	抽象事物—政治—行政—政体制度
形式	名词	21	抽象事物—属性—景状—状态、款式
低温	名词	19	抽象事物—数量单位—度量—温度
制：领主制、私有制、所有制、股份制等	名词	19	抽象事物—政治—法制—制度

续表

X	词性	频次	语义类型
电压	名词	13	抽象事物—属性—力量—自然力
压强	名词	13	抽象事物—属性—力量—自然力
口号	名词	11	抽象事物—科教—语言文字—言辞
室温	名词	11	抽象事物—数量单位—度量—温度
计划	名词	9	抽象事物—意识—想法—计策
常压	名词	9	抽象事物—属性—力量—自然力
方针	名词	8	抽象事物—事情—过程—目标、路线、角度、立场
目标	名词	8	抽象事物—事情—过程—目标、路线、角度、立场
政策	名词	8	抽象事物—政治—法制—制度
高压	名词	8	抽象事物—属性—力量—自然力
名义	名词	8	抽象事物—属性—名号—名称
建议	名词	7	抽象事物—科教—文章—评论、结论
心情	名词	7	抽象事物—意识—感觉、感情—心绪
政权	名词	7	抽象事物—政治—权责—权利
幌子	名词	7	抽象事物—属性—名号—名称
电场	名词	6	抽象事物—科教—图式—点线面体场
方式	名词	6	抽象事物—事情—规律、方法、思路—方法
水平	名词	6	抽象事物—属性—标准—质地、水平
局面	名词	5	抽象事物—事情—情势—形势
情势	名词	5	抽象事物—事情—情势—形势
处境	名词	5	抽象事物—事情—情势—状况
白色恐怖	形容词	5	生物活动—心理活动—害怕—惧怕
语境	名词	4	抽象事物—科教—文章—文章
社会	名词	4	抽象事物—社会—群体—世界、社会
关系	名词	4	抽象事物—社会—身份—关系
情境	名词	4	抽象事物—事情—情势—状况
速度	名词	4	抽象事物—数量单位—度量—速度
命令	名词	4	抽象事物—政治—法制—命令
形态	名词	4	抽象事物—属性—景状—形状
火力	名词	4	抽象事物—属性—力量—力量
经济	名词	3	抽象事物—经济—价值—经济

X	词性	频次	语义类型
概念	名词	3	抽象事物—事情—规律、方法、思路—道理
路线	名词	3	抽象事物—事情—过程—目标、路线、角度、立场
气候	名词	3	抽象事物—事情—情势—现象
意义	名词	3	抽象事物—事情—情势—效应
攻势	名词	3	抽象事物—事情—情势—形势
局势	名词	3	抽象事物—事情—情势—形势
时势	名词	3	抽象事物—事情—情势—形势
湿度	名词	3	抽象事物—数量单位—度量—浓度
强度	名词	3	抽象事物—数量单位—度量—强度
思想	名词	3	抽象事物—意识—思想—思想
命题	名词	2	抽象事物—科教—内容、体例—体例
知识	名词	2	抽象事物—科教—文化、知识、学说—科学、知识
舆论	名词	2	抽象事物—科教—文章—评论、结论
生产关系	名词	2	抽象事物—社会—身份—关系
淫威	名词	2	抽象事物—社会—身份—势力
方法	名词	2	抽象事物—事情—规律、方法、思路—方法
方向	名词	2	抽象事物—事情—情势—形势
趋势	名词	2	抽象事物—事情—情势—形势
境况	名词	2	抽象事物—事情—情势—状况
境遇	名词	2	抽象事物—事情—情势—状况
困境	名词	2	抽象事物—事情—情势—状况
情景	名词	2	抽象事物—事情—情势—状况
日子	名词	2	抽象事物—事情—人生—生计、生活
事情	名词	2	抽象事物—事情—事情—事情
浓度	名词	2	抽象事物—数量单位—度量—浓度
心境	名词	2	抽象事物—意识—感觉、感情—心绪
意识	名词	2	抽象事物—意识—思想—思想
权力	名词	2	抽象事物—政治—权责—权利
社会主义	名词	2	抽象事物—政治—行政—政治理论
程度	名词	2	抽象事物—属性—标准—质地、水平
框架	名词	2	抽象事物—属性—范畴—系统

X	词性	频次	语义类型
体系	名词	2	抽象事物—属性—范畴—系统
推力	名词	2	抽象事物—属性—力量—自然力
重压	名词	2	抽象事物—属性—力量—自然力
竞争	名词	2	社会活动—文教—比赛—比赛
经费	名词	1	抽象事物—经济—报酬、费用—费用
资金	名词	1	抽象事物—经济—资产—资本
课程	名词	1	抽象事物—科教—教育—课程、习题、考试
科目	名词	1	抽象事物—科教—教育—学科
决定论	名词	1	抽象事物—科教—文化、知识、学说—学说
礼教	名词	1	抽象事物—社会—风俗—礼仪
仪式	名词	1	抽象事物—社会—风俗—礼仪
风气	名词	1	抽象事物—社会—风俗—习俗
风尚	名词	1	抽象事物—社会—风俗—习俗
习惯	名词	1	抽象事物—社会—风俗—习俗
习俗	名词	1	抽象事物—社会—风俗—习俗
贸易	名词	1	抽象事物—社会—工作—行业、产业
动作	名词	1	抽象事物—社会—活动—行为
活动	名词	1	抽象事物—社会—活动—行为
权威	名词	1	抽象事物—社会—身份—势力
威焰	名词	1	抽象事物—社会—身份—势力
机理（机制）	名词	1	抽象事物—事情—规律、方法、思路—道理
法则	名词	1	抽象事物—事情—规律、方法、思路—规律
规律	名词	1	抽象事物—事情—规律、方法、思路—规律
借口	名词	1	抽象事物—事情—过程—原因、依据、源头
年景	名词	1	抽象事物—事情—情势—现象
倾向	名词	1	抽象事物—事情—情势—形势
态势	名词	1	抽象事物—事情—情势—形势
现局	名词	1	抽象事物—事情—情势—形势
氛围	名词	1	抽象事物—事情—情势—状况
海况	名词	1	抽象事物—事情—情势—状况
现况	名词	1	抽象事物—事情—情势—状况
现状	名词	1	抽象事物—事情—情势—状况

续表

X	词性	频次	语义类型
秩序	名词	1	抽象事物—事情—情势—状况
恩惠	名词	1	抽象事物—事情—遭际—恩仇
阻力	名词	1	抽象事物—事情—糟粕—阻力、约束
密度	名词	1	抽象事物—数量单位—度量—强度
高热	名词	1	抽象事物—数量单位—度量—温度
冰点	名词	1	抽象事物—数量单位—度量—温度
比值	名词	1	抽象事物—数量单位—数量—概数、倍数、比率
功率	名词	1	抽象事物—数量单位—数量—概数、倍数、比率
配料比	名词	1	抽象事物—数量单位—数量—概数、倍数、比率
速率	名词	1	抽象事物—数量单位—数量—概数、倍数、比率
销售量	名词	1	抽象事物—数量单位—数量—数额、数值
歌声	名词	1	抽象事物—文体卫生—歌舞—歌
病症	名词	1	抽象事物—文体卫生—医疗—疾病
情绪	名词	1	抽象事物—意识—感觉、感情—心绪
精神	名词	1	抽象事物—意识—思想—思想
心理	名词	1	抽象事物—意识—思想—思想
呼声	名词	1	抽象事物—意识—想法—见解
偏见	名词	1	抽象事物—意识—想法—见解
价值观	名词	1	抽象事物—意识—想法—见解
时空观	名词	1	抽象事物—意识—想法—见解
欲望	名词	1	抽象事物—意识—愿望—欲念
意愿	名词	1	抽象事物—意识—愿望—愿望
宪法	名词	1	抽象事物—政治—法制—法纪
条约	名词	1	抽象事物—政治—法制—规约
规定	名词	1	抽象事物—政治—法制—规约
指令	名词	1	抽象事物—政治—法制—命令
统治权	名词	1	抽象事物—政治—权责—权利
权利	名词	1	抽象事物—政治—权责—权利
任务	名词	1	抽象事物—政治—权责—责任
政治	名词	1	抽象事物—政治—行政—政治理论
项目	名词	1	抽象事物—属性—范畴—类别
结构	名词	1	抽象事物—属性—范畴—系统

续表

X	词性	频次	语义类型
程序	名词	1	抽象事物—属性—范畴—序列
气压梯度	名词	1	抽象事物—属性—范畴—序列
常态	名词	1	抽象事物—属性—景状—状态、款式
模式	名词	1	抽象事物—属性—景状—状态、款式
力量	名词	1	抽象事物—属性—力量—力量
低压	名词	1	抽象事物—属性—力量—自然力
风力	名词	1	抽象事物—属性—力量—自然力
拉力	名词	1	抽象事物—属性—力量—自然力
引力	名词	1	抽象事物—属性—力量—自然力
重力	名词	1	抽象事物—属性—力量—自然力
态度	名词	1	抽象事物—属性—仪容—神情
因素	名词	1	抽象事物—属性—因素—要素
电流	名词	1	具体物—自然物—自然物质—电、射线
噪音	名词	1	具体物—自然物—自然物质—声音
惊恐	形容词	1	生物活动—心理活动—害怕—惧怕
冲动	名词	1	生物活动—心理活动—激动—激动
认识	名词	1	生物活动—心理活动—了解—相识
真空	名词	1	时空—空间—方位—方位、席位
露天	名词	1	时空—空间—方位—内、外
酷暑	名词	1	时空—时间——季节—四季
混乱	名词	1	性质与状态—情状—安危—动荡

附录表 10　表示社会关系义的"在 X 下"中 X 中心成分的语义类型频率

X	词性	频次	语义类型
委员长	名词	1	生物—人—职业—领导
县大夫	名词	1	生物—人—职业—领导
禹	名词	1	生物—人—历史人物—英杰
委员会	名词	1	抽象事物—政治—行政—政府机构
物资局	名词	1	抽象事物—政治—行政—政府机构

附录表 11　表示抽象空间义的"在 X 下"中 X 中心成分的语义类型频率

X	词性	频次	语义类型
笔	名词	2	具体物—文化用品—办公用品—笔
掌	名词	2	生物—生物部分—躯体部分—四肢

附录 1　"在 X 上"抽象语义实验研究的测试材料

1. 表示方面

（1）这种现象，在动物学叫作"休克"。

（2）他对什么事情都很清楚，但是在感情问题一点都不清楚。

（3）他是个好学生，在学习态度中一点问题都没有。

（4）这两本书在内容中差不多。

2. 表示范围

（1）这种便宜的东西在市场很多。

（2）Mariah Carey 在国际很有名。

（3）在世界中，有很多落后的国家。

（4）Lincoln 在美国历史中很有名。

3. 表示活动

（1）Michael Phelps 在奥运会表现得很好。

（2）他不喜欢说话，在讨论会一直很安静。

（3）在课堂中大家都应该认真听课。

（4）校长在开学典礼中的演讲很精彩。

4. 表示来源

（1）在一张中文报，他发现了自己的作文。

（2）在地图可以找到美国。

（3）在电视中，可以看到很多卖衣服的广告。

（4）我们在书中看到了美丽的大海。

5. 表示条件

（1）这件事情在性质不同于其他事情。

（2）这次改革在实质没有什么大的变化。

（3）这个决定在原则中不能改变。

（4）我们应该在保护环境的基础中发展环境。

填充材料是包含其他句法结构的正确句子，共 20 句，此处从略。

附录 2   "在 X 下"抽象语义实证研究的测试材料

1. 表示情况

（1）如果你看见小孩掉进了水里，在这样的情况，你会怎么办？

（2）他和中国人住在一起，在这样的环境学习汉语，进步很大。

（3）我今天心情非常好，在这样的状态练习听力，一定都能听懂。

（4）朋友生病了，在这种情况中，我一定要去医院看他。

（5）在这种制度中，没有人想说出自己心里真实的想法。

（6）他今天身体很不舒服，在这种状态中参加比赛，结果一定不好。

2. 表示条件

（1）在老板的领导，公司越来越好了。

（2）我不喜欢写汉字，在老师的帮助，我开始慢慢喜欢写汉字了。

（3）他以前每天都吸烟，在父母的教育，他现在不吸烟了。

（4）他生病了，在妈妈的照顾中，他病好了。

（5）他不会写汉字，在老师的指导中，他学会了写很多汉字。

（6）在同学的影响中，我开始慢慢喜欢跑步了。

填充材料是包含其他句法结构的正确句子，共 12 句，此处从略。

参考文献

中文类

【专著、期刊论文、论文集、工具书】

白荃：《"对……来说"和"在……看来"》，《民俗典籍文字研究》（第 5 辑），商务印书馆 2008 年版。

北京大学中文系 1955、1957 级语言班：《现代汉语虚词例释》，商务印书馆 1982 年版。

薄冰主编：《英汉介词比较》，商务印书馆 2013 年版。

蔡金亭、朱立霞：《认知语言学角度的二语习得研究：观点、现状与展望》，《外语研究》2010 年第 1 期。

蔡金亭：《中国学生英语过渡语研究》，外语教学与研究出版社 2008 年版。

陈昌来：《介词与介引功能》，安徽教育出版社 2002 年版。

陈昌来：《现代汉语介词框架的考察》，《中国语言学报》（十一），商务印书馆 2003 年版。

陈昌来、段佳佳：《介词框架"在 N 的 V 下"与主句的语义联系及语义特点》，《云南师范大学学报》（对外汉语教学与研究版）2007 年第 2 期。

陈常青、杨炳钧、李新春：《汉英介词兼类与英译》，《外语教学》2001 年第 5 期。

陈恩礼：《介词"在"与"从"的用法比较》，《现代语文》2006 年第 7 期。

陈信春：《介词运用的隐现问题》，河南大学出版社 2001 年版。

程美珍主编：《汉语病句辨析九百例》，华语教学出版社 1997 年版。

储泽祥:《"在"的涵盖义与句首处所前"在"的隐现》,《汉语学习》1996 年第 4 期。

储泽祥:《关于"处所范围原则"的适用范围》,《云梦学刊》1996 年第 2 期。

储泽祥:《汉语"在＋方位短语"里方位词的隐现机制》,《中国语文》2004 年第 2 期。

储泽祥:《汉语处所词的词类地位及其类型学意义》,《中国语文》2006 年第 3 期。

储泽祥:《现代汉语的命名性处所词》,《中国语文》1997 年第 5 期。

崔立斌:《韩国学生汉语介词学习错误分析》,《语言文字应用》2006 年第 S2 期。

崔希亮等:《汉语作为第二语言的习得与认知研究》,北京大学出版社 2008 年版。

崔希亮等:《欧美学生汉语学习和认知研究》,北京大学出版社 2010 年版。

崔希亮:《"在"字结构解析——从动词的语义、配价及论元之关系考察》,《世界汉语教学》1996 年第 3 期。

崔希亮:《汉语方位结构"在……里"的认知考察》,《北京语言大学汉语语言学文萃(语法卷)》,北京语言大学出版社 2004 年版。

崔希亮:《汉语介词结构与位移事件》,《中国语言学报(十二)》,商务印书馆 2006 年版。

崔希亮:《汉语空间方位场景与论元的凸显》,《世界汉语教学》2001 年第 4 期。

崔希亮:《空间方位场景的认知图式与句法表现》,《中国语言学报(十)》,商务印书馆 2001 年版。

崔希亮:《空间方位关系及其泛化形式的认知解释》,《语法研究和探索(十)》,商务印书馆 2000 年版。

崔希亮:《空间关系的类型学研究》,《汉语学习》2002 年第 1 期。

崔希亮:《欧美学生汉语介词习得的特点及偏误分析》,《世界汉语教学》2005 年第 3 期。

崔希亮:《认知语言学:研究范围和研究方法》,《语言教学与研究》2002 年第 5 期。

崔希亮：《日朝韩学生汉语介词结构的中介语分析》，《中国语言学报（十一）》，商务印书馆 2003 年版。

崔希亮：《语言理解与认知》，北京语言大学出版社 2001 年版。

窦融久：《方位词"上"管窥》，《新疆师范大学学报》（社会科学版）1986 年第 1 期。

邓永红：《"在 X 上"格式的多角度考察》，《湖南教育学院学报》1998 年第 6 期。

邓永红：《"在 X 下"格式及与"在 X 上"之比较》，《湖南教育学院学报》1999 年第 4 期。

邓永红：《关于"在+NP［L］+V+NP"句式的分化及其依据》，《湖南教育学院学报》1997 年第 1 期。

丁安琪、沈兰：《韩国留学生口语中使用介词"在"的调查分析》，《语言教学与研究》2001 年第 6 期。

范继淹：《论介词短语"在+处所"》，《语言研究》1982 年第 1 期。

范素琴：《方位词"上"表征的空间图式及空间意义》，《解放军外国语学院学报》2010 年第 5 期。

范晓：《三个平面的语法观》，北京语言文化大学出版社 1996 年版。

方经民：《论汉语空间区域范畴的性质和类型》，《世界汉语教学》2002 年第 3 期。

方经民：《现代汉语方位成分的分化和语法化》，《世界汉语教学》2004 年第 2 期。

傅雨贤、周小兵等：《现代汉语介词研究》，中山大学出版社 1997 年版。

高名凯：《汉语语法论》，上海开明书店 1948 年版。

高霞：《从偏误看英语对英语国家学生使用汉语介词"在"的影响》，《南宁职业技术学院学报》2010 年第 6 期。

高霞：《现代汉语介词"在"、"跟"、"对"、"从"的对英汉语教学研究综述》，《楚雄师范学院学报》2008 年第 12 期。

高增霞：《处所动词、处所介词和未完成体标记——体标记"在"和"着"语法化的类型学研究》，《中国社会科学院研究生院学报》2005 年第 4 期。

葛婷：《"X 上"和"X 里"的认知分析》，《暨南大学华文学院学报》2004 年第 1 期。

猴瑞隆：《方位词 "上" "下" 的语义认知基础与对外汉语教学》，《语言文字应用》2004 年第 4 期。

郭锐：《现代汉语词类研究》，商务印书馆 2002 年版。

郭熙：《 "放到桌子上" "放在桌子上" "放桌子上"》，《中国语文》1986 年第 1 期。

郭熙：《汉语介词研究述评》，《徐州师范学院学报》（哲学社会科学版）1986 年第 1 期。

国家汉办教育部社科司：《汉语国际教育用音节汉字词汇等级划分（国家标准·应用解读本)》，北京语言大学出版社 2010 年版。

［韩］韩容洙：《对韩汉语教学中的介词教学》，《汉语学习》1998 年第 6 期。

贺阳：《从现代汉语介词中的欧化现象看间接语言接触》，《语言文字应用》2004 年第 4 期。

侯敏：《 "在+处所" 的位置与动词的分类》，《求是学刊》1992 年第 6 期。

侯学超：《现代汉语虚词词典》，北京大学出版社 1998 年版。

胡明扬：《词类问题考察》，北京语言学院出版社 1996 年版。

胡明扬：《现代汉语词类问题考察》，《中国语文》1995 年第 5 期。

胡裕树、范晓：《试论语法研究的三个平面》，《新疆师范大学学报》1985 年第 2 期。

胡裕树、范晓：《有关语法研究三个平面的几个问题》，《中国语文》1992 年第 4 期。

黄伯荣、廖序东主编：《现代汉语》（增订四版），高等教育出版社 2007 年版。

黄理秋、施春宏：《汉语中介语介词性框式结构的偏误分析》，《华文教学与研究》2010 年第 3 期。

姜孟：《概念迁移：语言迁移研究的新进展》，《宁夏大学学报》（人文社会科学版）2010 年第 3 期。

江新：《第二语言习得的研究方法》，《语言文字应用》1999 年第 2 期。

金昌吉：《汉语介词和介词短语》，南开大学出版社 1996 年版。

瞿云华、张建理:《英语多义系统习得实证研究》,《外语研究》2005 年第 2 期。

蓝纯:《从认知角度看汉语的空间隐喻》,《外语教学与研究》1999 年第 4 期。

黎锦熙、刘世儒:《汉语介词的新体系》,《中国语文》1957 年第 2 期。

黎锦熙:《新著国语文法》,商务印书馆 1992 年版。

李大忠:《外国人学汉语语法偏误分析》,北京语言文化大学出版社 1996 年版。

李福印:《认知语言学概论》,北京大学出版社 2008 年版。

李佳、蔡金亭:《认知语言学角度的英语空间介词习得研究》,《现代外语》2008 年第 2 期。

李金静:《"在+处所"的偏误分析及对外汉语教学》,《语言文字应用》2005 年第 S1 期。

李晓琪:《论对外汉语虚词教学》,《世界汉语教学》1998 年第 3 期。

李晓琪:《现代汉语虚词讲义》,北京大学出版社 2005 年版。

李晓琪:《中介语与汉语虚词教学》,《世界汉语教学》1995 年第 4 期。

李文莉:《"上"、"下"隐喻映射的对称与不对称现象分析》,《零陵学院学报》2004 年第 3 期。

寮菲:《第二语言习得中母语迁移现象分析》,《外语教学与研究》1998 年第 2 期。

林齐倩:《韩国学生"在 NL"句式的习得研究》,《汉语学习》2011 年第 3 期。

林直、王新利:《英汉介词的语义、运用及翻译》,《淮阴师专学报》1993 年第 3 期。

刘兵:《汉语介词的隐现与论元标识功能的转换》,《云南师范大学学报》(对外汉语教学与研究版) 2005 年第 4 期。

刘丹青:《汉语中的框式介词》,《当代语言学》2002 年第 4 期。

刘丹青:《语序类型学与介词理论》,商务印书馆 2003 年版。

刘国辉:《汉语空间方位词"上"的认知语义构式体系》,《四川外语学院学报》2008 年第 2 期。

刘宏：《From 和"从"的比较及其汉译》，《牡丹江师范学院学报》（哲学社会科学版）2007 年第 5 期。

刘小梅：《简明大学英汉对比语法》，化学工业出版社 2008 年版。

刘月华等：《实用现代汉语语法》（增订本），商务印书馆 2001 年版。

陆俭明：《当代语言学理论与汉语教学》，《世界汉语教学》2009 年第 3 期。

吕叔湘：《通过对比研究语法》，《语言教学与研究》1992 年第 2 期。

吕叔湘主编：《现代汉语八百词》（增订本），商务印书馆 1999 年版。

马建忠：《马氏文通》，商务印书馆 1983 年版。

马世沛：《浅谈英语及汉语介词之异同》，《河北大学学报》1984 年第 1 期。

马书红：《英汉空间范畴化对比分析——以 in、on 和（在）……上、（在）……里为例》，《贵州师范大学学报》（社会科学版）2008 年版。

马书红：《英语空间介词语义成员的分类与习得——基于范畴化理论的实证研究》，《解放军外国语学院学报》2010 年第 4 期。

马书红：《中国学生对英语空间介词语义的习得研究》，《现代外语》2007 年第 2 期。

马喆：《现代汉语方所范畴研究述略》，《汉语学习》2009 年第 3 期。

马真：《现代汉语虚词研究方法论》，商务印书馆 2004 年版。

倪建文：《方位词"上"、"下"在使用中的对称性和非对称性》，《修辞学习》1999 年第 5 期。

潘文国、杨自俭主编：《共性·个性·视角——英汉对比的理论与方法研究》，上海外语教育出版社 2008 年版。

齐沪扬主编：《对外汉语教学语法》，复旦大学出版社 2005 年版。

齐沪扬：《现代汉语空间问题研究》，学林出版社 1998 年版。

亓文香：《语块理论在对外汉语教学中的应用》，《语言教学与研究》2008 年第 4 期。

屈哨兵：《"在 NV 下"式的受动特性与成立动因》，《汉语学报》2006 年第 1 期。

瞿建慧：《"在"与"着"的平行虚化及成因》，《吉首大学学报》（社会科学版）2006 年第 2 期。

瞿云华、张建理：《英语多义系统习得实证研究》，《外语研究》2005

年第 2 期。

权正容:《"在 X 下"格式的结构特点与语义分析》,《汉语学习》1995 年第 5 期。

邵敬敏:《关于"在黑板上写字"句式分化和变换的若干问题》,《语言教学与研究》1982 年第 3 期。

邵敬敏:《关于语法研究中的三个平面的理论思考——兼评有关的几种理解模式》,《南京师范大学学报》1992 年第 4 期。

邵敬敏:《新时期汉语语法学史(1978—2008)》,商务印书馆 2011 年版。

沈家煊:《类型学中的标记模式》,《外语教学与研究》1997 年第 1 期。

沈家煊:《"在"字句和"给"字句》,《中国语文》1999 年第 2 期。

沈家煊:《英汉介词对比》,《外语教学与研究》1984 年第 2 期。

沈家煊:《著名中年语言学家自选集·沈家煊卷》,安徽教育出版社 2002 年版。

施春宏、袁毓林:《动结式的论元结构和配位方式》,《语言文字应用》2004 年第 2 期。

施关淦:《关于语法研究的三个平面》,《中国语文》1991 年第 6 期。

施关淦:《再论语法研究的三个平面》,《汉语学习》1993 年第 2 期。

施家炜:《国内汉语第二语言习得研究二十年》,《语言教学与研究》2006 年第 1 期。

申小龙:《汉语动词分类研究述评》,《绥化师专学报》1988 年第 4 期。

舒华:《心理与教育研究中的多因素实验设计》,北京师范大学出版社 1994 年版。

束定芳:《认知语义学》,上海外语教育出版社 2008 年版。

宋文辉:《现代汉语两类双及物动结式的配位方式》,《世界汉语教学》2006 年第 4 期。

苏新春主编:《现代汉语分类词典》,商务印书馆 2013 年版。

孙丹华:《英语介词汉译漫谈》,《许昌师专学报》1996 年第 4 期。

孙德金等:《欧美学生汉语语法习得与认知专题研究》,北京大学出版社 2012 年版。

孙一：《从英汉介词的特性对比英汉介词的用法》，《华中师范大学学报》2006 年第 1 期。

唐承贤：《第二语言习得中的母语迁移研究述评》，《解放军外国语学院学报》2003 年第 5 期。

童之侠：《世界主要语言手册》，商务印书馆 2008 年版。

汪树福：《介词结构是全能结构》，《安徽师范大学学报》1984 年第 4 期。

王艾录：《"动词+在+方位结构"刍议》，《语文研究》1982 年第 2 期。

王灿龙：《试论"在"字方所短语的句法分布》，《世界汉语教学》2008 年第 1 期。

王化建：《英汉介词比较谈》，《平顶山师专学报》1997 年第 3 期。

王还：《说"在"》，《中国语文》1957 年第 2 期。

王还：《再说说"在"》，《语言教学与研究》1980 年第 3 期。

王焕青：《英汉介词之对比》，《山西经济管理干部学院学报》2001 年第 3 期。

王建华：《英汉语介词教学探析》，《焦作大学学报》2006 年第 2 期。

王建勤主编：《汉语作为第二语言的学习者语言系统研究》，商务印书馆 2006 年版。

王建勤：《第二语言习得研究》，商务印书馆 2009 年版。

王建勤：《关于中介语研究方法的思考》，《汉语学习》2000 年第 3 期。

王建勤：《汉语作为第二语言学习者习得过程研究评述》，《北京师范大学学报》（社会科学版）2006 年第 3 期。

王建勤：《中介语产生的诸因素及相互关系》，《语言教学与研究》1994 年第 4 期。

王菊泉、郑立信：《英汉语言文化对比研究（1995—2003）》，上海外语教育出版社 2004 年版。

王菊泉：《吕叔湘先生对我国语言对比研究的贡献——纪念吕叔湘先生百年诞辰》，《外语教学与研究》2004 年第 5 期。

王鲁男：《标记性与二语习得》，《四川外语学院学报》2007 年第 6 期。

王珏:《现代汉语名词研究》,华东师范大学出版社 2001 年版。

王珏主编:《英美汉语教学难点研究》,学林出版社 2009 年版。

王立非主编:《语言语块研究的理论与实证进展》,上海外语教育出版社 2012 年版。

王维贤:《语言的三个平面与句法的三个平面》,《中国语言学报》(第 7 期),商务印书馆 1995 年版。

王武兴:《英汉语言对比与翻译》,北京大学出版社 2003 年版。

王一平:《介词短语"在+处所"前置、中置和后置的条件和限制》,《语文建设》1999 年第 5 期。

王寅:《语义理论与语言教学》,上海外语教育出版社 2001 年版。

王瑛:《二语习得中的中介语偏误分析及其认知发生》,《西安外国语大学学报》2007 年第 4 期。

王振来、盖君、文丽:《日本留学生学习以介词"在"为标记句式的偏误分析》,《沈阳师范大学学报》(社会科学版)2012 年第 3 期。

文秋芳、王立非:《二语习得研究方法 35 年:回顾与思考》,《外国语》2004 年第 4 期。

文秋芳:《二语习得重点问题研究》,外语教学与研究出版社 2010 年版。

吴福祥:《汉语伴随介词语法化的类型学研究——兼论 SVO 型语言中伴随介词的两种演化模式》,《中国语文》2003 年第 1 期。

吴继峰:《英美学生使用汉语介词"在"的相关偏误分析》,《云南师范大学学报》(对外汉语教学与研究版)2012 年第 6 期。

吴景荣、王建之:《英汉词性漫谈(上)》,《外语教学与研究》1981 年第 3 期。

吴景荣、王建之:《英汉词性漫谈(下)》,《外语教学与研究》1981 年第 4 期。

吴世雄、陈维振:《范畴理论的发展及其对认知语言学的贡献》,《外国语》2004 年第 4 期。

肖奚强等:《汉语中介语语法问题研究》,商务印书馆 2008 年版。

肖奚强等:《外国学生汉语句式学习难度及分级排序研究》,高等教育出版社 2009 年版。

肖奚强:《汉语中介语研究论略》,《语言文字应用》2011 年第 2 期。

肖奚强：《略论偏误分析的基本原则》，《语言文字应用》2001 年第 1 期。

邢福义：《V 为双音节的"V 在了 N"格式——一种曾经被语法学家怀疑的格式》，《语言文字应用》1997 年第 4 期。

邢福义：《汉语语法学》，东北师范大学出版社 1996 年版。

邢福义：《现代汉语语法研究的两个"三角"》，《云梦学刊》1990 年第 1 期。

邢志群：《国别化：对英汉语教学法——汉英对比分析》，北京大学出版社 2011 年版。

徐丹：《关于汉语里"动词+X+地点词"的句型》，《中国语文》1994 年第 3 期。

徐杰：《"及物性"特征与相关的四类动词》，《语言研究》2001 年第 3 期。

徐锦凤、刘树阁：《英汉介词比较与翻译》，《河南教育学院学报》1996 年第 4 期。

许高渝、张建理：《20 世纪汉外语言对比研究》，高等教育出版社 2006 年版。

许菊：《标记性与母语迁移》，《解放军外国语学院学报》2004 年第 2 期。

许余龙：《对比语言学（第 2 版）》，上海外语教育出版社 2010 年版。

杨安红：《方位词"上"的自由与黏着用法》，《淮北煤炭师范学院学报》（哲学社会科学版）2003 年第 1 期。

杨炳钧：《介词的功能语言学解释》，《外国语》2001 年第 1 期。

杨庆蕙、白荃：《对外汉语教学中的语法难点剖析》，北京师范大学出版社 1996 年版。

杨润陆、周一民：《现代汉语》，北京师范大学出版社 1995 年版。

杨云：《方位词"上"和"下"的空间定位》，《云南师范大学学报》（哲学社会科学版）2001 年第 2 期。

于艳红：《英语介词及其翻译》，《安阳工学院学报》2005 年第 2 期。

余云峰、马书红：《介词"on"和方位词"上"的空间认知语义对比分析》，《吉林广播电视大学学报》2010 年第 7 期。

俞咏梅：《论"在+处所"的语义功能和语序制约原则》，《中国语文》1999 年第 1 期。

袁毓林：《论元角色的层级关系和语义特征》，《世界汉语教学》2002 年第 3 期。

张斌主编：《现代汉语描写语法》，商务印书馆 2010 年版。

张斌主编：《现代汉语虚词词典》，商务印书馆 2001 年版。

张斌：《与语言符号有关的问题——兼论语法分析中的三个平面》，《中国语文》1990 年第 3 期。

张赪：《汉语介词词组语序的演变》，北京语言文化大学出版社 2002 年版。

张赪：《论决定"在 L+VP"或"VP+在 L"的因素》，《语言教学与研究》1997 年第 2 期。

张赪：《现代汉语介词词组"在 L"与动词宾语的词序规律》，《中国语文》2001 年第 1 期。

张道真：《实用英语语法》，外语教学与研究出版社 2002 年版。

张国宪：《从"在"的兼类看动词和介词的区分》，《逻辑与语言学习》1988 年第 6 期。

张宏胜：《汉语介词"在"位于句首时的隐现形式描写》，《新疆教育学院学报》1996 年第 3 期。

张金生：《空间介词意义的网络结构模式》，《北京第二外国语学院学报》2008 年第 4 期。

张静：《现代汉语》，高等教育出版社 1988 年版。

张敏：《认知语言学与汉语名词短语》，中国社会科学出版社 1998 年版。

张旺熹：《汉语介词衍生的语义机制》，《汉语学习》2004 年第 1 期。

张先亮：《关于介词短语作主语问题——兼谈介词短语的语法功能》，《浙江师范大学学报》1990 年第 1 期。

张谊生：《现代汉语虚词》，华东师范大学出版社 2000 年版。

张玥：《"上"、"下"空间隐喻的不对称现象研究》，《文教资料》2007 年第 29 期。

赵斐容：《汉语介词与英语介词之异同》，《吉安师专学报》1999 年第 1 期。

赵金铭:《对外汉语教学语法与语法教学》,《语言文字应用》2002年第 1 期。

赵金铭:《外国人语法偏误句子的等级序列》,《语言教学与研究》2002 年第 2 期。

赵葵欣:《留学生学习和使用汉语介词的调查》,《世界汉语教学》2000 年第 2 期。

赵丽萍:《英汉介词类型对比》,《六盘水师范高等专科学校学报》1998 年第 1 期。

赵世开主编:《汉英对比语法论集》,上海外语教育出版社 1999年版。

赵淑华:《介词和介词分类》,载胡明扬主编《词类问题考察》,北京语言学院 1996 年版。

赵永新主编:《汉外语言文化对比与对外汉语教学》,北京语言大学出版社 1997 年版。

赵永新:《汉外对比研究与对外汉语教学》,《语言文字应用》1994年第 2 期。

赵元任:《汉语口语语法》,吕叔湘译,商务印书馆 1979 年版。

赵元任:《赵元任全集》(第 3 卷),商务印书馆 2004 年版。

郑懿德等:《汉语语法难点释疑》,华语教学出版社 1992 年版。

郑占国:《语言类型标记性假说与中介语音系习得》,《语言教学与研究》2014 年第 6 期。

周统权:《"上"与"下"不对称的认知研究》,《语言科学》2003 年第 1 期。

周文华:《现代汉语介词习得研究》,世界图书出版公司 2011 年版。

周小兵等:《外国人学汉语语法偏误研究》,北京语言大学出版社2007 年版。

周小兵:《介词的语法性质和介词研究的系统方法》,《中山大学学报》1997 年第 3 期。

周一民:《现代汉语》(修订版),北京师范大学出版社 2006 年版。

朱德熙:《"在黑板上写字"及相关句式》,《语言教学与研究》1981年第 1 期。

朱德熙:《语法讲义》,商务印书馆 1982 年版。

朱志平：《汉语第二语言教学理论概要》，北京大学出版社 2008 年版。

祝德勤：《英语介词》（修订本），商务印书馆 2004 年版。

A S Hornby（霍恩比）原著：《牛津高阶英汉双解词典》（第 7 版），王玉章等翻译，商务印书馆 2009 年版。

C. J. Fillmore：《"格"辨》，胡明扬译，商务印书馆 2005 年版。

George Lakoff：《女人、火与危险事物：范畴所揭示之心智的奥秘》，梁玉玲译，桂冠图书股份有限公司 1994 年版。

L. G. Alexander，何其莘：《新概念英语》，外语教学与研究出版社 1997 年版。

Michael Swan 编著：《牛津英语用法指南》（第三版），严维明等译，外语教学与研究出版社 2010 年版。

SusanGass，Larry Selinker：《第二语言习得》（第 3 版），赵杨译，北京大学出版社 2011 年版。

【学位论文】

陈全静：《汉语介词框架"PP 上"研究》，硕士学位论文，上海师范大学，2006 年。

［越南］陈氏秋竹：《汉语与越南语介词对比研究》，硕士学位论文，华东师范大学，2011 年。

樊海燕：《现代汉语方位词隐现问题研究》，硕士学位论文，南京师范大学，2008 年。

高俊：《"在"字框架的英语对应形式考察及习得研究》，硕士学位论文，南京师范大学，2010 年。

葛新：《方位词"上"、"下"的意义及其演变》，硕士学位论文，上海师范大学，2004 年。

顾振立：《介词框架"在 X 中"考察》，硕士学位论文，上海师范大学，2008 年。

黄月清：《汉语时间介词"在"、"从"与泰语相应时间词对比研究》，硕士学位论文，广西民族大学，2011 年。

贾志高：《英汉基本空间介词的空间及隐喻认知》，硕士学位论文，西南师范大学，2003 年。

李建慧：《越南留学生常用介词偏误分析》，硕士学位论文，广西师范大学，2004 年。

　　刘兵：《现代汉语介词标识功能研究》，博士学位论文，山东大学，2003 年。

　　刘丹：《英汉基本空间介词的空间及隐喻认知》，硕士学位论文，西南师范大学，2003 年。

　　刘国燕：《介词结构"在 X 上/里/中"中"X"的研究》，硕士学位论文，吉林大学，2007 年。

　　罗琳颖：《英汉空间介词习得的认知对比研究》，硕士学位论文，太原理工大学，2012 年。

　　骆雪娟：《二语习得中的概念迁移——对中国英语学习者空间介词语义习得的调查》，硕士学位论文，广东外语外贸大学，2005 年。

　　马书红：《中国英语学习者对英语空间介词语义的习得研究》，博士学位论文，广东外语外贸大学，2005 年。

　　梅秋怀：《汉越语相似介词对比分析》，硕士学位论文，华中师范大学，2011 年。

　　明宏：《基于与汉语介词短语"在……上"之比较的英语介词 on 的认知语义研究》，博士学位论文，上海外国语大学，2011 年。

　　[越南] 阮天香：《越南学生习得处所介词"在"的偏误分析与教学对策》，硕士学位论文，中央民族大学，2011 年。

　　孙剑：《介词框架"在 X 前"的考察》，硕士学位论文，上海师范大学，2007 年。

　　孙颖：《介词结构"在 X 下"的综合研究》，硕士学位论文，辽宁师范大学，2011 年。

　　[韩] 吴成焕：《韩国留学生习得汉语介词偏误分析》，硕士学位论文，吉林大学，2006 年。

　　[泰] 吴素兰：《从中泰对比看泰国学生汉语常用介词的习得与教学》，硕士学位论文，苏州大学，2007 年。

　　秀莲：《泰国学生汉语常见易混淆词习得研究》，硕士学位论文，黑龙江大学，2011 年。

　　杨丽姣：《现代汉语介词功能研究》，博士学位论文，北京师范大学，2005 年。

　　杨颖：《汉语表空间意义虚化的介词"在"与英语相应表达的对比研

究及偏误分析》，硕士学位论文，中南大学，2009 年。

杨正梅：《泰国留学生习得汉语 "在" 字介词框架研究》，硕士学位论文，西南大学，2012 年。

杨子琴：《"从 X 起" 介词框架及相关问题研究》，硕士学位论文，上海外国语大学，2009 年。

姚春林：《汉语母语大学生英语空间介词习得研究——以河北理工大学为个案》，博士学位论文，中央民族大学，2011 年。

姚红：《现代汉语介词的隐现问题研究》，硕士学位论文，南京师范大学，2006 年。

赵秋篱：《从英汉对比的角度考察 "在" 字短语》，硕士学位论文，北京语言大学，2008 年。

英文类

Brugman, C. *The story of Over*：*Polysemy*，*Semantics*，*and the Structure of the Lexicon*，New York：Garland Publishing，1998.

Charles N. Li & Sandra A. Thompson. *Mandarin Chinese—A Functional Reference Grammar*，California：University of California Press，1989.

Corder, S. P. 'Error analysis' in J. Allen and S. Corder（eds.），*The Edinburgh Course in Applied Linguistics Volume* 3：*Techniques in Applied Linguistics*，Oxford：Oxford University Press，1974.

Eckman, Fred R. Markedness and the contrastive analysis hypothesis，*Language Learning*，1977，（2）.

Ellis, N. C. Frequency effects in language processing：a review with implications for theories of implicit and explicit language acquisition，*Studies in Second Language Acquisition*，2002.

Ellis, N. C. Frequency-based accounts of second language acquisition. In Susan M. Gass and Alison Mackey（Eds.），*The Routledge Handbook of Second Language Acquisition*，New York：Routledge，2012.

Ellis, R. *Understanding Second Language Acquisition*. Oxford：Oxford University Press，1985.

Greenberg, J. *Language Universal*，The Hague：Mouton，1976.

Lakoff, G. *Woman*，*Fire and Dangerous things*：*what categories reveal about the mind*，Chicago：University of Chicago Press，1987.

Lakoff, G. The contemporary theory of metaphor. In Andrew Ortony (ed.), *Metaphor and Thought*, 202-251. Cambridge: Cambridge University Press.

Nattinger, J. & De Carrico, J., *Lexical phrases and Language teaching*, Shanghai: Shanghai Foreign Language Education Press, 1992.

Navarro I. F. & Tricker, D. A comparison of the use of AT, IN and ON by EFL students and native speakers, *RESLA*, 2001 (14).

Oakley, T. Image schema. In DirkGeeraters and Hubert Cuyckens, *The Handbook of Cognitive Linguistics*, Oxford: Oxford University Press, 2007.

Taylor, J. *Linguistics Categorization: Prototypes in Linguistics Theory*, Beijing: Foreign Language Teaching and Research Press, 2003.

Lowie, W. & Verspoor, M. Input versus transfer? The role of frequency and similarity in the acquisition of L2 prepositions. In S. Niemeier, & M. Achard (Eds.), *Cognitive Linguistics, Second Language Acquisition, and Foreign Language Acquisition* (pp. 77-94), Berlijn-New York: De Gruyter Mouton, 2004.

致　　谢

时光飞逝，转眼博士已毕业了四年多，朱老师多次催促我赶紧把博士论文出版了，心中一直打鼓，因为时间越久越觉得自己写得很浅。趁春节假期，终于鼓足勇气重新翻看自己的书稿，整个博士阶段奋斗的过程瞬间回溯到眼前，那段求知若渴、对新方法充满求知欲和冲动的岁月依然让我心动不已。

博士期间对研究方法充满热情，但是在理论深度上做得不够，毕业后也一直在弥补这方面的短板，这本书中加入了一些相关的理论以更深入地解释实验结果，虽然仍过浅薄，但是与之前相比还是有所进步的，这也是我今后要努力的方向。另外，"在 X 下"实验部分又收集了一些英美学生的数据，以弥补当初实验样本少的缺憾。

这本书的出版我要感谢很多人，因为有你们才有了今天的我，才有了今天这本书。

衷心感谢导师朱小健教授，让我有幸能够攻读博士学位，为我的人生开拓了更广阔的天地，使我后来的论文发表成为可能。在我心里，朱老师既是慈父又是严师，我感激朱老师为我所做的一切。老师教我的不仅是怎么做学问，更重要的是教我如何为人处世、如何做人，记得毕业前老师把我叫到办公室，事无巨细地叮嘱我工作后应该怎么做。毕业后每次遇到问题回校找老师聊聊，很快就能打开自己的思路，因为朱老师古代汉语的功底和对中文信息处理前瞻性的了解，经常使陷入困境的我茅塞顿开。也非常感谢张和生老师、王健昆老师、盛双霞老师考博时的推荐，让朱老师更加了解我，尤其是张和生老师多次当面向朱老师推荐我，让考博接连失利两年的我觉得很温暖、很感动。

衷心感谢江新老师在实验设计上的把关，使论文的实验设计更加科学。记得读博期间去旁听江老师的课，精准、细致、科学是老师的课留给我最大的印象，我也成了下课后缠着老师问半天的那位，江老师每次都很耐心地细致讲解。当我拿着博士论文的实验设计去找江老师的时候，老师细致地给我讲解了一个多小时，当我走时才发现她自己的学生还在排队等着老师指导，谢谢老师的帮助，很感恩。

衷心感谢蒋楠老师对实验结果理论深化的建议。记得博三上学期，论文初稿已基本写完。外国语言文学学院的罗少茜老师请蒋楠老师做一周的"第二语言习得研究方法"工作坊，在罗老师组会的时候，我恳求蒋老师给自己的论文提出一些意见，没想到蒋老师爽快地答应了。"深化理论意义，加强理论方面的探讨"是蒋老师给我的意见中记忆最深的一个。后来，参加了蒋老师的每个工作坊，受益良多，跟老师多次交流学术路上的困惑，老师总是积极地鼓励与支持。当我收到老师的新书 Second Language Processing 时，我小心翼翼地打开封面，赫然出现几个大字"继峰：后来居上，我看好你！"顿时眼里充满泪水，很感动，因为这一路走得着实不易，蒋老师懂我，谢谢老师的鼓励！

衷心感谢白荃老师无私的帮助。读博期间对汉英对比充满兴趣，写了一篇小文章试着联系了一下白老师，老师说："你把论文投到我信箱，我下午去学校可以一边打点滴一边改论文。"我再三拒绝，可是老师非常坚持，当我拿到论文的时候，论文上都是密密麻麻的批注，非常感动！后来，向白老师请教如何做英汉对比研究，老师把自己的经验传授给了我，之后给我的每封邮件都用英语写，我明白老师的苦心，谢谢老师！

衷心感谢在我开题和答辩时给我提出宝贵意见的周流溪老师、陈绂老师、李晓琪老师、王若江老师、张和生老师、丁崇明老师、朱瑞平老师、冯丽萍老师。衷心感谢朱志平老师、徐彩华老师、刘红云老师、骆方老师的教导和提点，收获颇多！

衷心感谢我的好朋友洪炜和刘汉武，你们是我学术上的知音，每次跟你们交流都能擦出很多火花，觉得做学问是如此有意思。博一时，在第一届中国语言学书院认识了洪炜，让我知道了自己与同龄人的差距，谢谢你在学术道路上的指引和帮助，真的很感激！

衷心感谢在收集语料和进行测试时帮助过我的吴方敏老师、步延新老师、尚平老师、李晟宇老师、马新宇老师、黄晓琴老师、刘智伟老师、张春燕老师、路云师姐、龙奕璇师妹、王晓东师妹、潘琳师妹、谢妍婷师妹。还有很多老师和同学帮助过我，真的很感谢大家！

衷心感谢中国社会科学出版社任明老师对本书出版所付出的努力！谢谢师叔！

最后，我要谢谢我亲爱的姥爷和姥姥，谢谢二老的养育之恩，没有二老的悉心照顾就没有今天的我；谢谢我亲爱的爸爸、妈妈和妹妹，在我考博最艰苦的两年，你们是我最强大的动力、最坚实的后盾，谢谢你们精神上的鼓励和物质上的支持，让我觉得生活在这样一个家庭是如此幸福。

由于本人才疏学浅，书中尚有诸多疏漏之处，恳请各位专家同行指正！

写完这篇致谢，已经是己亥年初一的傍晚了，抬头望望办公室窗外的天空，心里静静的，希望自己能坚守住自己的初心，认认真真做事、踏踏实实做人。

吴继峰

2019.2.5